Michail Sostschenko

Ein Vorfall in der Provinz

Michail Sostschenko

Ein Vorfall in der Provinz

Humoresken und Satiren

Verlag Werner Dausien
Hanau

EIN VORFALL IN DER PROVINZ
Michail Sostschenko
Schutzumschlag- und Einbandentwurf: Lothar Sell/Detlef Ringer

Printed in the GDR
VERLAG DAUSIEN · HANAU
ISBN 3-7684-4545-3

Erzählung vom Popen

Ein klarer Morgen. Ein See. Die Oberfläche, wollen mal sagen, ohne Gekräusel. Ein Schwimmer. Eine Angel.

Ach, mein Gott, was gäbe es Herrlicheres auf der Welt als diesen Zeitvertreib!

Manche ziehen's ja vor, mit dem Netz zu fischen, mit dem Staaknetz, dem Hamen oder dem englischen Beutelnetz samt Bimmel und Vorrichtungen. Aber das ist reiner Quatsch. Nichts geht über die einfache, natürliche Angel.

Nun gibt's aber verschiedene Angeln. Zum Beispiel eine mit 'ner Art Spule. Die Schnur wird auf die Spule gewickelt. Aber das ist auch Quatsch. Mechanik. Da geht, wollen mal sagen, so ein Fischer am Ufer lang, holt mächtig aus, läßt den Köder reinplumpsen und kurbelt dann.

Laß ihn kurbeln. Quatsch ist das. Mechanik. So was mag Pope Semjon nicht. Pope Semjon zieht die ganz einfache Angel vor. Damit kann er stundenlang sitzen und braucht nicht auszuholen und nicht zu kurbeln wie blöd, denn wenn er anfängt zu kurbeln, hat er gleich lauter Quatsch und Wirbeltanz im Kopf. Und nichts ist mit Klarheit und Friedlichkeit der Dinge wie bei der einfachen Angel.

Dagegen die einfache, natürliche Angel ... Weiß Gott, ja! Du sitzt und denkst nach. Wenn du willst, denkst du über den Menschen nach. Wenn du willst, übers Universum. Oder über die Fische. Nichts ist dir verboten. Das heißt, ein einziges Verbot gibt's. Pope Semjon hat es sich selbst auferlegt.

Über alles denkt Pope Semjon durchdringend nach, über alles hat er sein besonderes Urteil, nur über eines wagt er nicht nachzudenken – über Gott. Manchmal schwingt er sich auf mit den Gedanken – dann ist er der Größte. Das Universum – damit hat's seine Richtigkeit. Die Entstehung des allerersten Lebens – organische Chemie. Gott ... Wenn er bei Gott anlangt, dann ist Sense. Der Pope erschrickt. Wagt nicht zu denken. Warum, weiß er selber nicht. Er wurde in Gottesfurcht erzogen. Übrigens denkt er nur stückchenweise. Still und leise. Einen kleinen Gedanken erlaubt er sich, schon reicht's. Die Hände flattern. Dieser kleine Gedanke ist der: Was hat es auf sich mit Gott? Ist das eine schöpferische Kraft oder was sonst?

Und schon sagt er zu sich selbst: „Schluß, Pope Semjon. Basta! Wag nicht, so was zu denken!"

Und er denkt an was Neues. Lenkt sich ab mit anderen Dingen. Und andere Dinge gibt's ringsum natürlich unzählige. Über jedes läßt sich was reden. Über jedes kann man verschieden urteilen. Stimmt ja auch: Da kann man nehmen, was man will. Zum Beispiel ein popliges Regenwürmchen. Und schon geht das zweiseitige Grübeln darüber los.

Vor allem, wo kommt der Wurm her? Aus dem Moder, aus dem Schlick, ist er organische Chemie, oder ist er auch mit so einem eigenartigen Seelchen versehen und von Gott gemacht?

Dann über den Wurm selber. Physiologie. Atmet es, das Gewürm, oder geht das anders? Man weiß nicht. Ein einförmiges Wesen ist das, dünn, eine Art Darm. Von der Natur mit keiner Brust versehen, nicht mal mit Kiemen. Ob die Wissenschaft schon soweit ist oder ob sie drüber schweigt? Man weiß nicht.

Ach Gott, ja – was für prachtvolle Gedanken! Allein in den Gedanken zeigt sich die Macht und die Kraft des Menschen ...

Weiter oberflächliches Nachsinnen zwecks Anwendung beim Angeln. Was für einen Wurm wollen die Fische? Sie wollen einen dicken, schön bunten. Immerfort munter soll er sein, der Hundesohn, und sich ringeln. Außerdem muß man auf ihn spucken, den Halunken. Davon wird er noch munterer, kommt in Rage.

So geht das zum Beispiel vor sich, das machtvolle, dreiseitige Grübeln über einen popligen Wurm und über sonstige Dinge, angefangen bei ganz grandiosen und aufgehört bei einer schäbigen halbtoten Mücke, Gnitze oder, wollen mal sagen, einem Tintenfisch.

Solche Gedanken schaffen dem Popen Semjon größte Friedlichkeit und sogar Begeisterung.

Aber Gott ... Ach, eine finstere Sache ist das! Wie mit Gabeln auf Wasser geschrieben ... Gibt es Gott oder gibt es ihn nicht? Ist er eine Macht? Und wenn er eine Macht ist, was ist er schon für eine Macht, daß er sich nie zu erkennen gibt? Aber: „Schluß, Pope Semjon, basta!"

Und so wär der Mann vielleicht verstorben, ohne an Gott zu denken, doch da geschah ein belangloses Vorkommnis. Danach begann der Pope an Gottes wahrhaftiglicher Existenz zu zweifeln. Nicht etwa von selbst, vermöge seiner zweiseitigen Überlegungen, gelangte Pope Semjon bis hierher – Gott bewahre! Er hatte eine Begegnung. Mit einem Weib. Ein Gespräch mit einem Weib. Dies Gespräch läßt und läßt ihn nicht mehr los. Mit einem Wort, Zweifel.

Eines Tages geht der Pope zum See. Morgen. Stilles Wohlbehagen. Friedlichkeit ... Pope Semjon setzt sich ans Ufer.

Na, denkt er, über was werd ich heut grübeln?

Er schnappt sich einen Wurm. Spuckt drauf. Freut sich über dessen gewaltige Munterkeit. Wirft die Angel aus.

„Beiß an", sagt er, „großes Fischchen, meinetwegen auch ein kleines."

Vor lauter Lebensfreude, vor lauter Daseinssüße lacht er leise. Plötzlich hört er ein Antwortlachen. Er kuckt: Vor ihm steht ein Weib. Übrigens, kein Weib, das heißt, keine Bauersfrau, sondern sichtbarlich eine Städterin.

Ei du Donner, denkt der Pope. Was hat denn die hier zu suchen? Die aber lacht, läßt ihr Röckchen kreisen.

„Ti-ti-ti ... Ich“, sagt sie, „bin die Lehrerin, Pope. Im Dorf eingesetzt. Wir werden also zusammen leben. Einstweilen geh ich spazieren, wie du siehst. Das mach ich gern am Morgen.“

„Von mir aus, gehen Sie spazieren“, sagt der Pope leise.

Sie lacht.

„So sehen Sie also aus! Ich hab schon allerhand gehört von Ihnen als Philosoph.“

Geh doch bloß weiter, denkt der Pope.

Eine derartige Wut befällt ihn, daß er nur so staunt. Er ist ein gutmütiger Kerl, nett zu den Menschen, doch hier – weiß der Teufel. Ein Vorgefühl vielleicht?

„Was“, sagt er, „hast du denn gehört?“

„So dies und das.“

Sie kuckt ihn an, er ärgert sich.

„Was“, sagt er, „kucken Sie so? Schiel ich vielleicht?“

Und nun beginnt zwischen ihnen ein unfreundliches Gespräch, so daß man gar nicht kapiert, wieso sie überhaupt weiterreden. Kaum spricht der Pope ein Wort, gibt sie ihm zehn und mehr zurück. Und alles über die höchsten Materien. Über die Menschen. Über die Kirche. Über Gott. Und alles bißchen spöttisch, giftig. Alles mit Verdrehungen und Winkelzügen.

Der Pope ist ganz durcheinander. Das kommt überraschend. Meist hören alle ihm zu, und auf einmal, wenn's recht ist, eine Diskussion!

„Kirche? An eure Kirche glaub ich nicht. Ich äußere Unglauben. Quatsch ist das, Götzenanbeterei. Gott? Den gibt's nicht. Alles organische Chemie.“

Der Pope kann kaum einwerfen: „Erlauben Sie mal, wieso gibt's keinen Gott? Wieso ist das Götzenanbeterei?“

Schon meint sie: „Einfach so“, sagt sie, „es gibt ihn eben

nicht. Und Sie", sagt sie, „ein gescheiter Mensch, laufen in der Kutte rum ... Eine Schande. Und was die Kirchen angeht, die sind auch Unsinn, nicht durchdacht. Taugen höchstens für Wilde. Wenn ich in eine Kirche geh, könnt ich mich totlachen. Wie bei den Heiden. Ikonen, alle möglichen Tauftücher, Heilige, Götzen. Ewiges Lämpchen – lächerlich. Kerzen – lächerlich. Glocken – noch lächerlicher. Eine Schande ist das, Pope, für einen gebildeten Menschen."

Nichts hat den Popen so getroffen wie die ungeheure Leichtigkeit, mit der sie von Gott sagt: Den gibt's nicht. Sie glauben ja selber nicht dran. Oder Sie zweifeln.

„Wie kommen Sie darauf", sagt der Pope, „daß ich zweifle?"

Und plötzlich ist ihm sonnenklar, daß er wirklich zweifelt. Da wird er ganz verzagt. Er stochert in seiner Seele – Nebel. Er stochert noch mal – Finsternis. Darüber hat er nie nachgedacht. Solche Gedanken hat er nie gehabt. In der Tat: Wieso Gott? Natur vielleicht? Ein Wesen?

Er zerbricht sich den Kopf. Will wie gewohnt zweiseitig nachdenken, da legt sie wieder los: „Götzenanbeterei ... Aber", sagt sie, „folgendes: Wenn es Gott gibt, läßt er mich dann ein Verbrechen an ihm begehen? Erlaubt er das? Antworte, Pope."

„Weiß nicht", sagt der Pope. „Vielleicht läßt er dich nicht. Eine Hexe bist du. Jawohl. Hebe dich hinweg."

Sie lacht.

„Gehen wir, Pope", sagt sie, „in die Kirche, dann spuck ich auf die Ikonenwand."

Der Pope schüttet die Würmer aus. Schmeißt die Angel weg. Sagt nichts mehr zur Lehrerin und trollt sich.

Er merkt gar nicht, daß er mit großem Zweifel geht. Wirklich: so ein Quatsch ... Wenn es Gott gibt, warum tut er nicht seinen Willen kund? Warum zerschmettert er die Frevlerin nicht auf der Stelle? Was hat er für einen Grund, sich nicht wenigstens auf diese Weise der Menschheit zu zeigen? Dann gäb's auch keinen Zweifel. Jeder glaubte dann. So aber ... Vielleicht gibt's wirklich keinen Gott. Götzenanbeterei.

Fortan war der Pope krank. Krank an Zweifel. Nicht daß er selbst seine Ruhe verloren hätte, aber seine Umgebung peinigte er bis aufs Blut. Auch seine Popin peinigte er bis aufs Blut. Er wurde unnormal.

Beim Angeln:

Wenn es, denkt er, ein Barsch wird, gibt es Gott. Fang ich keinen Barsch, dann gibt's ihn nicht.

Seine Popin weinte bitterlich, wenn sie ihn ansah. Früher war er ganz in Ordnung, redete zwar weise, äußerte sich gern über höhere Dinge, doch jetzt sitzt er am Fenster wie ein Brett. Wenn jetzt, denkt er, ein Mann vorbeikommt, gibt es Gott. Wenn ein Weib, dann gibt's ihn nicht.

Aber es kamen Passanten beiderlei Geschlechts, und der Pope zweifelte weiter.

Seine Popin gedachte schon ein Gesuch an den Kreis zu schreiben, da geschah dies: Eines Tages hellt der Pope sich auf. Eines Tages kommt er fröhlich nach Hause, zwinkert der Popin zu.

„Ja", sagt er, „was Gott angeht, Mütterchen, das stimmt, da hab ich Zweifel. Ich will nicht lügen. Wenn es Gott gibt, soll er mir ein Zeichen senden, daß er existiert. Zunicken soll er mir, zwinkern, als wie, ja, mich gibt's wirklich, und ich regier das Weltall. Wenn er mir kein Zeichen sendet, dann gibt's ihn nicht."

„Quatsch ist das", sagt das Mütterchen, „was verlangst du von Gott? Nicken soll er ... Ach, krank bist du, Pope ..."

„Was ich verlange?" staunt der Pope. „Die Frage hat sich in mir festgehakt. Dann werd ich glauben. Ansonsten kann ich den Gottesdienst nicht versehen. Vielleicht ist das Götzenanbeterei, Mütterchen."

Das Mütterchen sagt nichts mehr.

Seitdem wartete der Pope auf ein Zeichen. Er zermarterte

sich, war ganz durcheinander, schmiß die Angelei hin. Wie ein Kranker lief er rum oder wie im Fieber, in jedem Dreck suchte er nach einem verborgenen Sinn. Wenn die Tür langwierig knarrte, wenn in der Küche ein Kochtopf runterfiel, wenn die Katze mauzte – gleich vermutete er was dahinter. Mehr noch: Er hielt nun auch die Leute auf der Straße an. Bat die Bauern um Antwort. So fragt er einen: „Na", fragt er, „was meinst du, Bruder, gibt's Gott oder gibt's ihn nicht?"

Die Bäuerlein kucken scheel. Was will der Pope wirklich? Ob er einen geheimen Zweck verfolgt?

Eines Tages war die Grenze erreicht – der Pope wurde ganz wuselig. Er konnte es nicht mehr erwarten mit dem Zeichen. Nachts warf er sich im Bett herum, glühte.

Was ist das bloß, dachte er, es gibt ihn also nicht? Betrug? Das ganze Leben mit Verblendung geschlagen? Das ganze Leben nur Narretei? Ich lauf rum wie ne Vogelscheuche, im Ornat, schwenk das Räucherfaß ... Das soll für Gott wichtig sein? Ha! Wichtig für Gott? Gott? Wieso Gott? Wo bleibt sein Zeichen?

Der Pope zitterte am ganzen Leibe, kroch aus dem Bett, schlich aus dem Haus und ging zur Kirche.

Ich werde, so dachte er, die Ikonenwand anspucken.

Dies gedacht, erschrak er vor seinen Gedanken, fiel auf die Knie und kroch zur Kirche.

Er kroch bis hin.

Ach, dachte er, ein Zeichen! Bitte ein Zeichen ... Wenn's dich gibt, Gott, laß die Kirche über mir einstürzen, bring mich um ... Er hob den Kopf und sah im Seitenfenster der Kirche Licht. Schweiß brach ihm aus, er schmiegte sich an die Erde, kroch auf dem Bauch. Bis zur Tür. Die Tür stand offen. In der Kirche waren Diebe.

Bei der Ikone des Wundertäters stand ein Kerl auf einer Leiter und bearbeitete mit einem Stemmeisen den Ikonenmantel. Ein anderer Kerl hielt die Leiter.

„Diese Schufte!“ sagte der auf der Leiter. „Der Mantel ist nichts wert, Bruder, Trompetenblech. Lohnt nicht, sich die Pfoten daran dreckig zu machen. Auch hier betrügen sie Gott ...“

Der Pope lag die ganze Nacht in der Kirche.

Am nächsten Morgen rief er die Bauern zusammen, verbeugte sich tief, fuhr sich mit dem Metallkamm durch die Mähne und schnitt sich selbst mit der Schafschere die Zotteln bis zum Nacken ab.

Fortan lebte er als Bauer.

1922

Das reiche Leben

Der Heimarbeiter Ilja Spiridonow gewann in der Goldanleihe fünftausend Rubel in Gold.

In der ersten Zeit lief er herum wie behämmert, breitete die Arme aus, schüttelte den Kopf und brabbelte: „So was ... Das ist ein Ding ... Wo gibt's denn so was, liebe Leut?"

Als er sich dann an seinen Reichtum gewöhnt hatte, rechnete er aus, was und wieviel er für die Summe kaufen könnte. Aber das war so viel und so pfundig, daß er abwinkte und seine Berechnungen aufgab.

Bei mir kam er aus alter Kumpelage zweimal täglich vorbei und erzählte jedesmal in aller Ausführlichkeit und mit neuen Einzelheiten, wie er von seinem Gewinst erfahren und was für wundersame innere Erlebnisse er an diesem Glückstag gehabt hatte.

„Na, was wirst du jetzt machen?" fragte ich. „Was willst du kaufen?"

„Irgendwas", sagte Ilja. „Brennholz muß ich zum Beispiel kaufen. Dann natürlich neue Kochtöpfe für die Wirtschaft. Eine Hose natürlich ..."

Endlich bekam Ilja in der Bank einen ganzen Haufen nagelneuer Goldmünzen ausgefolgt und verschwand spurlos. Zumindest ließ er sich über zwei Monate nicht bei mir blikken.

Eines Tages aber traf ich ihn auf der Straße.

Ein neuer hellbrauner Anzug hing wie ein Sack an ihm. Der rosa Schlips bauschte hoch zum Gesicht und kitzelte ihn am Kinn. Ilja zupfte ihn alle naselang zurecht und spuckte aus vor Wut. Der Anzug und die enge Weste und der prächtige Schlips störten ihn sichtlich und ließen ihn nicht ruhig leben.

Er selbst war sehr abgemagert und vom Fleische gefallen. Das Gesicht sah gelb und ungesund aus und hatte eine Menge Fältchen um die Augen.

„Na, wie steht's?“ fragte ich.

„Soso, lala“, sagte er trübsinnig. „Man lebt. Brennholz hab ich mir gekauft ... Ansonsten ist es natürlich bißchen öde.“

„Wieso denn das?“

Ilja machte eine wegwerfende Handbewegung und lud mich in eine Bierschwemme ein. Den rosa Schlips zurechtzupfend, sagte er: „Da reden sie alle: Die Bourgeois, die Bourgeois ... Die Bourgeois hätten das reinste Zuckerlecken. Jetzt bin ich selbst, wollen mal sagen, ein Bourgeois, ein Kapitalist. Und was ist daran gut?“

„Na was?“

„Na ja doch“, sagte Ilja. „Bitte schön, überlegen Sie selber. Die Verwandten und Angehörigen, meine und von meiner Frau, mit allen bin ich verkracht. Zerstritten. Das zum ersten. Bin ich vors Volksgericht geraten oder nicht? Bin ich. In Sachen Fräulein Bykowa. Eine Untersuchung wird's geben. Das zum zweiten. Meine Frau, das heißt, meine Gattin, Marja Ignatjewna, die sitzt tagaus, tagein auf der Truhe und heult. Das zum dritten. Haben Banditen bei mir eingebrochen oder nicht? Haben sie. Sie haben zwar die Tür nicht aufgekriegt, aber macht mir das Unruhe? Macht es. Ich kann jetzt vielleicht gar nicht mehr die Wohnung verlassen. Und wenn ich in der Wohnung hocke, auch Mist, dann klauen sie mir das Brennholz vom Hof. Einen Raummeter hab ich gekauft. Muß aufpassen.“

Ilja winkte verzweifelt ab.

„Und was hast du jetzt vor?“ fragte ich.

„Keine Ahnung“, sagte er. „Man möcht sich aufhängen. Den ersten Tag, als ich das Geld kriegte, ging die Misere schon los. Wie schön und ruhig hatt ich gelebt, was für Glück hatt ich rundherum. Kaum aber komm ich mit dem Geld in die

Wohnung, schon seh ich, das läuft schief. Ich seh, die Verwandten dremmeln in der Wohnung. Früher, da kam kein Mensch, jetzt sind alle Stühle besetzt. Sie gratulieren mir. Ich geb natürlich spaßeshalber jedem zwei Rubel. Mischa, das Brüderchen von meiner Frau, der dremmelt am meisten. ‚Ziemlich poplig ist das', sagt er, ‚nicht mehr als zwei Rubel rauszurücken, wo du doch so ein Kapitalchen hast.'

Na, ein Wort gibt das andere, Hände hauen auf den Tisch, Schlägerei. Wer wen schlägt, keine Ahnung. Mischa aber schnappt sich mein Übergangsmäntelchen vom Haken und haut ab.

Na, so hab ich mich verkracht mit den Verwandten. Aber das Leben geht weiter.

Natürlich hab ich mir alles mögliche gekauft. Kochtöpfe zum Beispiel und Hirsegraupen für zwei Jahre. Hab überlegt, wie ich mein Geld noch anlegen könnte. Da seh ich, wie sich die Frau im Haushalt abrackert ohne Ruhepause.

Das geht nicht, denk ich. Sie ist zwar ein Weib, aber ein gleichberechtigtes. Stopp, denk ich. Ich werd ihr, denk ich, ein kleines Mädchen als Haushaltshilfe nehmen. Dann kann das Mädchen die Lebensmittel kochen.

Na, ich hab eins genommen. Das Mädchen kocht die Graupen, meine Frau hat nichts mehr zu tun, hockt tagelang auf der Truhe und heult. Früher hat sie gearbeitet und war fröhlich, jetzt sitzt sie und heult. Sehen Sie, vom Nichtstun sind ihr natürlich alle möglichen Unglücke eingefallen, wie ihr Papa gestorben ist und wie sie mich geheiratet hat ... Überhaupt ist ihr vom Nichtstun lauter Blödsinn in den Kopf gekommen.

Schließlich hab ich ihr Geld gegeben.

‚Geh', sag ich, ‚wenigstens in den Klub oder ins Theater. Ich würd ja', sag ich, ‚selber mitkommen, aber du weißt, ich muß auf das Brennholz aufpassen.'

Na, sie hat bißchen geheult, dann ist sie in den Klub ge-

gangen. Lotto hat sie gespielt. Tagsüber, wo sie frei hat, heult sie, abends spielt sie. Und ich bewach das Brennholz. Und das Mädchen kocht die Lebensmittel.

Dann kommt der Vorsitzende zu mir und sagt: ‚Was', sagt er, ‚denkst du dir eigentlich dabei, du Hundekater,

Halbwüchsige auszubeuten? Wieso', sagt er, ‚ist das Mädchen Bykowa nicht registriert? Ich', sagt er, ‚zeig dich beim Volksgericht an, und wenn du zehnmal Geld gewonnen hast . . .'"

Ilja winkte wieder ab, zupfte den Schlips zurecht und schwieg.

„Schlimm", sagte ich.

„Und ob", sagte er lebhaft. „Da sitz ich meinetwegen beim Bier, und in der Brust hab ich ein Ziehen. Vielleicht wird genau in diesem Moment mein Holz geklaut. Oder in die Wohnung eingebrochen . . . Und da hab ich einen nagelneuen Samowar. Zum Sitzen keine Lust, zum Gehen keine Lust. Und zu Hause? Bestimmt heult die Frau. Das Mädchen Bykowa heult auch, hat Angst vorm Volksgericht. Mischa, der Schwager, dremmelt bestimmt um die Wohnung rum, will rein . . . Ach, hätt ich bloß kein Geld gewonnen!"

Ilja bezahlte das Bier und drückte mir traurig die Hand. Ich wollte ihn zum Abschied trösten, da sagte er auf einmal: „Und wenn ich nun . . . Ob ich bald wieder gewinne? Noch ein Riese wär nicht übel wegen der glatten Zahl . . ."

Ilja Spiridonow zupfte den rosa Schlips zurecht, nickte mir zu und ging eilig nach Hause.

1923

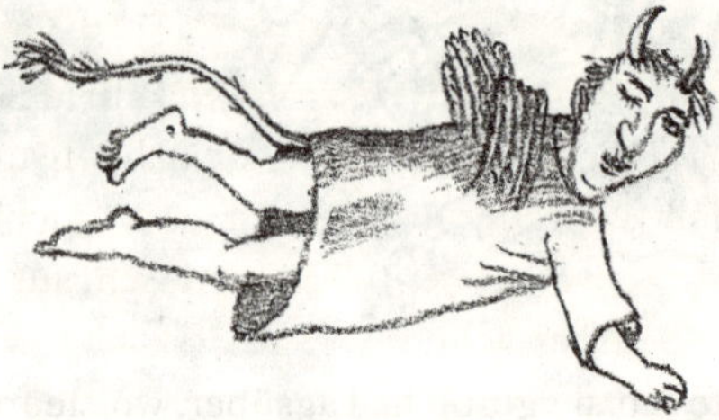

Ein Opfer der Revolution

Jefim Grigorjewitsch zog den Stiefel aus und zeigte mir seinen Fuß. Auf den ersten Blick war nichts Besonderes dran. Erst bei genauerem Hinsehen waren ein paar verheilte Narben und Kratzer zu entdecken.

„Sie heilen", sagte Jefim bedauernd. „Da kannst du nichts machen, ist immerhin schon bald sieben Jahre her."

„Was ist das?" fragte ich.

„Das?" sagte Jefim. „Das, geehrter Genosse, zeigt, ich bin in der Oktoberrevolution zu Schaden gekommen. Jetzt, wo über sechs Jahre vergangen sind, versucht natürlich jeder, sich anzuschmieren, als wie, ich hab auch an der Revolution teilgenommen, ich hab auch mein Blut vergossen und mich geopfert. Na, ich aber hab deutliche Kennzeichen. Kennzeichen können nicht lügen. Ich, mein verehrter Genosse, ich hab zwar nicht in Fabriken gearbeitet und bin der Abstammung nach ehemaliger Kleinbürger aus Kronstadt, und doch bin ich seinerzeit vom Schicksal gezeichnet worden, ich war ein Opfer der Revolution. Ich, mein verehrter Genosse, wurde von einem revolutionären Automobil überfahren."

Jefim sah mich triumphierend an, wickelte den Fuß wieder in den Fußlappen und fuhr fort: „Tja, ich wurde von einem Automobil überfahren, von einem Laster, nicht so wie ein Passant oder wie irgend so ein kleiner Fisch, aus Unaufmerksamkeit oder Sehschwäche, im Gegenteil, ich bin unter richtigen Umständen zu Schaden gekommen, mitten in der Revolution. Haben Sie den ehemaligen Grafen Oreschin gekannt?"

„Nein."

„Na, also bei diesem Grafen hab ich gedient. Bohnerer war

ich. Ob du willst oder nicht, zweimal mußt du ihnen den Fußboden bohnern. Einmal natürlich mit Wachs. Die Grafen sind ganz verrückt danach, daß es mit Wachs gemacht wird. Mir ist das schnuppe, nichts wie überflüssiger Aufwand. Obwohl, es glänzt natürlich. Und die Grafen waren sehr reich und wollten sich in diesem Sinne nicht bescheiden. Und da gab's dann so einen Vorfall, wissen Sie: Am Montag, wollen mal sagen, hab ich die Fußböden gebohnert, und am Sonnabend hat die Revolution stattgefunden. Am Montag hab ich gebohnert, am Sonnabend ist die Revolution, und am Dienstag, vier Tage vor der Revolution, kommt der Portier von denen angerannt und sagt: ‚Komm', sagt er, ‚sie rufen dich. Beim Grafen', sagt er, ‚ist was geklaut und verschwunden, und auf dich haben sie Verdacht. Beeil dich! Sonst drehen sie dir den Kopf ab.'

Ich werf mir mein Jäckchen über, huste noch mal ab und hin zu denen.

Ich komm an. Natürlich gleich rein in die Räume.

Ich seh, die ehemalige Gräfin zappelt hysterisch und trampelt mit den Hacken auf den Teppich.

Wie sie mich sieht, sagt sie unter Tränen: ‚Ach', sagt sie, ‚Jefim, komßi-komßa, ham Sie vielleicht meine Damenuhr geklaut, sechsundneunziger Gold, mit Brillanten übersät?'

‚Was reden Sie', sag ich, ‚was reden Sie da, ehemalige Gräfin! Zu was', sag ich, ‚brauch ich ne Damenuhr, wo ich doch ein Mann bin? Lächerlich', sag ich. ‚Entschuldigen Sie den Ausdruck.'

Sie schluchzt.

‚Nein', sagt sie, ‚Sie müssen sie geklaut haben, komßi-komßa.'

Mit einemmal kommt der ehemalige Graf persönlich rein und entgegnet allen Anwesenden: ‚Ich', sagt er, ‚bin unheimlich reich, und ich kann auf eure ehemaligen Uhren was spukken und schmeißen, aber', sagt er, ‚das laß ich nicht auf sich beruhen. Ich', sagt er, ,will mir nicht die Hände dreckig machen an Ihrer Gurgel, aber ich zeig Sie an, komßi-komßa. Verpfeif dich', sagt er, ,von hier.'

Ich kuck natürlich aus dem Fenster und hau ab.

Wie ich nach Haus komm, leg ich mich hin und lieg da. Und der Kummer macht mir entsetzlich zu schaffen. Ich hab doch denen ihre Uhr nicht genommen.

Ich lieg einen Tag und noch einen, eß keine Nahrung mehr und grübel dauernd, wo diese übersäte Uhr geblieben sein kann. Und mit einemmal, am fünften Tag, da fährt mir ein Gedanke in den Kopf.

Du lieber Gott, denk ich, ich hab ja denen ihre Uhr selber in die Schachtel mit dem Puder reingestopft. Auf dem Teppich hat sie gelegen, ich dachte, das wär ein Medaillon, und hab sie reingestopft.

Sofort hab ich mir mein Jäckchen übergeworfen und bin, ohne vorher was zu essen, auf die Straße gelaufen. Der ehemalige Graf hat in der Offiziersstraße gewohnt.

Ich lauf die Straße entlang und krieg so eine seltsame Unruhe. Wie kommt das, denk ich, die Leute schleichen so seitlich, haben sie etwa Angst vor Gewehrschüssen und Artilleriefeuer? Komisch, denk ich.

Ich frag Passanten. Sie antworten: ,Gestern hat die Oktoberrevolution stattgefunden.'

Ich leg Tempo zu und rein in die Offiziersstraße.

Ich renn zu dem Haus. Ein Menschenauflauf. Da steht auch ein Automobil, ein Laster. Gleich geht mir durch den Kopf, daß ich ja nicht unter die Räder komm. Das Auto steht da ... Na schön. Ich also näher ran und frag: ,Was geht hier vor?'

,Wir', sagen sie, ,setzen diese Aristokraten hier in das Lastauto und verhaften sie. Wir liquidieren die Klasse.'

Mit einemmal seh ich, sie werden gebracht. Der ehemalige Graf wird zum Auto geführt. Ich stoß die Leute auseinander

und schrei: ‚In der Puderschachtel‘, schrei ich, ‚ist Ihre Uhr drin, verdammt soll sie sein! In der Puderschachtel.‘

Aber der Graf, dieser Strolch, achtet gar nicht auf mich und steigt ein.

Ich näher ran an das Auto, aber genau da brummt der verdammte Motor los und schmeißt mich mit den Rädern zur Seite.

Na, denk ich, ich bin ein Opfer.“

Jefim Grigorjewitsch zog wieder den Stiefel aus und betrachtete ärgerlich die zugeheilten Kennzeichen auf seinem Fuß. Dann zog er den Stiefel an und sagte: „Na bitte, geehrter Genosse, Sie sehen, auch ich bin seinerzeit zu Schaden gekommen und bin sozusagen ein Opfer der Revolution. Nicht daß ich damit angeben will, aber ich erlaub auch keinem, mich zu verspotten. Aber der Vorsitzende von der Wohnungsgenossenschaft mißt mein Zimmer nach Quadratmetern aus, und die Stelle, wo die Kommode steht, rechnet er mit. Und er spottet noch: ‚Unter der Kommode', sagt er, ‚haben Sie ungefähr einen halben Quadratmeter Fußboden.' Von wegen Quadratmeter, wenn da die Kommode drauf steht!

Und die gehört dem Haus."

1923

Der Agitator

Der Wächter der Luftfahrtschule, Grigori Kossonossow, fuhr zum Urlaub ins Dorf.

„Wie wär's, Genosse Kossonossow", sagten ihm die Freunde vor seiner Abfahrt, „wenn Sie schon hinfahren, könnten Sie doch, na ja, in dem Dorf da bißchen agitieren. Sagen Sie den Bauern, na ja, daß sich die Luftfahrt entwickelt ... Vielleicht legen die Bauern zusammen und kaufen ein neues Flugzeug."

„Da könnt ihr euch drauf verlassen", sagte Kossonossow, „ich werd schon agitieren. Wenn's was anderes wär, aber das von der Luftfahrt, keine Sorge, ich sag's ihnen."

Als Kossonossow ins Dorf kam, war Herbst. Gleich am Tag seiner Ankunft ging er zum Sowjet.

„Also", sagte er, „ich möchte bißchen agitieren. Wenn ich nun schon aus der Stadt gekommen bin, wird man wohl ne Versammlung machen können."

„Warum nicht", sagte der Vorsitzende, „schieb ab, und morgen ruf ich die Bauern zusammen."

Am nächsten Tag bestellte der Vorsitzende die Bauern zum Spritzenhaus. Grigori Kossonossow trat vor sie hin, verbeugte sich, und da er's nicht gewohnt war zu reden, wurde er verlegen und sprach mit zitternder Stimme.

„Nämlich, das ist so", sagte Kossonossow, „die Luftfahrt, Genossen Bauern ... Ihr seid natürlich ein ungebildetes Volk, darum werd ich erst von der Dingsda reden, na ja, von der Politik ... Hier, sagen wir mal, ist Deutschland, und das hier ist Curzon. Dies ist Rußland, und hier ... überhaupt ..."

„Worüber sprichst du denn, Lieber?" fragten die Bauern verständnislos.

„Worüber?" erwiderte Kossonossow gekränkt. „Na, über die

Luftfahrt doch. Sie entwickelt sich, die Luftfahrt . . . Hier liegt Rußland, und da liegt China."

Die Bauern hörten finster zu.

„Komm zur Sache!" schrie einer von hinten.

„Ich bin ja bei der Sache", sagte Kossonossow. „Ich sprech über die Luftfahrt . . . Sie entwickelt sich, Genossen Bauern. Nichts dagegen zu sagen. Es ist, wie es ist. Das will ich nicht bestreiten . . ."

„Unverständlich!" schrie der Vorsitzende. „Sie, Genosse, kommen Sie näher zu den Massen . . ."

Kossonossow trat dichter an die Menge heran, wickelte sich eine Zigarette und begann von neuem: „Nämlich, das ist so, Genossen Bauern . . . Man baut Fluchzeuge, und hinterher fliegt man damit. Das heißt, durch die Luft. Na ja, manch eines kann sich nicht halten und saust runter. So wie der Genosse Jermilkin. Hochgeflogen – prima, aber dann ist er runtergeplumpst, daß ihm die Därme raushingen . . ."

„Ist ja auch kein Vogel", sagten die Bauern.

„Das ist ja meine Rede!" Kossonossow freute sich über die Unterstützung. „Natürlich ist er kein Vogel. Ein Vogel, wenn der runterfällt, dem ist das scheißegal – er schüttelt sich und fliegt weiter. Aber hier, das ist ne ganz andre Schose. Ein Pilot, dem ging's genauso, das war der Genosse Michail Iwanytsch Popkow. Er flog los, alles prima und rums! ein Schaden im Motor. Wie er runterplumpste . . ."

„Na?" fragten die Bauern.

„Junge, Junge . . . Und dann ist einer auf 'n Baum gefallen. Wie ein kleiner Junge hat er da oben gehangen. Wie einer, der Dummheiten gemacht hat und dann die Angst kriegt – zum Totlachen. Was so alles passiert . . . Einmal ist bei uns ne Kuh in den Propeller gelaufen. Eins-zwei-drei, zackzack, und schon war sie in Stücke. Hier lagen die Hörner, und wo der Bauch war, das konnte man nicht mehr rausfinden. Hunde laufen auch manchmal rein."

„Pferde auch?“ fragten die Bauern. „Laufen etwa auch Pferde rein, Lieber?“

„Auch Pferde“, sagte Kossonossow. „Das geht ganz einfach.“

„Diese Halunken, daß ihnen die Pest an den Hals fahre“, sagte einer. „Was die sich nicht alles ausdenken! Pferde zerstückeln ... Und das, Lieber, entwickelt sich also?“

„Ich sag’s doch“, antwortete Kossonossow, „es entwickelt sich, Genossen Bauern ... Und ihr nämlich, ihr könntet deshalb in der Gemeinde sammeln und was opfern.“

„Aber wofür denn, Lieber?“ fragten die Bauern.

„Na, für ein Fluchzeug doch“, sagte Kossonossow.

Die Bauern lachten böse und gingen auseinander.

1923

Die Aristokratin

Grigori Iwanowitsch seufzte laut, fuhr sich mit dem Ärmel übers Kinn und erzählte: „Ich, lieben Brüder, mach mir nichts aus Weibern, die mit Hut rumrennen. Wenn ein Weib mit Hut rumrennt, Kunstseidenstrümpfe trägt, einen Goldzahn hat oder einen Mops im Arm, eine solche feine Dame ist für mich keine Frau, sondern ein Nischt.

Natürlich hab ich seinerzeit auch mal für eine Aristokratin geschwärmt. Spazieren bin ich mit ihr gegangen, und ins Theater hab ich sie geführt. Im Theater ist es dann passiert. Im Theater hat sie ihre Ideologie in vollem Ausmaß entfaltet.

Kennengelernt hab ich sie bei uns im Hof. Auf einer Versammlung. Ich kucke, da steht so eine vornehme Person. Strümpfe, Goldzahn.

‚Von wo', sag ich, ‚bist du, Bürgerin? Aus welcher Wohnung?'

‚Ich', sagt sie, ‚bin aus Wohnung sieben.'

‚Bitte schön', sag ich, ‚da wohnen Sie man weiter.'

Sie hat mir sofort schrecklich gut gefallen. Ich fing an, sie zu besuchen. In Wohnung sieben. Als offizielle Person bin ich hingegangen. So und so, Bürgerin, ist die Wasserleitung kaputt und die Toilette? Oder geht sie noch?

‚Ja', antwortet sie, ‚sie geht.'

Dabei wickelt sie sich in ihr Baumwolltuch und sagt keinen Ton weiter. Aber wenn Blicke schneiden könnten, hätt ich Glatze. Und ihr Zahn funkelt im Munde. Einen Monat lang hab ich sie täglich besucht, und sie hat sich an mich gewöhnt. Hat mir schon ausführlichere Antworten gegeben. So und so, die Wasserleitung geht, vielen Dank, Grigori Iwanowitsch.

Doch es kommt noch besser. Wir fingen an, in den Straßen spazierenzugehen. Kaum waren wir draußen, da befahl sie, ich soll sie unterfassen. Ich nahm sie also beim Arm und zerrte sie hinter mir her wie einen Hecht. Bloß daß ich nicht gewußt hab, was ich mit ihr reden soll. Und vor den Leuten war's mir peinlich.

Na, und einmal sagt sie zu mir: ‚Wozu', sagt sie, ‚führen Sie mich immer bloß durch die Straßen? Mir dreht sich schon alles im Kopf. Als Kavalier', sagt sie, ‚und als Machthaber könnten Sie mich zum Beispiel mal ins Theater führen.'

‚Das geht', sag ich.

Es traf sich, daß die Komsomolzelle am nächsten Tag Opernkarten schickte. Ich bekam eine, und die andere hat mir Waska abgetreten, der Schlosser.

Ich hab die Billetts nicht näher angekuckt, dabei gehörten sie nicht zusammen. Meins war für unten und Waskas für ganz oben. Sind wir also hingegangen. Haben uns ins Theater gesetzt. Sie auf meine Karte, ich auf Waskas. Ich sitze also auf dem höchsten Olymp und sehe nicht die Bohne. Wenn ich mich über die Barriere beuge, kann ich sie sehen. Allerdings schlecht.

Ich hab mich rechtschaffen gelangweilt und bin runtergegangen. Da war grade Pause. Sie geht ebenfalls in der Pause spazieren.

‚Guten Tag', sag ich.

‚Guten Tag.'

‚Interessant', sag ich, ‚ob hier die Wasserleitung geht.'

‚Ich weiß auch nicht', sagt sie.

Dabei geht sie in den Erfrischungsraum. Ich hinterher. Sie geht an der Theke lang und kuckt nach den Auslagen. In der Auslage steht eine Schüssel. In der Schüssel sind Törtchen. Ich scharwenzle wie ein Gänserich um sie herum, wie ein Burshui, der der Schlachtung entgangen ist, und mache ihr den Vorschlag: ‚Wenn Sie', sag ich, ‚Lust haben, ein Törtchen zu essen, dann genieren Sie sich nicht. Ich bezahl's.'

‚Merci', sagt sie.

Und plötzlich geht sie mit unzüchtigem Gang zu der Schüssel, greift sich – schnapp – ein Kremtörtchen und frißt.

Was ich aber an Geld bei mir hab, das trägt die Katz auf dem Schwanz weg. Höchstens reicht es für drei Törtchen. Sie speist, und ich krame voller Unruhe in den Taschen und sehe mit den Händen nach, wieviel Geld ich hab. Es ist lächerlich wenig.

Sie hat ihr Kremtörtchen verdrückt und greift sich – schnapp – das nächste. Mir kommt's schon beim Zusehen hoch. Doch ich sage nichts. So eine Art bourgeoise Schamhaftigkeit hat mich gepackt. Als Kavalier, und dann nicht bei Kasse.

Wie ein Hahn tripple ich um sie herum; sie lacht und lauert auf Komplimente.

Ich sag: ‚Ob wir uns wieder ins Theater setzen? Vielleicht hat es schon geläutet.'

‚Nein', sagt sie.

Und greift sich das dritte.

Ich sag: ‚Ist das nicht zuviel auf nüchternen Magen? Vielleicht müssen Sie dann brechen.'

Und sie: ‚Nein', sagt sie, ‚wir sind's gewöhnt.'

Und greift sich das vierte.

Da steigt mir das Blut in den Kopf.

‚Los', sag ich, ‚pack's wieder hin!'

Sie kriegt einen Schreck. Macht den Mund auf, und im Mund funkelt der Goldzahn.

Ich fühl mich wie ein Gaul, dem der Zügel untern Schwanz geraten ist. Ganz egal, denk ich, geh ich eben nicht mehr mit ihr spazieren.

‚Pack's hin', sag ich, ‚Gottverdammich!'

Sie legt es zurück. Ich sag zum Wirt: ‚Was kriegen Sie für die drei gegessenen Törtchen?'

Der Wirt verhält sich indifferent, spielt den Dummen.

‚Ich krieg', sagt er, ‚für die vier gegessenen Törtchen soundsoviel.'

‚Wieso', sag ich, ‚für vier? Wo sich doch das vierte in der Schüssel befindet?'

‚Mitnichten', antwortet er, ‚wenn es sich auch in der Schüssel befindet, so ist es doch angebissen und mit den Fingern zerknautscht.'

‚Wo', sag ich, ‚ist es denn angebissen? Ich bitte Sie. Das ist nur Ihre lächerliche Phantasie.'

Der Wirt aber verhält sich indifferent – er fuchtelt sich mit den Händen vor der Fresse herum.

Na, jetzt strömt natürlich das Volk zusammen. Experten. Der eine sagt, es ist angebissen; der andere sagt, es ist nicht.

Ich dreh meine Taschen um, dabei fällt natürlich aller mögliche Krempel auf die Erde. Das Volk lacht. Mir ist nicht lächerlich. Ich zähl mein Geld.

Wie ich's zusammengerechnet hab, reicht's man grade für vier Törtchen. Du liebes bißchen, ich hab umsonst Streit angefangen.

Ich bezahle. Spreche zu meiner Dame: ‚Essen Sie's fertig', sag ich. ‚Es ist bezahlt.'

Die Dame rührt sich nicht. Geniert sich fertigzuessen. Da mengt sich irgendein Onkel ein.

‚Gib's her', sagt er, ‚ich eß es auf.'

Und er ißt es auf, der Strolch. Für mein Geld.

Wir haben uns wieder ins Theater gesetzt. Die Oper zu Ende angeschaut. Dann nach Hause.

Vor unserm Haus sagt sie in ihrem bourgeoisen Ton zu mir: ‚Jetzt langt's mir mit der Unkultur Ihrerseits. Wenn einer keinen Zaster hat, der soll nich mit Damens rumziehen.'

Ich sag: ‚Geld macht nicht glücklich. Entschuldigen Sie den Hinweis.‘

So sind wir auseinandergegangen.

Ich mag Aristokratinnen nicht.“

1923

Die Hundenase

Dem Kaufmann Jeremej Babkin wurde sein Waschbärpelz geklaut. Der Kaufmann Jeremej Babkin jammerte. Nun ja, es tat ihm leid um den Pelz. „Der Pelz“, sagt er, „war noch sehr gut, liebe Bürger. Ein Jammer. Und wenn's sonstwas kostet, aber den Verbrecher finde ich. In die Fresse spuck ich dem.“

Und Jeremej Babkin entschließt sich, einen polizeilich geschulten Suchhund in Dienst zu nehmen. Kommt da so ein Mann zu ihm, Mütze auf dem Kopf, Wickelgamaschen an den Beinen, und hat einen Hund bei sich. Ein Riesenköter ist das, braun, die Schnauze spitz und unsympathisch.

Der Mann stieß das Hundchen mit der Schnauze auf die Spur neben der Tür, sagte „such“ und trat zurück. Der Hund sog schnobernd die Luft ein, blickte über die Menge hin (es hatte sich natürlich allerhand Volk angesammelt), trottete plötzlich auf Oma Fjokla aus Wohnung 5 zu und beschnupperte ihren Rocksaum.

Die Oma verkroch sich in der Menge. Der Hund blieb ihr am Rock. Die Oma wich zur Seite, der Hund hinterher. Er packte die Oma am Rock und ließ nicht locker.

Da fiel die Oma vor dem Detektiv auf die Knie.

„Ja“, sagt sie, „reingefallen. Ich leugne nicht. Fünf Eimer voll“, sagt sie, „hab ich zum Gären aufgestellt, das stimmt. Der Apparat ist auch da, das ist gewißlich wahr. Das Ganze“, sagt sie, „befindet sich im Badezimmer. Bringen Sie mich zur Miliz.“

Na, die Leute staunten natürlich nicht schlecht.

„Und der Pelz?“ fragte man sie.

„Von dem Pelz“, sagte sie, „weiß ich nichts und hab ich keine Ahnung, aber das andere stimmt. Führen Sie mich ab, bestrafen Sie mich.“

Nun, die Oma wurde abgeführt.

Abermals stieß der Agent seinen Köter mit der Nase in die Spur, sagte „such" und trat zurück.

Der Köter blickte sich um, sog schnobernd die leere Luft ein und ging plötzlich auf den Bürger Hausverwalter zu.

Der Hausverwalter erbleichte und stürzte zu Boden.

„Fesselt mich", sagt er, „gute Leute, bewußte Bürger. Ich", sagt er, „hab das Wassergeld eingesammelt, aber ich hab's für meine eigenen Schrullen ausgegeben."

Na, die Einwohner stürzten sich natürlich auf den Hausverwalter und fesselten ihn. Währenddessen ging der Köter zu einem Bürger aus Wohnung 7. Zerrte ihn an den Hosen.

Erbleichend warf sich der Bürger vor allem Volk zu Boden.

„Ich bin schuldig", sagt er, „ich bin schuldig. Ich", sagt er, „hab mein Geburtsjahr im Arbeitsbuch verändert, das ist wahr. Ich junger Springinsfeld", sagt er, „müßte in der Armee dienen und das Vaterland verteidigen, statt dessen aber wohn ich in Wohnung 7, genieße elektrischen Strom und andere kommunale Dienste. Nehmt mich fest."

Die Menge war bestürzt.

Was ist das doch, dachte jeder, für ein erstaunlicher Hund!

Der Kaufmann Jeremej Babkin zwinkerte, blickte in die Runde, holte Geld hervor und gab es dem Detektiv.

„Führe", sagte er, „deinen Köter dahin, wo der Hundekuchen wächst. Mag", sagte er, „der Waschbärpelz verschwunden bleiben. Hol ihn der Hund ..."

Der Hund war schon zur Stelle. Er stand vor dem Kaufmann und wedelte mit dem Schwanz.

Der Kaufmann Jeremej Babkin wich verwirrt zur Seite, der Hund hinter ihm her. Ging zu ihm und schnupperte an seinen Galoschen.

Der Kaufmann blökte vor Schreck und erbleichte.

„Wahrhaftig", sagt er, „Gott sieht die Wahrheit, wenn's so ist. Ich", sagt er, „bin ein Schuft und ein Gauner. Und der Pelz, Brüder", sagt er, „ist nicht meiner. Den Pelz", sagt er, „hab ich meinem Bruder abspenstig gemacht. Ich weine und schluchze!"

Da stürzte das Volk nach allen Seiten auseinander. Dem Köter blieb keine Zeit, in der Luft zu wittern, er packte zwei oder drei, die er gerade zu fassen kriegte, und hielt sie fest.

Sie gestanden. Der eine hatte staatliche Gelder beim Kartenspiel vertan, der andere seiner Frau das Bügeleisen über den Schädel gehauen, und der dritte gab etwas zu, was man hier nicht wiederholen kann.

Das Volk hatte sich verlaufen. Der Hof war verödet. Nur der Hund und der Detektiv blieben zurück.

Da ging der Hund plötzlich auf den Detektiv zu und wedelte mit dem Schwanz.

Der Detektiv erbleichte, warf sich vor dem Hund zu Boden.

„Beißen Sie mich", sagt er, „Bürger Hund. Ich", sagt er, „bekomme für Ihre Hundeverpflegung dreißig Rubel, aber zwanzig davon nehm ich für mich ..."

Was weiter war, weiß ich nicht. Ich hatte mich auch schleunigst verkrümelt.

1923

Ehe aus Berechnung

„Früher, Leute, da war das viel einfacher“, sagt Grigori Iwanowitsch. „Als Bräutigam konnte man alles deutlich sehen. Da ist, wollen mal sagen, die Braut, da ist ihre Mutter, und da ist die Mitgift. Und bei der Mitgift, da sieht man auch gleich wieder: Bargeld oder vielleicht ein Häuschen mit Fundament.

Wenn es Bargeld ist, gibt der edle Erzeuger die Summe bekannt. Ist es aber ein Häuschen mit Fundament, dann erhebt sich wieder eine andere Frage – was für eins? Vielleicht aus Holz oder womöglich aus Stein? Alles zu sehen, alles erkennbar, kein Gemogel.

Und heute? Wenn du Bräutigam bist, du wirst nicht schlau draus! Nämlich der Erzeuger hat heutzutage nicht die Gewohnheit, Geld zu geben. Ein Bräutigam, der sich auf Besitz orientiert, ist übel dran.

Wollen mal sagen, auf unbeweglichen Besitz – da hängt ein Pelz am Garderobenhaken. Nu schön, da hängt er. Einen Monat oder zwei. Man kann ihn zum Beispiel jeden Tag sehen und befühlen, aber wenn's drauf ankommt, hat den Pelz womöglich der Aftermieter hingehängt, und es ist gar nicht der Braut ihrer. Oder das Unterbett. Du siehst, da liegt eins, du legst dich drauf, und es ist mit Federn vollgestopft.

Und das nennt sich Besitz! Mit solchem Besitz kann man sich das Blut ruinieren.

Ach, was tut sich nicht alles auf der Welt – du wirst nicht schlau draus!

Ich bin ein alter Revolutionär aus dem Neunerjahr, ich war in allen Parteien, aber auch mir schwirrt der Kopf, und ich werd nicht schlau draus.

Aber eins ist prima – manche Bräute gehn arbeiten. Da

gibt's keinen Betrug: Tarif, Lohngruppe, Gehaltsklasse. Aber selbst da kann man auf die Schnauze fliegen.

Eine hat mir gefallen. Wir haben uns angezwinkert. Bekannt gemacht. So und so, sag ich, wo arbeiten Sie, wieviel kriegen Sie? Wie steht's mit Tarif und Lohngruppe?

„Ich arbeite", sagt sie, „im Speicher. Der Tarif ist der und der."

„Na", sag ich, „merci, ausgezeichnet. Sie gefallen mir. Die Lohngruppe ist mir sympathisch, und der Tarif ist nicht übel. Gehen wir zusammen."

Wir fangen also an, die Kinematographen zu besuchen. Ich bezahle. So geht das eine Woche oder zwei, da stell ich ihr ein Ultimatum: Nehmen Sie mich mit nach Hause.

Sie nimmt mich mit. Zu Hause ist natürlich ihr altes Mammilein. Das Väterchen ist so ein alter Revolutionär. Die Tochter ist die Braut, und daneben ich, sozusagen der Bräutigam.

So weit, so gut. Ich besuch die Familie und schau mich um. Mit dem Mammilein plauder ich über philosophische Themen: wie leben Sie so, nicht zu ärmlich? Wird man Sie, der Schöpfer soll's verhüten, unterstützen müssen?

„Nein", antwortet sie, „betreffs Unterstützung brauchen wir keine. Aber was die Mitgift angeht, ungelogen, die gibt's nicht. Höchstens bißchen Wäsche und ein Halbdutzend Löffel können wir rausrücken."

„Ach", sag ich, „Oma, Gottesblümchen! Halbes Dutzend oder ganzes Dutzend, das werden wir sehen. Davon brauchen wir nich reden vor der Zeit. Mir", sag ich, „gefällt Ihre Tochter auch so – immerhin Lohngruppe fünfzehn, Sonderrechte, Bezugsscheine ... Das ersetzt mir die Mitgift."

Na, die Oma, das Gottesblümchen, löst sich in Tränen auf. Auch das Väterchen, der alte Revolutionär, weint ein bißchen.

„Na ja", sagt er, „dann heirate, mein Lieber, wenn's so ist."

Na, Verlobung. Gespräche. Seufzer.

Aber die Oma, das Gottesblümchen, macht Anspielungen betreffs kirchlicher Trauung. Als wie, es wäre nicht schlecht, sich in der Kirche zusammenzuschmeißen.

Ich aber sag: „Wir schmeißen uns auch ohne Kirche zusammen. Ich", sag ich, „bin ein alter Revolutionär. Ich hab nicht erst die Säuberung abgewartet, bin vorher aus der Partei ausgetreten. Ich kann nicht gegen mein Gewissen angehen. Bestehen Sie nicht darauf."

Da heult die Oma. Auch das Väterchen, der alte Revolutionär, weint ein bißchen. Aber sie sind dafür.

Wir heiraten also.

Morgens entfernt sich die schöne junge Gattin zur Arbeit, und um vier kommt sie wieder. In der Hand hält sie ein Paket.

Na, sie spricht natürlich zärtlich zu mir, als wie, steh auf, Grischa, du liegst dich noch wund.

Und wieder Glückstränen und Honigmond.

Nun dauert dieses zärtliche Gerede schon zwei Monate nach dem neuen Kalender.

Aber eines Tages kommt die junge schöne Gattin ohne Paket, sie schluchzt.

„Worüber", sag ich, „schluchzen Sie, haben Sie etwa das Paket verloren, der Schöpfer soll's verhüten?"

„Aber nein", sagt sie, „was bedeutet schon das Paket? Entlassen bin ich, Personalabbau."

„Was reden Sie da", sag ich, „Erbarmung!"

„Ja", sagt sie.

„Erlauben Sie mal", sag ich, „ich verlang keine Mitgift von Ihnen, aber", sag ich, „ich hab mich auf Ihre Arbeit orientiert."

Die junge Gattin ist untröstlich.

„Ja", sagt sie, „sie haben mich entlassen, weil ich verheiratet bin."

„Erbarmung“, sag ich, „dann werd ich selber hingehen zu Ihrer Arbeitsstelle und alles erklären. Das ist ja unvorstellbar.“

Ich also schleunigst die Hosen angezogen und raus aus dem Haus.

Ich komm hin. Der Leiter ist so ein alter Revolutionär mit Spitzbart. Ich erklär dem Halunken das ganze Geheimnis, aber er stellt sich bockbeinig und sagt, er weiß von nichts. Ich sag ihm das von der Mitgift, aber er meint, er mischt sich nicht in Familienangelegenheiten.

Ich sag: „Ich bin auch ein alter Revolutionär, aus dem Fünferjahr.“

Aber er komplimentiert mich zur Tür hinaus.

Ich verabschiede mich von ihm und ab nach Hause. Meine Gattin sitzt da und weint nicht.

„Was denn“, sag ich, „Sie weinen nicht mehr? Ich“, sag ich, „hab Sie geheiratet, und Sie lassen sich abbauen?“

Ich nehm sie bei der Hand, und wir gehen zu dem Mammilein.

„Danke bestens“, sag ich, „für die Gefälligkeit. Sie meinen wohl, Sie rücken ein Dutzend Löffel raus, und das wär's dann?“

Na, die Oma, das Gottesblümchen, löst sich in Tränen auf. Auch das Väterchen, der alte Revolutionär, weint ein bißchen.

„Alles“, sagt er, „kommt von Gott. Vielleicht“, sagt er, „lebt ihr auch so.“

Dafür hätte ich dem Väterchen am liebsten eine gelangt, aber ich hab mich zurückgehalten. Am Ende, denk ich, bringt er mich noch vor Gericht, der Strolch. Ich hab den Staub von den Füßen geschüttelt und mich dünnegemacht.

Jetzt bin ich geschieden und such ne Braut.

1923

Der Freier

Dieser Tage hat Jegorka Bassow geehelicht. Er nahm sich ein gesundes, stämmiges Weib, wohl anderthalb Zentner schwer. Er hatte Schwein.

Vordem war Jegorka Bassow drei Jahre lang als Witwer herumgelaufen, keine hatte ihn nehmen wollen. Dabei schmiß sich Jegorka beinahe an jede ran. Sogar an eine lahme Soldatenfrau aus dem Städtchen. Aber die Sache zerschlug sich wegen einer Lappalie.

Von dieser Brautwerbung sprach Jegorka Bassow gern. Dabei log er das Blaue vom Himmel herunter, erzählte jedesmal neue erstaunliche Einzelheiten.

Alle Bauern kannten die Geschichte schon in- und auswendig, aber bei jeder Gelegenheit setzten sie Jegorka zu, er soll doch erzählen, dabei bogen sie sich schon im voraus vor Lachen.

„Also, wie war das, Jegorka, wie du gefreit hast?" fragten sie und zwinkerten sich zu.

„Na so", sagte Jegorka, „ich hab mich blenden lassen."

„Hattest es wohl zu eilig, wie?"

„Hatte ich", sagte Jegorka. „Die Zeit brannte natürlich – da mußte gemäht werden und eingefahren. Und da wird mir doch, Brüder, meine Alte wegsterben. Wollen mal sagen, heut legt sie sich hin, und morgen geht's ihr schlechter. Sie wirft sich herum und phantasiert und fällt vom Ofen runter.

‚Na', sag ich zu ihr, ‚besten Dank, Katerina Wassiljewna, Sie stechen mich ab ohne Messer. Ausgerechnet jetzt wollen Sie sterben. Verschieben Sie's', sag ich, ‚bis zum Herbst, dann von mir aus!'

Aber sie winkt bloß ab.

Na, ich hol natürlich den Doktor. Für ein Pud Hafer. Der

Doktor schüttet den Hafer in seinen Sack und sagt: ‚Die Medizin', sagt er, ‚ist ohnmächtig, hier was zu unternehmen. Sieht so aus, als ob Euer Weibchen stirbt.'

‚An welcher Krankheit denn?' frag ich. ‚Entschuldigen Sie die unbescheidene Frage.'

‚Das', sagt er, ‚ist der Medizin auch unbekannt.'

Na, der Doktor gab Pülverchen und fuhr ab.

Wir legen die Pülverchen hinter die Heiligenbilder, aber das hilft nicht. Die Alte phantasiert und wälzt sich und fällt vom Ofen runter. Und zur Nacht ist sie tot.

Na, ich heul natürlich. Die Zeit brennt, denk ich, da muß gemäht werden und eingefahren, und ohne Frau ist das unvorstellbar. Was tun, keine Ahnung. Und wenn ich nu zum Beispiel heirat, bloß wen? Manch eine würd mich ja nehmen, bloß so auf die Schnelle, das ist ihr peinlich. Aber ich brauch's auf die Schnelle.

Ich spann also das Pferd vor, zieh die neue Hose an, wasch mir die Füße und fahr los.

Ich komm ins Städtchen. Besuch alle Bekannten.

‚Die Zeit brennt', sag ich, ‚da kann ich keine langen Reden machen. Gibt's nich', sag ich, ‚unter euch irgendein verarmtes Frauchen, auch wenn sie schlecht kucken kann? Ich interessier mich', sag ich, ‚fürs Heiraten.'

‚Gibt's', sagen sie, ‚natürlich, aber die Zeit brennt, keiner interessiert sich für die Ehe. Gehen Sie', sagen sie, ‚zu Anissja, der Soldatenwitwe, vielleicht kriegen Sie die rum.'

Ich also hin.

Ich komm zu ihr. Ich kuck, da sitzt das Weib auf der Truhe und kratzt sich am Bein.

‚Guten Tag', sag ich, ‚hören Sie auf', sag ich, ‚sich am Bein zu kratzen, es liegt was an.'

‚Das eine', antwortet sie, ‚stört das andere nicht.'

‚Nu', sag ich, ‚die Zeit brennt, ich kann nich lange mit Ihnen streiten, Sie und ich, wir sind zwei, da braucht's keinen Dritten, schmeißen wir uns zusammen', sag ich, ,und morgen fangen Sie bei mir an mit Garbenbinden.'

,Warum nicht', meint sie, ,wenn Sie sich für mich interessieren.'

Ich kuck sie an. Ich seh, nicht übel, das Frauchen, wie man's braucht, stämmig, kann arbeiten.

,Ja', sag ich, ,ich interessier mich natürlich. Aber', sag ich, ,antworten Sie mir wie auf dem Fragebogen, wieviel Jahre sind Sie von Geburt an?'

,Weniger', antwortet sie, ,wie's aussieht. Meine Jahre hab ich nich gezählt. Aber mein Geburtsjahr, ungelogen, das ist tausendachthundertsechsundachtzig.'

,Na', sag ich, ,die Zeit brennt, was soll ich lange zählen. Wenn Sie nicht lügen, geht das klar.'

,Nein', sagt sie, ,ich lüg nich, denn Lügen straft Gott. Jetzt soll ich wohl packen?'

,Ja', sag ich, ,packen Sie. Haben Sie denn viel Zeug?'

,Zeug', sagt sie, ,ist nicht viel: Loch in der Tasche, Floh in der Flasche. Truhe und Federbett.'

Wir tragen die Truhe und das Federbett zum Wagen. Ich schnapp noch einen Blumentopf und zwei Knüppel, dann fahren wir los.

Ich treib das Pferd an, hab's eilig, mein Frauchen aber wird auf der Truhe durchgeschüttelt und schmiedet Pläne, wie sie leben wird und was kochen und daß es nicht schaden könnt, ins Dampfbad zu gehen, drei Jahre wurde nicht gegangen.

Endlich kommen wir an.

,Steigen Sie ab', sag ich.

Das Frauchen klettert vom Wagen. Da merk ich, sie klettert irgendwie uninteressant runter, so seitlich, und hinkt auf beiden Beinen. Puh, denk ich, so was Blödes!

,Was ist', sag ich, ,Frauchen, Sie hinken ja?'

,Ach wo', sagt sie, ,das mach ich bloß so zum Kokettieren.'

,Aber ich bitt Sie, wie geht denn das? Die Sache ist ernst,

wenn Sie hinken. Ich', sag ich, ‚kann Hinken in der Wirtschaft nich gebrauchen.'

‚Ach wo', sagt sie, ‚bloß bißchen auf dem linken Bein. Das ist', sagt sie, ‚höchstens zweieinhalb Zentimeter kürzer.'

‚Zwei oder zweieinhalb', sag ich, ‚das', sag ich, ‚ist egal. Die Zeit', sag ich, ‚die brennt, da kann ich nich lange messen. Aber', sag ich, ‚das ist unvorstellbar. Wenn Sie Wasser schleppen, verschwappen Sie ja alles. Entschuldigen Sie', sag ich, ‚ich hab mich blenden lassen.'

‚Nein', sagt sie, ‚die Sache ist abgemacht.'

‚Nein', sag ich, ‚ich kann nich. Alles haut hin', sag ich, ‚Ihre Fassade gefällt mir, und auch die Jahre gehen, tausendachthundertsechsundachtzig, bloß ich kann nich. Entschuldigen Sie, das Bein hab ich übersehen.'

Da fängt das Frauchen an zu keifen und zu fluchen und will ne Schlägerei anfangen, ohne dem geht's ja nich. Inzwischen trag ich bei kleinem ihren Besitz zum Wagen.

Sie haut mir eine oder zwei hinter die Löffel, ich hab nich gezählt, dann sagt sie: ‚Na', sagt sie, ‚dein Glück, du Schote, daß du's gemerkt hast. Fahr mich', sagt sie, ‚zurück.'

Wir steigen auf den Wagen und fahren los.

Aber wie wir noch sieben Werst zu fahren haben, da packt mich fürchterliche Wut.

Die Zeit, denk ich, brennt, da kann ich nich lange reden, und hier darf ich bitte schön Bräute nach Hause fahren.

Ich schmeiß also ihr Zeug vom Wagen und kuck, was wird. Das Frauchen bleibt nich sitzen, springt dem Besitz hinterher. Ich wende meine Stute, und zurück zum Wald.

Damit hat sich die Sache. Wie sie nach Haus gekommen ist mit der Truhe und dem Federbett, keine Ahnung. Aber nach Haus gekommen ist sie. Und übers Jahr hat sie geheiratet. Und jetzt steht sie vor der Entbindung."

1924

Besser, man hat keine Verwandten

Zwei Tage lang suchte Timofej Wassiljewitsch nach seinem Neffen Serjoga Wlassow. Am dritten Tag, als er eben abreisen wollte, fand er ihn. Er begegnete ihm in der Straßenbahn.

Timofej Wassiljewitsch bestieg die Straßenbahn, holte zehn Kopeken hervor und wollte sie dem Schaffner geben. Er schaute hin – nanu? Die Persönlichkeit des Schaffners kam ihm sehr bekannt vor. Timofej Wassiljewitsch schaute genauer hin – ja! Er war es, Serjoga Wlassow in eigener Person als Straßenbahnschaffner.

„Nanu!" schrie Timofej Wassiljewitsch. „Serjoga! Bist du's wirklich, alter Freund?"

Der Schaffner wurde verwirrt, rückte ohne ersichtliche Notwendigkeit seine Fahrscheinrollen zurecht und sagte: „Gleich, Onkel ... Ich muß erst alle abfertigen."

„Schön! Mach nur", sagte der Onkel freudig. „Ich kann warten."

Timofej Wassiljewitsch lachte und erklärte den Fahrgästen: „Das ist ein leiblicher Verwandter von mir, Serjoga Wlassow. Von meinem Bruder Pjotr der Sohn. Sieben Jahre habe ich ihn nicht gesehen ... Dieser alte Halunke ..."

Timofej Wassiljewitsch blickte den Neffen voller Freude an und rief ihm zu: „Serjoga, alter Freund, seit zwei Tagen such ich dich. Die ganze Stadt hab ich umgekrempelt. Und hier find ich dich! Als Schaffner ... Ich war auch bei deiner Adresse in der Rasnotschinnaja-Straße.

‚Der ist nicht da', hat man mir gesagt. Du wärst wohl umgezogen.

‚Wo ist er denn hingezogen', hab ich gefragt, ‚sagt mir das. Ich bin sein leiblicher Onkel.' – ‚Wir wissen es nicht', hat man gesagt. Und nun bist du hier! Als Schaffner, was?"

„Ja, als Schaffner", antwortete der Neffe leise.

Neugierig betrachteten die Fahrgäste den Verwandten. Der Onkel lachte glücklich und blickte liebevoll den Neffen an, der Neffe aber war sichtlich verlegen, denn er fühlte sich im Dienst und wußte nicht recht, was er sagen und wie er sich zum Onkel verhalten sollte.

„So", sagte der Onkel wieder, „Schaffner bist du also. Bei der Straßenbahn, was?"

„Ja."

„Sag selber, so ein Zufall! Serjoga, alter Freund, da steig ich in die Straßenbahn, kucke, und was seh ich? So wie der Schaffner aussieht, das kommt mir doch gar zu bekannt vor! Und da bist du es. Ach, du alter Gauner! Na, ich freu mich, ich bin wirklich sehr zufrieden."

Der Schaffner trat von einem Fuß auf den andern und sagte plötzlich: „Sie müssen bezahlen, Onkel. Einen Fahrschein lösen. Wie weit fahren Sie?"

Der Onkel lachte glücklich und klopfte gegen die Schaffnertasche.

„Würd ich auch! Und ob! Wär ich in eine andere Linie gestiegen oder hätt deinen Wagen verpaßt – basta! –, ich hätt bezahlt. Wär mein Geld losgewesen. Ach, du alter Gauner! Serjoga, alter Freund, ich fahr zum Bahnhof."

„Zwei Stationen", sagte der Schaffner kläglich und blickte zur Seite.

„Wie meinst du das?" fragte Timofej Wassiljewitsch verwundert. „Was soll das? Sprichst du im Ernst?"

„Sie müssen bezahlen, Onkel", sagte der Schaffner leise. „Zwei Stationen. Für umsonst, ohne Fahrschein, dürfen Sie nicht fahren."

Timofej Wassiljewitsch kniff beleidigt die Lippen ein und blickte den Neffen streng an.

„Was denn, ich, dein leiblicher Onkel? Deinen Onkel willst du berauben?"

Der Schaffner blickte wehmütig zum Fenster hinaus.

„Du bist ja ein Marodeur", sagte der Onkel ärgerlich. „Sieben Jahre hab ich dich Hundesohn nicht gesehen, und du? Geld verlangst du für die Fahrt. Von deinem leiblichen Onkel! Du brauchst gar nicht so nach mir zu fuchteln. Wenn du auch mein leiblicher Verwandter bist, vor deinen Händen hab ich noch lange keine Angst. Hör auf zu fuchteln, mach keinen Wind vor den Fahrgästen."

Timofej Wassiljewitsch drehte das Zehnkopekenstück in der Hand und steckte es ein.

„Was haltet ihr davon, Leute?" wandte sich Timofej Wassiljewitsch an das Publikum. „Von seinem leiblichen Onkel verlangt er Geld. ‚Zwei Stationen', sagt er. Na?"

„Sie müssen bezahlen", sagte der Neffe fast weinend. „Seien Sie mir nicht böse, Genosse Onkel. Dies ist ja nicht meine Straßenbahn. Sie gehört dem Staat. Dem Volk."

„‚Dem Volk'", sagte der Onkel, „das geht mich nichts an. Du könntest mehr Achtung haben vor deinem leiblichen Onkel. Stecken Sie Ihre sauer verdienten zehn Kopeken wieder ein, hättest du sagen können. Fahren Sie einfach so. Davon wär die Straßenbahn nicht gleich zusammengebrochen. Neulich bin ich im Zug gefahren. Der Schaffner war nicht mit mir verwandt, aber der sagt zu mir: ‚Bitte', sagt er, ‚was soll die Rechnerei, Timofej Wassiljewitsch, fahren Sie so.' Und da bin ich so gefahren. Nicht mal verwandt war er mit mir, nur ein Landsmann, den ich kannte. Und du, von deinem leiblichen Onkel . . . Du kriegst kein Geld."

Der Schaffner wischte sich mit beiden Händen den Schweiß von der Stirn und klingelte plötzlich.

„Steigen Sie aus, Genosse Onkel", sagte er förmlich.

Als Timofej Wassiljewitsch sah, die Sache nimmt eine ernste Wendung, schlug er die Hände zusammen, holte die zehn Kopeken nochmals hervor und steckte sie wieder ein.

9

„Nein“, sagte er, „es geht nicht! Ich kann dir Rotzbengel nichts bezahlen. Lieber steig ich aus.“

Empört und feierlich stand Timofej Wassiljewitsch auf und ging zur Tür. Dann drehte er sich um.

„Den Onkel, den leiblichen Onkel jagst du raus“, sagte er wütend. „Ich möcht dich Rotzbengel ... Erschießen könnt ich dich dafür.“

Timofej Wassiljewitsch warf dem Neffen noch einen vernichtenden Blick zu und stieg aus.

1924

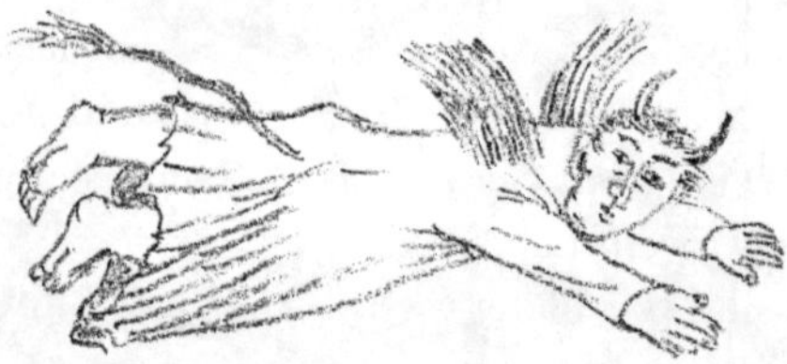

Das Bad

In Amerika sollen die Bäder ausgezeichnet sein, liebe Leute.

Da kommt zum Beispiel ein Bürger, packt seine Wäsche in einen Kasten und geht sich waschen. Nicht mal Sorgen macht er sich, daß was verschwindet oder geklaut wird, nicht mal ne Nummer nimmt er mit.

Höchstens daß ein nervöser Amerikaner zum Badewärter sagt: „Gut bei, paß gut drauf auf."

Das ist alles.

Der Amerikaner wäscht sich, kommt zurück und kriegt seine Wäsche sauber wieder, gewaschen und gebügelt. Die Fußlappen weißer als Schnee. Die Unterhosen geflickt und gestopft. Das ist ein Leben!

Bei uns sind die Bäder auch nicht übel. Bloß schlechter. Obwohl, waschen kann man sich da.

Bloß mit den Nummern ist es ein Elend. Letzten Samstag geh ich ins Bad (wirst ja deswegen nicht extra nach Amerika fahren, denk ich), da krieg ich zwei Nummern. Eine für die Wäsche, die andere für Mantel und Mütze.

Aber wo soll ein nackter Mann mit den Nummern hin? Ich sag's, wie's ist, er weiß es nicht. Keine Taschen. Ringsum bloß Bauch und Beine. Mist ist das mit den Nummern. Kannst sie schließlich nicht an den Bart knoten.

Na, ich hab mir rechts und links eine Nummer ans Bein gebunden, um nicht gleich beide zu verlieren. Und rein ins Bad.

Jetzt klappern die Nummern gegen die Beine. Geht sich blöd. Aber gehen muß ich. Brauch schließlich einen Zuber. Was ist das für ein Waschen ohne Zuber? Großer Mist.

Ich such also einen Zuber. Wie ich so kuck, da wäscht sich ein Mann mit drei Zubern. In dem einen steht er, in dem andern seift er sich die Birne, und den dritten hält er mit der linken Hand fest, damit sie ihn ihm nicht mausen.

Ich zieh an diesem dritten Zuber und will ihn für mich haben, aber der Mann läßt ihn nicht los.

„Das könnt dir so passen", sagt er, „fremde Zuber stehlen. Ich knall dir", sagt er, „den Zuber vor den Rüssel, daß du deine helle Freude hast."

Ich sag: „Wir sind hier", sag ich, „nicht unterm Zaren, daß wir mit Zubern rumknallen. Egoismus ist das", sag ich. „Andere", sag ich, „wollen sich auch waschen. Wir sind hier nicht im Theater", sag ich.

Aber er kehrt mir den Hintern zu und wäscht sich.

Hat keinen Zweck, denk ich, daß ich ihm auf der Seele knie. Jetzt, denk ich, wird er sich erst recht drei Tage waschen.

Ich geh weiter.

Nach einer Stunde seh ich, da paßt einer nicht auf, hat den Zuber losgelassen. Bückt sich nach der Seife oder döst, was weiß ich. Dem seinen Zuber schnapp ich mir.

Jetzt hab ich einen Zuber, aber keinen Sitzplatz. Und sich im Stehen waschen, was ist das für ein Waschen? Großer Mist.

Gut. Stehend freihändig halt ich den Zuber fest und wasch mich.

Rings um mich, du lieber Gott, ist ein gewaltiges Waschen im Gange. Einer wäscht seine Hose, der zweite scheuert seine Unterhose, der dritte wringt was. Kaum hast du dich, wollen mal sagen, gewaschen, schon bist du wieder dreckig. Sie spritzen nur so, die Halunken. Und die allgemeine Wäscherei macht solchen Krach, daß du dich nicht waschen magst. Du hörst ja nicht, wo die Seife grade reibt. Großer Mist.

Na was, denk ich, die können mich. Zu Haus wasch ich mich fertig.

Ich zurück in den Vorraum. Für die Nummer krieg ich die Wäsche. Ich kuck – alles meins, nur die Hose nicht.

„Leute“, sag ich, „meine hatte hier ein Loch. Bei der ist das Loch ganz woanders.“

Der Badewärter sagt: „Wir“, sagt er, „sind für Löcher nicht zuständig. Sind hier nicht im Theater“, sagt er.

Gut. Ich zieh die Hose an und will den Mantel holen. Ich krieg ihn nicht, sie wollen die Nummer. Die hab ich am Fuß vergessen. Noch mal ausziehen. Raus aus der Hose. Wo ist die Nummer? Weg. Die Strippe ist da, am Fuß, die Papiernummer nicht. Weggewaschen.

Ich geb dem Badewärter die Strippe, er will sie nicht.

„Nach der Strippe“, sagt er, „geb ich nichts raus. Da kann ja jeder“, sagt er, „sich ne Schnur zurechtschnippern – soviel Mäntel kann ich nicht ranschaffen. Warte“, sagt er, „bis das Publikum auseinandergeht, dann kriegst du, was übrigbleibt.“

Ich sag: „Brüderchen, und wenn bloß Plunder übrigbleibt? Wir sind hier nicht im Theater“, sag ich. „Gib ihn mir“, sag ich, „nach den Merkmalen. Die eine Tasche“, sag ich, „ist eingerissen, die andere fehlt. Was die Knöpfe angeht“, sag ich, „der oberste ist dran, die unteren fehlen.“

Da hat er ihn mir gegeben. Die Strippe will er nicht.

Ich zieh mich an und geh auf die Straße. Plötzlich merk ich, ich hab die Seife vergessen.

Noch mal zurück. Im Mantel lassen sie mich nicht rein.

„Zieh dich aus“, sagen sie.

Ich sag: „Ich, liebe Leute, kann mich doch nicht zum drittenmal ausziehen. Wir sind hier nicht im Theater“, sag ich. „Ersetzt mir wenigstens den Wert der Seife.“

Nichts ist.

Wenn nicht, dann nicht. Bin ich also ohne Seife abgezogen.

Nun kann der Leser natürlich fragen, in welchem Bad das war. Wo? Adresse?

In welchem Bad? In einem ganz normalen. Wo der Eintritt zwanzig Kopeken kostet.

1924

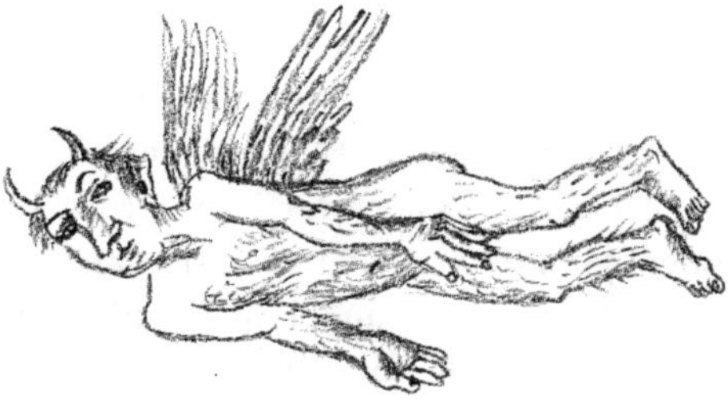

Der Vorfall in der Provinz

Vieles hab ich schon ausprobiert in meinem Leben, aber Zirkusartist war ich noch nie.

Nur ein einziges Mal hat mich das Publikum für einen Verwandlungskünstler gehalten.

Ich weiß nicht, wie es heute ist, aber früher sind solche Verwandlungskünstler durch Rußland gereist. Kamen auf die Bühne, verbeugten sich ehrfürchtig vor dem Publikum, verschwanden dann für einen Moment in den Kulissen und erschienen dann wieder in anderem Kostüm, mit anderer Stimme und in einer anderen Rolle.

Für so einen Verwandlungskünstler hat man mich einmal gehalten. Es war 1920 oder 1921.

Das Brot war damals unverschämt teuer.

Für ein Pfund Brot verlangte man in Petersburg zwei Handtücher, drei Laken oder eine Harmonika mit drei Knopfreihen.

Eines schönen Tages im Herbst verließen deshalb der imaginistische Dichter Nikolai Iwanow, die Pianistin Marussja Grekowa, ich und der Lyriker Dmitri Zensor Petersburg, um ein leichteres Brot zu suchen.

Wir hatten beschlossen, mit einem bunten Musik- und Literaturprogramm eine Anzahl sowjetischer Städte im Süden zu bereisen. Mit unserer „reinen Kunst“ wollten wir uns ein Stück dunkles Soldatenbrot verdienen.

Ende September also verließen wir Petersburg, ausgestattet mit allen möglichen Mandaten und Dokumenten, und fuhren in einem Güterwagen gen Südosten.

Lange waren wir unterwegs.

Während der Fahrt verteilten wir eingehend unsere Rollen und sprachen das Programm durch.

Als erste Nummer sollte die Pianistin Marussja leichte Musikstücke spielen. Das würde unserem ganzen Abend sozusagen den richtigen künstlerischen Ton geben. Die zweite Nummer war der Imaginist. Er sollte unser Programm gleichsam komplizieren und mit seinen Gedichten zu verstehen geben, daß die Kunst für das Volk nicht immer faßbar sei.

Danach sollte ich humoristische Erzählungen vortragen. Den Schluß sollte der Lyriker Dmitri Zensor machen. Er würde unserem Programm sozusagen einen Lacküberzug verpassen und den Eindruck eines leichten, geistvollen Abends erwecken.

Großartig war das Programm.

„Genossen!“ sprach der Imaginist. „Wir sind als erste in Sowjetrußland auf dem richtigen Weg. Ganz bewußt steigen wir zu den Massen hinab, begeben uns ins dichteste Gewühl. Mit diesem Programm werden wir beweisen, daß die reine Kunst niemals untergeht. Hinter uns steht das Volk.“

Die Pianistin Marussja hörte schweigend zu und übte mit ihren Fingern auf den Knien ein kompliziertes Motiv.

Ich rauchte Machorka mit Tee und spuckte traurig ätzenden grünen Speichel auf den Fußboden.

Der Dichter Dmitri Zensor sagte träumerisch: „Das Volk braucht die reine Kunst. Man wird uns warme, duftende Brotlaibe, Blumen und gekochte Eier darbringen. Geld nehmen wir nicht. Was brauchen wir Geld, wenn man nichts dafür kaufen kann.“

Endlich, am 29. September, trafen wir in einem verregneten Provinzstädtchen ein.

Auf dem Bahnhof wurden wir sehr freundlich von einem Agenten der Kriminalpolizei empfangen. Lange und aufmerksam studierte er unsere Mandate, dann legte er die Hand an den Mützenschirm, um so die russische Literatur scherzhaft zu begrüßen.

Ganz im Vertrauen teilte er uns mit, er selber stamme aus den intelligenten Schichten, habe seinerzeit zwei Klassen des hiesigen Mädchengymnasiums absolviert und sei daher nicht abgeneigt, zwischen zwei Protokollen die reine Kunst zu genießen.

Er versprach uns, unbedingt zu unserem Literaturabend zu kommen.

Wir stiegen bei Bekannten von Marussja ab.

Die ersten Tage vergingen mit tausend Laufereien und Besorgungen.

Wir mußten die Genehmigung einholen, einen Saal beschaffen, ihn beleuchten und mit dem Veranstalter Absprachen treffen.

Der Veranstalter war ein wendiger und raffinierter Bursche. Er behauptete steif und fest, die reine Kunst sei für das Provinzpublikum kaum faßbar, daher müsse er unser Programm durch verständlichere Nummern verdünnen – Musik, Gesang und Artistik.

Das verdarb uns natürlich das ganze Konzept. Aber wir stritten nicht mit ihm, es gab ja keinen anderen Ausweg.

Der Abend sollte am nächsten Tag im ehemaligen Kaufmannsklub stattfinden.

Am 30. September abends um acht Uhr saßen wir mit Lampenfieber hinter den Kulissen in der uns zugewiesenen Garderobe.

Der Saal war gerammelt voll.

An die hundert Rotarmisten, viele Hausfrauen sowie junge Mädchen, Angestellte und Angehörige aller möglichen freien Berufe warteten ungeduldig auf den Beginn des Programms, klatschten und forderten, den Vorhang hochzuziehen.

Als erstes, weiß ich noch, trat ein musikalisches Trio auf. Es folgten ein Jongleur und ein Exzentriker. Dieser hatte unwahrscheinlichen Erfolg. Das Publikum lärmte, brüllte und rief ihn immer wieder auf die Bühne.

Dann kamen unsere Nummern.

Marussja Grekowa trat in einem hochgeschlossenen schwarzen Kleid auf die Bühne.

Als sie vor dem Vorhang erschien, ging eine gewisse unerklärliche Erregung durch das Publikum. Die Leute erhoben sich von ihren Plätzen und starrten die Pianistin an. Viele lachten. Marussja setzte sich leicht beunruhigt an den Flügel, spielte ein kurzes Stück und hielt dann, auf Beifall wartend, inne. Es gab jedoch keinen Beifall.

Schrecklich verlegen, ohne einen einzigen Klatscher, verschwand Marussja in den Kulissen.

Fast unmittelbar nach ihr trat der Imaginist auf.

Donnernder Applaus, Geschrei und Beifallsgebrüll wollten lange nicht verstummen.

Der Imaginist, geschmeichelt von solcher Aufmerksamkeit und seiner Popularität in dieser kleinen Provinzstadt, machte eine tiefe Verbeugung und legte ehrfurchtsvoll die Hand aufs Herz.

Er trug ein paar giftige, aber unverständliche Gedichte vor und verschwand, geplagt von heftigem seelischem Zweifel, denn es gab schon wieder keinen Beifall.

Buchstäblich nicht ein einziger Klatscher.

Als dritter trat, stark verschüchtert, ich auf.

Noch länger andauernde freudige Rufe ertönten, als ich erschien.

Das hintere Publikum sprang auf die Bänke, stützte sich auf die weiter vorn Sitzenden und starrte mich an wie ein Meereswunder.

„Klasse!“ schrie einer. „Klasse, Leute, wie er das macht!“

„Ach, dieser alte Gauner!“ kreischte einer mit sichtlicher Begeisterung.

Ich war völlig verängstigt, fürchtete für mein Schicksal und begann, mühsam die Worte hervorbringend, meine Geschichte zu stammeln.

Das Publikum hörte sich mein Gestammel geduldig an und ermunterte mich sogar mit einzelnen Zwischenrufen: „Ach, dieser alte Gauner, daß ihn die Fliegen fressen!"

„Prima! Gut so! Mach weiter! Immer lustig!"

Nachdem ich meine Geschichte fast bis zu Ende hervorgestottert hatte, zog ich mich, mühsam ein Bein vors andere setzend, zurück. Wie bei den andern Malen gab es keinen Applaus.

Nur ein baumlanger Rotarmist stand auf und sagte: „Ach, dieser Halunke! Wie er läuft! Seht doch, Leute, wie er absichtlich übern Onkel latscht."

Als letzter sollte der Lyriker auftreten.

Er wollte nicht hinaus.

Er greinte beinah gellend und berief sich auf Schmerzen im unteren Teil seines Bauches. Erst gestern sei er von Petersburg gekommen, sagte er, habe sich noch gar nicht in der Stadt umgesehen und sich noch nicht an dieses Auditorium gewöhnt.

Er schrie buchstäblich und klammerte sich mit beiden Händen an die Kulissen, doch wir stießen ihn mit vereinten Kräften auf die Bühne. Brausender Beifall, lautes Hoho, begeisterte Schimpfwörter erschütterten den Saal.

Das Publikum brüllte und kreischte enthusiastisch.

Ein Teil des Publikums stürzte zur Bühne und bestarrte den Lyriker mit wilder Neugier.

Der Dichter, einer Ohnmacht nahe, lehnte sich an den Flügel und stand dort, ohne ein einziges Wort zu sagen, geschlagene fünf Minuten. Dann taumelte er, öffnete den Mund und kroch mehr tot als lebendig in die Kulissen zurück.

Der Beifall wollte lange nicht verstummen. Einer hämmerte wie wild mit den Hacken gegen den Fußboden. Andere verlangten ungestüm eine Wiederholung.

Wir hatten uns erschüttert in unserer Garderobe eingeschlossen, saßen da und horchten auf das Publikum.

Der Veranstalter lief um uns herum und betrachtete ängstlich unsere gebeugten Gestalten.

Der Imaginist saß mit gramvoll verkniffenen Lippen völlig verstört auf dem Diwan, dann warf er die Haare zurück und sagte mit fester Stimme: „In fünfzig Jahren wird man mich verstehen. Früher nicht. Meine Gedichte kommen nicht an. Das ist mir jetzt aufgegangen."

Marussja Grekowa weinte leise und verbarg das Gesicht in den Händen.

Der Lyriker stand unbeweglich und lauschte ängstlich dem Geschrei und Gebrüll.

Ich begriff gar nichts.

Richtiger gesagt, ich dachte, die reine Kunst habe die Massen erreicht, aber in einer seltsamen und mir unbekannten Form.

Das Geschrei wollte nicht verstummen.

Plötzlich ertönte hinter den Kulissen das Stampfen rennender Füße, und mehrere Personen aus dem Publikum drangen in unsere Garderobe ein.

„Bitte! Bitte!" schrie ein Bürger freudig und fuchtelte mit den Händen.

Wir waren starr.

Mit leiser, beschwichtigender Stimme bat der Veranstalter: „Genossen ... Beunruhigen Sie sich nicht ... Regen Sie sich nicht auf ... Wir werden alles tun ... Gleich organisieren wir alles ... Was wünschen Sie?"

„Der hier eben aufgetreten ist", sagte der Bürger. „Das Publikum möchte ihn sehr gerne noch einmal sehen. Wir sind delegiert worden, um ihn zu bitten ... Der mit dem Umkleiden, der Verwandlungskünstler."

Da plötzlich ging uns ein Licht auf. Man hatte uns vier für den Verwandlungskünstler Jakimow gehalten, der im Vorjahr in dieser Stadt gastiert hatte. Er sollte heute nach uns auftreten.

Völlig niedergeschmettert, zogen wir uns mechanisch an und verließen den Klub.

Am nächsten Tag reisten wir ab.

Die zierliche blonde Pianistin, der hünenhafte Imaginist, ich und endlich der dicke rotwangige Lyriker – wir vier hatten dem Provinzpublikum ein wahres Wunder von Verwandlungskunst geboten.

Blumen, gekochte Eier, Ruhm und Ehre freilich haben wir vom Volk nicht erhalten.

Wir müssen noch warten.

1924

Der Schauspieler

Diese Geschichte ist eine wahre Begebenheit. Sie trug sich in Astrachan zu. Ein Amateurschauspieler hat sie mir berichtet. Hier seine Erzählung.

„Ihr fragt mich, Leute, ob ich Schauspieler war? War ich. Am Theater hab ich gespielt. Hatte Berührung mit dieser Kunst. Und was ist das? Lauter Unfug. Nichts Hervorragendes bei.

Natürlich, wenn man sich tiefer hineindenkt, hat auch diese Kunst viel Gutes.

Wollen mal sagen, du kommst auf die Bühne, und das Publikum kuckt. Und mitten im Publikum Bekannte, Verwandte der Frau, Hausnachbarn. Du siehst, sie zwinkern dir zu aus dem Parkett, als wie, nicht so schüchtern, Wassja, leg los. Und du machst ihnen Zeichen, als wie, bleibt ruhig, Leute. Wir wissen Bescheid. Sind nicht von gestern.

Aber wenn man sich tiefer hineindenkt, ist an diesem Beruf nichts Gutes. Man verdirbt sich bloß das Blut.

Einmal haben wir das Stück ‚Wer ist schuldig?' aufgeführt. Handelt vom früheren Leben. Sehr starkes Stück. Darin wird also in einem Akt ein Kaufmann vor den Augen des Publikums von Räubern ausgeraubt. Sehr natürlich ist das gemacht. Der Kaufmann schreit also, wehrt sich mit Fußtritten. Aber sie rauben ihn aus.

Ein grausliches Stück.

Dies Stück also haben wir aufgeführt.

Kurz vor der Vorstellung hat der Amateur, der den Kaufmann spielte, einen gehoben. Der Suff hat den Strolch so durchgerüttelt, daß wir sehen, er kann die Rolle des Kaufmanns nicht spielen. Und wie er rausgeht an die Rampe, zertritt er mit Absicht ein paar Glühbirnen.

Der Regisseur Iwan Pawlowitsch sagt zu mir: ‚Wir können ihn', sagt er, ‚im zweiten Akt nicht rauslassen. Der Hundesohn zertrampelt uns die ganzen Birnen. Vielleicht', sagt er, ‚spielst du für ihn? Das Publikum ist sowieso doof, es merkt's nicht.'

Ich sag: ‚Ich kann nicht, Leute', sag ich, ‚zur Rampe gehen. Redet mir nicht zu. Ich', sag ich, ‚hab eben zwei Melonen gegessen. Da seh ich nicht mehr ganz durch.'

Aber er sagt: ‚Hilf uns aus, Bruder. Wenigstens für einen Akt. Vielleicht bekobert sich der Schauspieler inzwischen. Sabotiere', sagt er, ‚nicht die Aufklärungsarbeit.'

Sie haben mich überredet.

Ich ging auf die Bühne.

Ich bin so aufgetreten, wie ich war, im eigenen Jackett mit Hose. Bloß einen fremden Bart hab ich mir angepappt. Dann bin ich raus.

Und das Publikum, das ist zwar doof, aber es hat mich gleich erkannt.

‚Aha', sagt es, ‚Wassja kommt raus! Nicht so schüchtern, leg los.'

Ich sag: ‚Schüchtern sein, Leute, darf ich nicht, denn', sag ich, ‚wir haben einen kritischen Moment. Der Schauspieler', sag ich, ‚ist blau wie 'n Veilchen und kann nicht auf die Bühne. Er kotzt.'

Die Handlung geht los.

Ich spiel in diesem Akt den Kaufmann. Ich schrei also und wehr die Räuber mit Fußtritten ab. Da merk ich, wie mir einer von den Amateuren wirklich in die Tasche faßt.

Ich halt das Jackett fest. Dreh mich weg von den Schauspielern. Und schlag um mich. Immer rein in die Visage. Wirklich!

‚Kommt mir nicht zu nahe', sag ich, ‚ihr Mistbatzen, ich rat euch im guten.'

Aber die bedrängen und bedrängen mich entsprechend

der Handlung. Sie klauen mir die Brieftasche (achtzehn Rubel) und fingern nach der Uhr.

Ich schrei wie wahnsinnig: ‚Hilfe, Leute, die berauben mich im Ernst.‘

Das macht eine volle Wirkung.

Das doofe Publikum klatscht begeistert. Schreit: ‚Los, Wassja, los. Hau sie, du Lieber. Klopf ihnen die Birne weich, diesen Satansbraten.‘

Ich schrei: ‚Es hilft nichts, Brüder!‘

Dabei dresch ich sie auf die Köpfe.

Ich seh, wie der eine Amateur Blut verliert, das bringt die andern Schufte in Rage, und sie werfen sich auf mich.

‚Brüder‘, schrei ich, ‚was ist denn das? Für was muß ich so leiden?‘

Der Regisseur steckt den Kopf aus den Kulissen.

‚Tüchtig, Wassja‘, sagt er. ‚Großartig‘, sagt er, ‚wie du die Rolle spielst. Mach weiter.‘

Ich seh, mein Geschrei hilft nichts. Denn egal, was ich schrei, alles paßt genau in die Rolle.

Da bin ich auf die Knie gefallen.

‚Brüder‘, sag ich. ‚Regisseur‘, sag ich, ‚Iwan Pawlowitsch, ich kann nicht mehr! Zieht den Vorhang zu. Sonst werd ich noch‘, sag ich, ‚die letzten Ersparnisse los!‘

Jetzt merken viele Theaterfachleute, daß meine Worte nicht aus dem Stück sind, und kommen aus den Kulissen. Der Souffleur, ein Glück, kriecht aus seinem Kasten.

‚Ich glaub‘, sagt er, ‚Leute, dem Kaufmann haben sie tatsächlich die Brieftasche geklaut.‘

Vorhang. Sie bringen mir einen Krug Wasser. Das muß ich austrinken.

‚Brüder‘, sag ich. ‚Regisseur‘, sag ich, ‚Iwan Pawlowitsch. Was ist denn das‘, sag ich. ‚Mir haben sie wirklich die Brieftasche gezogen‘, sag ich, ‚wie in dem Stück!‘ Na, die Amateurschauspieler wurden durchsucht. Das Geld war nicht zu finden. Die leere Brieftasche hatte einer in die Kulissen gefeuert.

Das Geld war futsch. Wie verbrannt.

Sagten Sie ‚Kunst'? Ich weiß Bescheid! Hab selber gespielt!"

1925

Das Spinnengewebe

Da sagt man nun, das Geld wär stärker als alles auf der Welt. Quatsch ist das. Mumpitz.

Das haben sich die Kapitalisten ausgedacht, um sich selber was vorzumachen.

Es gibt etwas auf der Welt, das stärker ist als Geld.

Mit zwei Worten läßt sich das nicht berichten. Dazu ist eine ganze Erzählung erforderlich.

Bitte, ich erzähle.

Ein hochqualifizierter Metalldreher namens Iwan Borissowitsch Lewonidow hat mir das Ganze erzählt.

Ja, lieber Genosse, sagte Lewonidow, so was kommt vor auf der Welt, und man könnte direkt ein Buch darüber schreiben.

Bei uns im Werk ist eines Tages so ein Liebling aufgekreuzt – Jegorka Drapow.

Er sah aus wie ein Neger. Hellblonder Schnurrbart. Schädlingsblick. Und eine Nase wie ein Perlmuttknopf.

Aber Karriere hat er gemacht. Kletterte die dienstliche Stufenleiter aufwärts, wurde für leichte Arbeit eingeteilt und kriegte Gehalt nach der höchsten Lohngruppe.

Der Meister und er begrüßten sich sogar mit Handschlag. Einmal, als der Meister an Jegorka Drapow vorbeiging, hat er ihn sogar mit den Fingern gekrabbelt und ihm ziemlich achtungsvoll zugelächelt.

Den Arbeitern ist das allmählich aufgefallen. Für welche persönlichen Qualitäten wird der Mann derart in den Himmel gehoben?

Wir grübelten und rätselten, kamen aber nicht dahinter und gingen zum Ingenieur Fearce.

„Liebenswürdiger Vater“, haben wir gesagt, „wir bitten gehorsamst, den Meister zurechtzuweisen, denn der kennt kein Maß. Er soll seinen Liebling Jegorka Drapow nicht derart in den Himmel heben. Und er soll ihn nicht mit den Fingern krabbeln, wenn er an ihm vorbeigeht."

Der Ingenieur ist zuerst erschrocken, denn er hat gedacht, wir wollten ihm auf die Finger sehen, aber dann hat er sich gefreut.

„Seien Sie", sagte er, „zuversichtlich, Genossen. Dem maßlosen Meister werd ich den Kopf waschen, und Jegorka Drapow wird in eine andere Abteilung versetzt."

Ein Monat verging. Das Wetter war großartig. Südliche Winde wehten. Überschwemmungen waren nicht zu befürchten. Jegorka Drapows Karriere aber ging immer steiler nach oben.

Jetzt war es nicht nur der Meister, nein, auch der Ingenieur, der vielgeliebte Spezialist, hat mit ihm gelacht und ihm die Hand gedrückt.

Die Arbeiter haben den Mund aufgesperrt. Ich auch.

Gibt's denn etwa, haben wir gedacht, keine Gerechtigkeit mehr auf Erden? Für welche Fakten wird denn der Mann derart in den Himmel gehoben und vom Meister mit den Fingern gekrabbelt?

Eine kleine Gruppe von uns ist zum roten Direktor Iwan Pawlowitsch gegangen.

„Sie", sagen wir, „der Sie bei uns derjenige und so weiter. Wie kommt es", sagen wir, „zu so einem Widersinn?"

Der rote Direktor runzelt die Stirn und antwortet: „Ich", sagt er, „der ich bei euch derjenige und so weiter. Ich", sagt er, „werde mir den Meister und den Spezialisten vorknöpfen, und dem Jegorka Drapow geig ich die Meinung. Geht jetzt, Brüder, und senkt nicht die Arbeitsproduktivität."

Ein Monat verging — Jegorka Drapow blühte wie eine Mohnblume oder, sagen wir, wie eine Chrysantheme im Garten. Man hegte und hätschelte ihn und drückte ihm von allen

Seiten um die Wette die Hand. Der Direktor drückte sie ihm und der Spezialist, und der Meister, wenn er an ihm vorbeiging, krabbelte ihn.

Da haben die Arbeiter ein Wutgeheul ausgestoßen und sind in einem riesigen Haufen zum Arbeiterkorrespondenten Nastin gelaufen. Und haben gejammert: „Du, unser lieber Arbeiterkorrespondent, unser Goldstück, unser wertvolles Köpfchen. Ausgeschimpft haben wir dich, und geflucht haben wir auf dich, und Giftknoten haben wir dich genannt, weil du dauernd in der Zeitung räsonierst. Jetzt aber bitten wir Sie um Entschuldigung und um Verzeihung ... Sorgen Sie dafür, daß Jegorka Drapow eins auf den Deckel kriegt."

„In Ordnung", sagt Nastin. „Das kann ich machen. Ich werde euch helfen. Laßt mir nur ein bißchen Zeit, damit ich prüfen kann, warum und weshalb und wieso der Mann derart hochsteigt. Dem spul ich den Schwanz auf, darauf könnt ihr euch verlassen."

Ein Monat verging. Südliche Winde wehten. Überschwemmungen waren nicht zu befürchten. Vöglein flatterten in der Luft, Schmetterlinge gaukelten.

Jegorka Drapow blühte wie Jasmin, ja, er entfaltete sich wie eine bunte Herbstaster.

Und selbst der Arbeiterkorrespondent Nastin, als er eines Tages an Jegorka vorbeiging, hat ihn gekrabbelt und ihm freundschaftlich zugelächelt.

Da haben sich die Arbeiter zusamengesetzt, um zu beraten. Den Mund haben sie sich fusselig geredet, sind aber zu keinem Ergebnis gekommen.

Da hab ich mich natürlich ins Gespräch gemischt.

„Brüder", hab ich gesagt, „ich hab die Giftnatter als erster entdeckt, und ich werd sie auch einscharren. Laßt mir nur Zeit."

Am nächsten Tag bin ich in Jegorkas Abteilung gegangen und hab mich unbemerkt hinter die Tür gestellt. Und da sah ich: Der Meister rüstet zum Heimgang. Jegorka Drapow scharwenzelt um ihn rum und reicht ihm gar die Jacke zu.

„Erkälten Sie sich nicht", sagt er, „Iwan Sawwitsch. Das Wetter", sagt er, „ist schrecklich ungünstig."

Der Meister klopft Jegorka lachend auf die Schulter.

„Du hast mich", sagt er, „wohl sehr gern, Jegorka, alter Gauner!"

Jegorka Drapow meldet respektvoll: „Sie", sagt er, „Iwan Sawwitsch, sind mir wie mein eigener Vater. Außerdem", sagt er, „sind Sie ein großartiger Meister. Und von Angesicht", sagt er, „erinnern Sie mich", sagt er, „sehr an mein verstorbenes Mütterchen, nur daß sie keinen Schnurrbart hatte."

Der Meister drückt Jegorka die Hand und geht seiner Wege.

Grade will ich hinter der Tür hervortreten, da kommt der Arbeiterkorrespondent Nastin angesockt.

„Hallo", sagt er, „Jegoruschka, alter Freund! Ich", sagt er, „hab da, weißt du, neulich ein Artikelchen geschrieben – eijeijei!"

Jegorka Drapow lacht.

„Tüchtig", sagt er, „du schreibst fabelhaft. Puschkin", sagt er, „und Gogol sind Dreck gegen dich."

„Danke schön", sagt der Arbeiterkorrespondent, „ich werd's dir nie vergessen. Soll ich dir den Artikel vorlesen?"

„Wozu denn vorlesen", sagt Jegorka, „ich", sagt er, „bin auch so schon begeistert."

Sie drücken einander die Hand und gehen zusammen hinaus.

Ich hinterher.

Der rote Direktor kommt uns entgegengelatscht.

„Ah", sagt er, „Jegorka Drapow, meinen Gruß ... Schau her", sagt er, „was ich jetzt für Muskeln habe."

Der Direktor krempelt den Ärmel hoch und zeigt Jegorka seine Muskeln.

„Oho", sagt der, „tüchtig zugenommen."

„Danke schön", sagt der Direktor, „ich danke dir, Jegorka."

Alle beide, der Direktor und der Arbeiterkorrespondent, verabschieden sich von Jegorka und trennen sich.

Ich hole Jegorka auf der Straße ein, packe den Halunken am Arm und antworte ihm: „So ist das also, mein Lieber", sag ich. „Solche Spinnengewebe", sag ich, „spinnen Sie hier also."

Aber Jegorka Drapow nimmt mich beim Arm und lacht.

„Hör doch auf", sagt er, „mein Bester . . . Was hast du schon davon . . . Erzähl mir lieber, wie es dir geht und wie dein Söhnchen gedeiht."

„Ich habe", sag ich, „eine Tochter, Jegorka. Keinen Sohn. Eine großartige Tochter", sag ich. „Sie läuft schon . . ."

„Ich liebe Töchter", sagt Jegorka. „Immer", sagt er, „genieße ich ihren Anblick und verehre ihnen Spielsachen . . ."

Ein Monat verging. Südliche Winde wehten. Überschwemmungen waren nicht zu befürchten. Jegorka Drapow blühte wie eine Mohnblume oder, sagen wir, wie eine Chrysantheme im Garten.

Und gestern, als ich an Jegorka Drapow vorbeiging, hab ich ihn gekrabbelt.

Hol ihn der Teufel! Er ist zwar, hab ich gedacht, ein Schweinehund, aber doch ein angenehmer Mensch.

Ich habe Jegorka Drapow liebgewonnen.

1925

Glückliche Kindheit

Gestern, liebe Bürger, sitze ich im Taurischen Garten auf einer Bank. Dreh mir eine Zigarette. Guck mich um. Herrlich überall! Frühling. Die liebe Sonne scheint. Lauter kleine süße Kinderchen tummeln sich im Sand. Neben mir auf der Bank, seh ich, sitzt so ein Steppke von vielleicht zehn Jahren. Baumelt mit den Beinen.

Ich guck ihn an und dann in die Runde.

Ach, denke ich, was haben doch die Kinderchen für ein vorzügliches Leben gegenüber den Erwachsenen! Wie geht's denn einem Erwachsenen? Mit den Beinen darf er nicht baumeln, im Sand darf er sich nicht wälzen. Baumelt er mit den Beinen, seht, heißt es dann, der Lümmel kann die Beine nicht still halten. Kriegt dafür sogar eins in die Fresse. Ach, denke ich, miserabel hat's ein erwachsener Mensch ... Allerlei Kommissionen, Überkommissionen. Referate und Versammlungen ... Macht er sich mal für drei Minuten frei, um ein bißchen frische Luft zu schnappen, dann wartet bestimmt schon die Frau, schwingt die Suppenkelle, schimpft auf Deuwel komm raus, daß er zu spät kommt. Ach, denke ich, eine glückliche Zeit ist das, die goldene Kindheit! Wie unmerklich ist sie doch vergangen, und so sieht nun das Leben aus ...

Noch einmal blicke ich auf die Kinderchen und auf das Bürschchen, das mit den Beinen baumelt, und da packt mich, geradeheraus gesagt, eine solche Zärtlichkeit für ihn, ein solches Gefühl, daß mir die Luft knapp wird.

„Jungchen", sag ich, „du Himmelhund! Spürst du überhaupt", sag ich, „was du für ein Glück hast, du Lümmel? Da sitzt du nun", sag ich, „baumelst mit dem Bein und hast keine Sorgen. Kannst auf einen Baum klettern und von dort auf alles niesen. Ach", sag ich, „du liebes Kerlchen, du verdammter

Halunke! Wie", sag ich, „heißt du denn? Mit einem Wort, wie ist dein Name?"

Er schweigt. Aus Schüchternheit wohl.

„Aber", sag ich, „du brauchst doch nicht schüchtern zu sein, du liebes Kerlchen. Der alte Knacker will dich doch nicht fressen. Komm", sag ich, „setz dich auf meine Knie, kannst bißchen reiten."

Da dreht sich das Bürschchen mir zu und antwortet: „Ich hab keine Zeit", sagt er, „auf deinen Knien zu schaukeln. Großer Mist ist das mit deinen Knien. Quatsch!"

Na, denk ich, das ist mir ja ein Früchtchen. Abgeblitzt hat mich der Knirps. Keine Zeit hat er.

„Wieso", sag ich, „haben Sie keine Zeit? Was, entschuldigen Sie den Vergleich, haben Sie denn zu tun?"

Das Bürschchen, dieses Naturkind, antwortet mir im Baß: „Du wirst zu schnell alt, wenn du zuviel weißt."

Na, denk ich, da bin ich ja an ein liebes Kerlchen geraten.

„Aber", sag ich, „da brauchst du dich doch nicht zu ärgern. Der alte Zausel", sag ich, „möchte doch bloß wissen, was Sie in Ihrem zarten Alter schon für Sorgen haben."

Meine Worte scheinen das Bürschchen etwas milder zu stimmen.

„Sorgen", sagt er, „hab ich einen Sack voll! Allerlei Kommissionen, Überkommissionen. Referate und Versammlungen. Heute muß ich einen Vortrag über Polen halten. Hab's eilig. Dann natürlich die Schule. Außerdem die körperliche Ertüchtigung ... Mach ich mich mal für drei Minuten frei, um ein bißchen frische Luft zu schnappen, dann wartet bestimmt schon Manka Blochina oder Katjuschka Semetschkina und schimpft. Schlimm, schlimm!"

Der Kleine holt ein Stäbchen hervor, zündet es an, spuckt durch die Zähne aus wie ein Großer, nickt mir lässig zu und geht seiner Wege.

Ich aber denke bei mir: Glückliche Zeit, du mein goldenes Alter! In die Schule brauch ich, unter anderem, nicht zu gehen. Auch mit der körperlichen Ertüchtigung fällt mir keiner auf die Nerven.

Ich habe mir ein Stäbchen angebrannt und bin ebenfalls meiner Wege gegangen.

1925

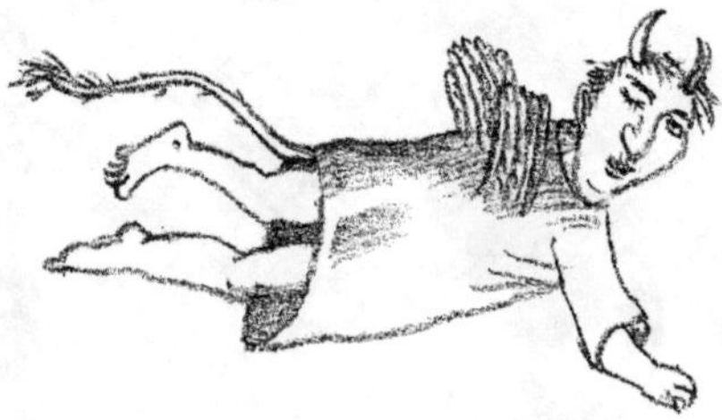

Wirtschaftliche Rechnungsführung

In den Feiertagen lud der Buchhalter Gorjuschkin zum Mittag Gäste ein. Es waren nicht viele.

Der Hausherr empfing die Gäste im Flur mit einer Art Freudengeheul, half ihnen aus den Pelzen und schleifte sie ins Eßzimmer.

„Dies", stellte er den Gast seiner Frau vor, „dies ist mein bester Freund und Arbeitskollege."

Dann wies er auf seinen Sohn und sagte: „Und das, geben Sie acht, ist mein Lorbaß, Ljoschka. Ein schlauer Hund, kann ich Ihnen versichern."

Ljoschka streckte die Zunge heraus, und der Gast nahm leicht verlegen Platz.

Als alle beisammen waren, bat der Hausherr mit etwas feierlicher Miene zu Tisch.

„Nehmen Sie Platz", sagte er herzlich. „Nehmen Sie Platz. Lassen Sie es sich schmecken. Ich freue mich sehr. Greifen Sie zu."

Die Gäste klapperten einträchtig mit den Löffeln.

„Tja", sagte der Hausherr nach einigem Schweigen, „wissen Sie, alles ist so unverschämt teuer geworden. Egal, was es ist, man kann es sich nicht leisten. Die Rubel hüpfen davon, die Preise hüpfen hinauf."

„Alles unerschwinglich", sagte seine Frau und schlang traurig ihre Suppe.

„Und ob", sagte der Hausherr, „völlig unerschwinglich. Nehmen Sie zum Beispiel so eine Kleinigkeit wie die Suppe. Ein Scheiß. Ein Nichts. Eine Art Wasser. Raten Sie doch mal, was diese Plürre da kostet."

„Tja", sagten die Gäste unbestimmt.

„In der Tat", sagte der Hausherr. „Nehmen wir was anderes,

das Salz. Wirklich ein Klacks, eine Winzigkeit, ein Garnichts, aber raten Sie mal, was es kostet."

„Ja", sagte der Lorbaß Ljoschka und schnitt eine Grimasse, „manche Gäste, wenn die Salz nehmen, da schlackerst du mit den Ohren."

Ein junger Mann mit Kneifer, der eben seine Suppe nachgesalzen hatte, schob erschrocken den Salzstreuer von seinem Gedeck weg.

„Salzen Sie doch, salzen Sie, mein Bester", sagte die Hausfrau und schob ihm den Salzstreuer wieder hin.

Die Gäste schwiegen angespannt. Der Hausherr verzehrte genüßlich seine Suppe und blickte seine Gäste gutmütig an.

„Da ist nun das Hauptgericht aufgetragen", verkündete er lebhaft. „Nehmen wir zum Beispiel das Fleisch, Herrschaften. Gestatten Sie zu fragen – was mag das Fleisch wohl kosten? Na? Wieviel Pfund sind das?"

„Vier Pfund und fünf Achtel", teilte die Hausfrau betrübt mit.

„Sagen wir fünf, das rechnet sich besser", sagte der Hausherr. „Na, einen halben Goldrubel das Pfund? Das macht, das macht pro Nase . . . Wieviel sind wir?"

„Acht", rechnete Ljoschka aus.

„Acht", sagte der Hausherr. „Pro Person ein halbes Pfund . . . Na, mindestens einen viertel Goldrubel pro Nase."

„Jaa", sagte Ljoschka beleidigt, „manche Gäste fressen aber das Fleisch mit Mostrich."

„Richtig", schrie der Hausherr und brach in gutmütiges Gelächter aus, „das hab ich ganz vergessen – den Mostrich . . . Nun rechnen Sie den Mostrich noch dazu, außerdem noch dies, das und jenes. Ein Rubel pro Nase kommt zusammen."

„Jaa, ein Rubel pro Nase", sagte Ljoschka, „aber als Pal Jelissejewitsch mit dem Ellbogen den Spiegel zerschlagen hat, da kam was zusammen . . ."

„Ach ja!" schrie der Hausherr. „Stellen Sie sich vor, wir hatten Gäste, und der eine zerschlägt das Spiegelglas, ohne Absicht natürlich. Das war ein teures Mittagessen. Wir haben's spaßeshalber ausgerechnet."

Der Hausherr versank in Erinnerungen.

„Übrigens", sagte er, „auch dieses Mittagessen geht ganz schön ins Geld. Das kann man ausrechnen."

Er nahm einen Bleistift und begann zu rechnen, wobei er alles Gegessene genauestens aufführte. Die Gäste saßen mucksmäuschenstill, nur der junge Mann, der so unvorsichtig seine Suppe nachgesalzen hatte, nahm alle Augenblicke den beschlagenen Kneifer ab und rieb ihn mit der Serviette blank.

„Ja", sagte endlich der Hausherr, „fünf Rubel und ein paar Zerquetschte pro Person ..."

„Und der Strom?" sagte die Hausfrau empört. „Und die Feuerung? Und Marjas Hilfe?"

Der Hausherr schlug sich mit der Hand vor die Stirn und lachte. „Richtig", sagte er, „Strom, Feuerung, Bedienung ... Und die Miete? Ich bitte Sie, Herrschaften, die Miete! Na, acht Personen, vier Quadratsashen ... Neunzig Kopeken je Sashen ... Macht am Tag drei Kopeken ... Hm ... Das muß ich aufschreiben ..."

Der junge Mann mit dem Kneifer rutschte auf dem Stuhl hin und her, und plötzlich ging er hinaus in den Flur.

„Wo wollen Sie denn hin?" rief der Hausherr. „Wo wollen Sie denn hin, mein bester Iwan Semjonowitsch?"

Der Gast gab keine Antwort, er zog ein paar fremde Galoschen an und ging ohne Abschied. Auch die übrigen Gäste liefen auseinander.

Noch lange saß der Hausherr am Tisch, den Bleistift in der Hand, dann erklärte er: „Eine fünftel Goldkopeke pro Nase." Das sagte er zu seiner Frau und zu Ljoschka, denn Gäste waren nicht mehr da.

1925

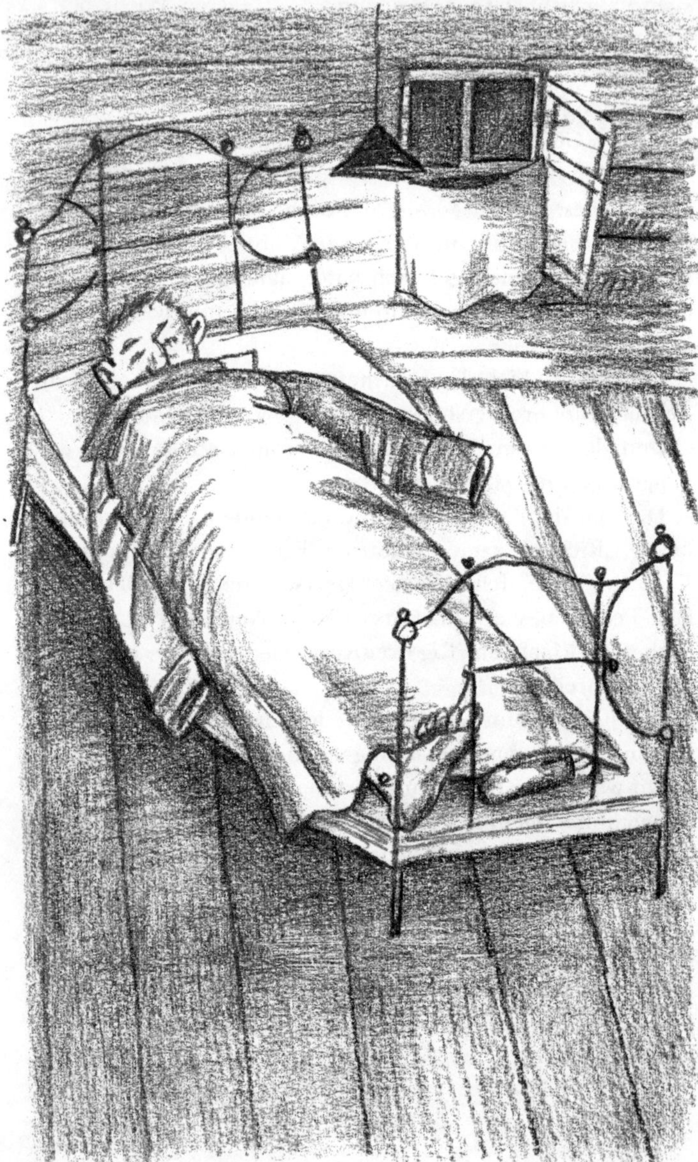

Der Schmarotzer

1

Es lebt auf der Welt ein gewisser Wassja Kutschkin. Ein Schriftsteller. Kein übler Bursche, ziemlich begabt. Sein Talent spritzt nur so nach verschiedenen Seiten. Sogar Romane kann er schreiben.

Eines Tages war dieser begabte Wassja Kutschkin so dumm, einen Roman zu schreiben.

Natürlich bekam er Zaster dafür.

Fing an zu leben.

Kaufte sich einen Mantel mit Kragen und ein Bett.

Auf dem Bett lag er, und mit dem Mantel deckte er sich zu.

Lebte wie ein reicher Mann.

2

Unser Kutschkin, dachte Wassjas Hausverwalter, dem fällt's im Schlaf zu, dem Gauner! Romane schreibt er, der Halunke. Mäntel mit Kragen kauft er sich jeden Tag. Ich muß dem Schmarotzer die Miete erhöhen. Wozu bei so einem Umstände machen? Und er erhöhte die Miete.

3

Teufel noch eins, dachte Wassja Kutschkin verwundert, die Miete zu erhöhen! Ich muß mehr auf Tempo arbeiten. Anders geht's nicht.

Und so begann unser lieber Wassja Kutschkin, mehr zu arbeiten. Natürlich gab er sich große Mühe, rang sich gleich zwei Romane ab. Verkaufte sie. Fing an zu leben. Lebte wie ein reicher Mann. Lag auf dem Bett und deckte sich mit dem Mantel zu.

4

Oho, dachte Wassjas Steuerinspektor. Der Kutschkin, dieser Schmarotzer, wirft immer gleich zwei Romane auf einmal auf den Markt! Ich muß den Halunken entsprechend einstufen.

Und er stufte ihn ein. Schickte ihm einen liebenswürdigen Bescheid. Wir müssen von Ihnen und so weiter ...

5

Schlimm, dachte Wassja und betrachtete kummervoll den Bescheid. Wovon soll ich das bezahlen? Ich muß mehr auf Tempo arbeiten. Wahrscheinlich arbeite ich zuwenig. Es reicht nicht. Ich werde am Schlaf sparen müssen.

Und er arbeitete mehr auf Tempo. Rang sich gleich drei Romane ab und ein Szenarium. Schwitzte, rackerte. Und verkaufte alles.

6

Die Leute leben, dachte Wassjas Hausverwalter; gleich drei Romane auf einmal schreiben sie, die Schufte! Wenn aber was auszubessern ist oder so, soll's der Staat bezahlen. Dieser verdammte Kutschkin soll gefälligst für seine eigenen Piepen reparieren lassen. Jawohl!

7

Wirklich, dachte der Steuerinspektor, als er Wassjas Bilanz prüfte. Üppig leben die Leute. Werden fett. Man muß ihnen einen Dämpfer verpassen.

8

Du lieber Gott, dachte Wassja Kutschkin und faßte sich an den Kopf. Wo soll das hin! Ich muß noch mehr auf Tempo arbeiten.

Und er arbeitete noch mehr auf Tempo. Rang sich vier Romane und eine Tragödie ab. Verkaufte sie.

9

Seh sich einer den Kutschkin an, dachten die Verwandten. Wer hätte das gedacht? So ein unbedeutender Mensch, aber wie er hochgekommen ist, der Strolch! Tragödien schreibt er. Tausende soll er scheffeln. Man sollte ihn überraschend besuchen, er kann ruhig auf verwandtschaftlicher Basis was springen lassen.

10

Oh, dachte Wassja Kutschkin. Es reicht entschieden nicht. Ich muß noch mehr auf Tempo arbeiten. Bloß schade, daß der Schädel so schlecht funktioniert.

Trotzdem arbeitete er noch mehr auf Tempo.

11

Oho! dachte der Steuerinspektor und betrachtete respektvoll Wassjas Zahlen. Er schaufelt's ja geradezu! Man muß ...

12

Brüder! Liebe Genossen! Milchbrüder! Ich muß euch was gestehen. Es gibt gar keinen Kutschkin. Ich hab das alles von mir selber geschrieben. Ihr seht, dabei ist so was wie eine Autorenbeichte rausgekommen. Natürlich enthält diese

Beichte weder große innere Erlebnisse noch irgendwelche revolutionären Begeisterungen wie bei anderen Schriftstellern; sie enthält nur, sagen wir, schnöden Geschäftsgeist. Aber was soll man machen? Unserer kleinen Natur ist es offenbar nicht gegeben, sich über die Prosa des Lebens zu erheben!

1925

Der Ehemann

Was, liebe Bürger, geht eigentlich an der Familienfront vor? Die Ehemänner sind doch auf der ganzen Linie angeschmiert. Besonders diejenigen, deren Ehefrau, wissen Sie, mit fortschrittlichen Problemen beschäftigt ist.

Neulich, wissen Sie, passierte so eine üble Geschichte. Ich komm nach Hause. Betrete die Wohnung. Klopfe zum Beispiel an meine eigene Zimmertür, doch man macht mir nicht auf.

„Manjussja", sag ich zu meiner Frau, „ich bin's doch bloß, Wassja."

Sie schweigt. Bleibt verborgen.

Plötzlich ertönt hinter der Tür die Stimme von Mischka Botschkow. Mischka Botschkow, wissen Sie, ist ein Arbeitskollege von meiner Frau.

„Ach", sagt er, „du bist's, Wassil Iwanytsch. Eine Minute", sagt er, „dann machen wir dir auf. Warte noch ein bißchen, Freund."

Daraufhin, wissen Sie, war ich wie vor den Kopf geschlagen.

Was, denk ich, liebe Bürger, geht eigentlich an der Familienfront vor, wenn man schon aufhört, die Ehemänner einzulassen?

Ich bitte höflich: „Mach auf", sag ich, „Mischa, du Hühnersohn. Hab keine Angst, ich will mich nicht mit dir prügeln."

Dabei, wissen Sie, kann ich mich gar nicht prügeln. Von Wuchs bin ich, entschuldigen Sie, ziemlich klein, und mein Körperbau ist mickrig. Ich kann mich also gar nicht prügeln. Außerdem, wissen Sie, gluckert's mir bei schnellen Bewegungen dauernd im Magen. Der Arztgehilfe sagt: „Da arbeiten die Speisen." Das macht es mir, wissen Sie, nicht leichter, daß sie arbeiten. Vielleicht haben Sie irgendwelches Werkzeug gefunden. Kurz gesagt, wegen all dem kann ich mich nicht prügeln.

Ich klopfe an die Tür.

„Mach auf", sag ich, „du Vagabund."

„Rüttle nicht so an der Tür, du Teufelsbraten", sagt er. „Ich mach gleich auf."

„Liebe Bürger", sag ich, „was soll denn das nun wieder heißen? Er", sag ich, „schließt sich mit meiner Frau ein, und ich darf nicht mal an der Tür rütteln und mich nicht bewegen. Mach auf", sag ich, „sofort, oder ich schlag Lärm."

„Wassil Iwanytsch", sagt er, „so warte doch ein bißchen. Setz dich", sagt er, „im Korridor auf die Truhe. Schmeiß aber", sagt er, „nicht die Funzel runter. Ich hab sie dir extra hingestellt, damit du Licht hast."

„Brüder", sag ich, „liebe Genossen, wie kann er", sag ich, „in solcher Zeit zum Ehemann mit ruhiger Stimme von der Funzel reden, der gemeine Kerl? Was geht denn da überhaupt vor?"

Er, wissen Sie, redet durch die Tür: „Ach, Wassil Iwanytsch, du warst schon immer ein parteiloser Kleinbürger. Als parteiloser Kleinbürger wirst du auch ins Grab fahren."

„Und wenn ich", sag ich, „auch ein parteiloser Kleinbürger bin, so lauf ich doch jetzt zur Miliz."

Ich lauf also die Treppe runter zum Posten.

Der Posten sagt: „Da können wir gar nichts unternehmen, Genosse. Wenn man Sie", sagt er, „zum Beispiel umbringen will oder im Zuge allgemeiner familiärer Unannehmlichkeiten aus dem Fenster wirft, dann kann ich eingreifen. So aber", sagt er, „geht ja gar nichts Besonderes bei Ihnen vor. Das ist alles normal und gewöhnlich. Gehen Sie", sagt er, „doch noch mal hin. Vielleicht läßt man Sie jetzt hinein."

Ich laufe zurück, und tatsächlich, schon nach einer halben Stunde macht Mischka Botschkow die Tür auf.

„Treten Sie ein“, sagt er. „Jetzt können Sie.“

Ich gehe schleunigst ins Zimmer. Heiliger Strohsack, alles verqualmt, bekleckert, durcheinander, in Unordnung. Am Tisch sitzen übrigens sieben Personen – drei Frauen und zwei Männer. Sie schreiben etwas. Oder sie tagen. Da kenn sich der Teufel aus.

Sie gucken mich an und lachen.

Der oberste Genosse von denen, Mischka Botschkow, liegt über den Tisch gebeugt, wissen Sie, und schüttelt sich vor Lachen.

„Entschuldigung“, sagt er, „Pardon, daß wir den Spaß mit Ihnen gemacht haben. Wir hatten Lust zu erfahren, was ein Ehemann heute in solchem Falle tut.“

Da hab ich giftig gesagt: „Zum Lachen“, sag ich, „gibt's gar keinen Grund. Wenn ihr“, sag ich, „Sitzung habt, dann müßt ihr mir das sagen. Oder“, sag ich, „ihr müßt einen Zettel an die Tür hängen. Und überhaupt“, sag ich, „wenn geraucht wird, dann muß man lüften.“

Sie saßen noch lange und gingen dann auseinander. Ich hielt sie nicht zurück.

1926

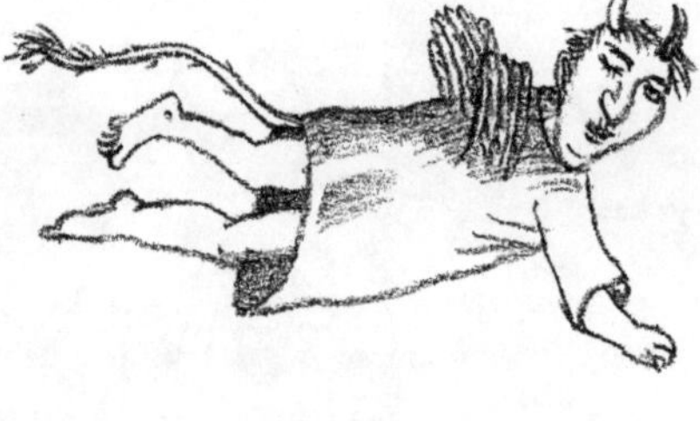

Der Arbeitsanzug

So weit haben wir's gebracht, Leute! Ein arbeitender Mensch will ins Restaurant, und sie lassen ihn nicht rein. Kucken scheel nach seinem Arbeitsanzug. Als wie, zu dreckig für die Einrichtung.

In diesem Sinne hatte Wassili Kolopatow zu leiden. In eigener Person. Aus dem Restaurant haben sie ihn rausgeschmissen, lieben Brüder. So weit haben wir's gebracht.

Wie Wassili zur Tür reinkommt, merkt er gleich, irgendwas stimmt nicht, der Portier kuckt so scheel nach seinem Anzug. Und wie so ein Anzug aussieht, weiß man ja – Arbeitszeug, Plunder, Berufsbekleidung eben. Aber darum geht's nicht. Die Einstellung war's, die Wassili so kränkte, daß ihm bald die Tränen kamen.

Er sagt zum Portier: „Was kuckst du so scheel?" sagt er. „Paßt dir mein Anzug nicht? Bist wohl an Schemisetts gewöhnt, was?"

Der Portier schnappt Wassili beim Ellbogen und läßt ihn nicht rein.

Wassili reißt sich los.

„Ach so!" schreit er. „Einen arbeitenden Menschen wollt ihr nicht reinlassen? Der Anzug ist nicht schön genug?"

Natürlich sammelt sich Publikum. Kuckt. Wassili schreit: „Wirklich", sagt er, „Leute, ein Schemisett hab ich nicht, und Schlipse", sagt er, „bammeln auch nicht an mir. Vielleicht", sagt er, „hab ich mir den Hals drei Monate nicht gewaschen. Aber", sagt er, „vielleicht schwitze ich auch wie ein Affe in der Produktion. Und vielleicht hab ich keine Zeit, mich andauernd hin und zurück umzuziehen."

Jetzt fangen die Nährarbeiter an, auf Wassili einzudringen. Führen ihn bei den Armen raus. Der Portier, dieser Hund, hilft mit dem Knie nach, damit's in der Tür keine Stockung gibt.

Wassili gerät in Raserei. Er schluchzt gradezu.

„Genossen", sagt er, „Milchbrüder! Was geht denn hier vor im Arbeiter-und-Bauern-Aufbau? Ohne Schemisett", sagt er, „lassen sie einen nicht mal was futtern."

Jetzt kommt es zum Tumult. Denn das Volk sieht, hier wird die Ideologie verletzt. Die Nährarbeiter werden beiseite gedrängt. Jemand fuchtelt mit einer Flasche, ein anderer mit einem Stuhl.

Der Wirt schreit sich die Kehle heiser, daß er gleich das Etablissement schließt wegen der Ausschweifung.

Da läuft einer vom Orchester die Miliz holen.

Die Miliz kommt. Sie schnappt sich den lieben guten Wassili und setzt ihn in eine Droschke.

Wassili gibt immer noch keine Ruhe.

„Brüder", schreit er, „was ist denn das? Wenn schon", sagt er, „die Miliz diesem komischen Wirt zur Hand geht und einen Menschen wegen seinem Anzug rausschmeißt, dann", sagt er, „schwimm ich lieber zu den Bourgeois nach Amerika, als", sagt er, „so was zu ertragen."

Wassili wird zur Miliz gebracht und in den Strafraum gesteckt.

Die ganze Nacht kann der liebe Wassili kein Auge zutun. Erst gegen Morgen grunzt er ein Stündchen. Dann wird er aufgeweckt und zum Natschalnik gebracht.

Der Natschalnik sagt: „Gehen Sie nach Hause, Genosse", sagt er, „und hüten Sie sich künftig, solche Tatsachenbestände herbeizuführen."

Wassili sagt: „Man hat meine Persönlichkeit beleidigt, und jetzt soll ich nach Hause gehen. Der Arbeitsanzug", sagt er, „paßt denen nicht? Ich", sagt er, „fahr vielleicht jetzt gleich zum Kleinen Rat der Volkskommissare und beschwer mich über Ihre Handlungsweise."

БР 12-84

Der Natschalnik sagt: „Hör auf zu schwätzen, Genosse, Besoffene“, sagt er, „werden bei uns nie ins Restaurant gelassen. Und du“, sagt er, „hast sogar die ganze Treppe vollgekotzt.“

„Was?“ fragt Wassili. „Sie haben mich nicht wegen dem Anzug rausgeschmissen?“

Und nun kommt ihm die Erleuchtung.

„Und ich“, sagt er, „dachte, es wär wegen dem Anzug. Wenn es aber“, sagt er, „deswegen ist, weil ich besoffen war, das versteh ich. Dafür hab ich Mitgefühl. Da streit ich nicht.“

Wassili Kolopatow drückt dem Natschalnik die Hand, entschuldigt sich für die Behelligung und geht seiner Wege.

1926

Der Doktor

Heutzutage, liebe Leute, werden von den Volksgerichten immer mehr Ärzte abgeurteilt. Schauen Sie, der eine hat mit dreckigen Händen operiert, dem zweiten ist die Brille von der Nase in die Därme gefallen, und er findet sie nicht wieder, der dritte verliert eine Lanzette in den Eingeweiden oder schneidet einem unerfahrenen Dämchen was Verkehrtes ab.

All das ist nicht europäisch. All das ist Unwissenheit rundherum. Solche Ärzte gehören abgeurteilt.

Wofür aber, Genossen, soll der Doktor Jegorytsch vor Gericht? Natürlich hat er keine höhere Bildung. Aber auch keine besondere Schuld.

Ein Mann ist krank geworden. Name – Rjabow, Beruf – Lastenfuhrmann. Alter – siebenunddreißig. Parteilos.

Ein guter Mann. Nichts gegen zu sagen. Obschon parteilos, ist er in der Gewerkschaft und kriegt seinen Tarif nach Lohnliste drei.

Der wird also krank. Legt sich hin. Kein großes Unglück. Der Bauch, schauen Sie, schwillt an, und das Atmen wird schwer. Mußt es eben aushalten! Na, eine Flasche mit Heißwasser auf den Bauch – hilft nichts. Da erschrickt er sehr. Kriegt das Zittern. Und befiehlt seiner Alten, kein Geld zu scheuen und den besten und berühmtesten Arzt herzuholen. Und die Alte? Der tut's leid um das Geld, aber sie will mit dem Kranken nicht streiten. Sie holt den Arzt.

Da erscheint also ein langschlaksiger Doktor mit höherer Bildung. Der Name – Worobejtschik. Parteilos.

Na, er kuckt sich den Bauch an. Befühlt ihn tüchtig und sagt: „Das ist nichts", sagt er. „Es hat keinen Zweck", sagt er, „daß Sie berühmte Ärzte sinnlos behelligen. Der Mann hat sich über alle Maßen bißchen überfressen. Er soll“, sagt er, „ein Klistier nehmen, dann kann er Hühner essen.“

Sagt's und geht. Macht's gut hier.

Der Bauer wird traurig.

Ach, denkt er, der kann mich mal! Was soll ich mit so einem Damenrezept. Mein Vater, denkt er, der hat so leichte Mittel nicht gekannt, und ich will sie nicht kennen. Und die Hühner soll die internationale Bourgeoisie fressen.

Bis zum Abend sitzt der Mann traurig da. Am Abend befiehlt er seiner Alten, kein Geld zu scheuen und den berühmten Jegorytsch von Malaja Ochta zu holen.

Die Alte trauert wieder um das Geld, aber sie streitet nicht mit dem Kranken, sondern zieht los. Holt den Doktor.

Der sträubt sich natürlich.

„Wozu“, sagt er, „soll ich nach so berühmten Ärzten zu ihm fahren und zurück? Ich bin ein Mensch ohne höhere Bildung und kann schlecht schreiben. Wozu also hin und zurück?“

Na, er sträubt sich, bedingt sich eine reichliche Löhnung aus an Brot und Geld und fährt mit.

Er kommt an. Guten Tag.

Den Magen betastet er nicht.

„Der äußere Magen“, sagt er, „hat damit nichts zu tun. Es liegt“, sagt er, „am inneren Magen. Und wenn du den befühlst, davon wird die Krankheit nicht schwächer. Das reizt sie bloß.“

Dann fragt er noch, was der erste Doktor verordnet und verschrieben hat, lacht bitter auf und läßt den Kranken einen Zettel schreiben, als wie, ich bin gesund, auch mein seliger Herr Vater ist gesund, im Namen des Vaters und des Heiligen Geistes.

Diesen Zettel soll der Kranke runterschlucken.

Der hört zu, schreibt sich's hinter die Ohren.

Ach, denkt er, der kann mich mal! Wissen ist Licht, Unwissenheit Finsternis. Der Staat hat gesagt: Lerne, aber ich hab nicht gelernt. Wie würd mir die Wissenschaft jetzt zupaß kommen.

Der Bauer schüttelt den Spitzbart und sagt durch die Zähne: „Nichts ist", sagt er, „ich kann nicht schreiben. Hab's nicht gelernt. Bloß meinen Namen kann ich unterschreiben. Vielleicht reicht das."

„Nein", antwortet Jegorytsch stirnrunzelnd und zupft an seinem Schnurrbärtchen. „Nein. Allein der Name reicht nicht aus. Der Name", sagt er, „als Unterschrift ist gut gegen Leistenbruch, aber bei inneren Sachen mußt du den ganzen Zettel selber schreiben."

„Was machen wir da?" fragt der Bauer. „Vielleicht schreiben Sie für mich, machen sich die Mühe?"

„Ich", sagt Jegorytsch, „würd's schon machen, aber", sagt er, „ich hab die Brille auf dem Klavier liegenlassen. Soll doch einer von deinen Freunden und Verwandten schreiben."

Gemacht. Man holt den Hausmeister Andron.

Der Hausmeister, obschon parteilos, ist ein Spezialist: Er kann schreiben und unterschreiben.

Er kommt also. Der Preis wird ausgehandelt, er verlangt einen Bleistift, holt selber Papier und schreibt.

Er schreibt eine oder zwei Stunden, kommt ins Schwitzen, aber er schreibt:

„Ich bin gesund, auch mein seliger Herr Vater ist gesund, im Namen des Vaters und des Heiligen Geistes.

Der Hausmeister von Nummer sechs.

Andron."

Schreibt's. Gibt's dem Bauern. Der schlingt und schlingt, bis er's runter hat.

Inzwischen verabschiedet sich Jegorytsch liebenswürdig von allen und entfernt sich, nachdem er noch erklärt hat, daß er für den Ausgang der Sache nicht garantiert, weil der Kranke nicht selber geschrieben hat.

Der Bauer wird lustig, ißt sogar was, aber zur Nacht ist er dann doch gestorben.

Vor dem Tode hat er sich noch heftig übergeben und schneidende Schmerzen im Bauch gehabt.

Na, er ist tot – man muß ein Loch in die Erde schaufeln und einen Sarg kaufen, doch nein. Der Alten tut das Geld leid, und sie geht sich bei der Gewerkschaft beschweren, ob sie nicht das Geld von Jegorytsch zurückkriegen kann.

Jegorytsch rückt nichts wieder raus, das ist nicht seine Art, aber die Sache wird ruchbar.

Sie schnitten den Bauern auf. Fanden das Papier. Falteten es auseinander, lasen, riefen Ah und Oh, als wie, nicht die richtige Unterschrift, ist ja die von Andron — und schon kam der Fall vor Gericht. Dem Gericht wurde gemeldet: die falsche Unterschrift, Tapetenpapier, viel zu groß für den Magen — untersuchen Sie's!

Jegorytsch erklärte während der Untersuchung: „Ich, lieben Brüder, kann nichts dafür, ich hab nichts geschrieben, ich hab nichts verschluckt, ich hab das Papier nicht besorgt. Und daß der Hausmeister Andron unterschrieben hat und nicht der Kranke, da hab ich nicht aufgepaßt. Verurteilen Sie mich wegen mangelnden Aufpassens."

Und Andron meldete: „Ich", sagt er, „hab zwei Stunden geschrieben und geschwitzt. Und vor lauter Schwitzen hab ich meinen Namen geschrieben. Ich", sagt er, „bin der Mörder. Ich bitte um Milde."

Jetzt sollen Jegorytsch und Andron verurteilt werden. Ob sie werden?

1926

Das Sparsamkeitsregime

Wie das Sparsamkeitsregime in anderen Städten funktioniert, Genossen, ich weiß es nicht.

In der Stadt Borissow jedenfalls hat sich dieses Regime sehr vorteilhaft ausgewirkt.

Während eines kurzen Winters hat allein unsere Behörde fünfzehn Meter Tannenbrennholz eingespart. Ist das nichts?

Zehn Jahre solcher Einsparung – das sind immerhin hundertfünfzig Meter. In hundert Jahren lassen sich ohne weiteres drei Lastkähne voll einsparen. Und nach tausend Jahren kann man schon einen Holzhandel aufmachen.

Wo haben die Leute früher bloß ihre Gedanken gehabt? Wieso war ein derart vorteilhaftes Regime früher nicht in Gebrauch? Ein Jammer!

Bei uns hat dieses Regime schon im Herbst begonnen.

Unser Chef ist ein vernünftiger Kumpel. Über alles berät er sich mit uns, und er redet mit uns wie mit seinen Verwandten. Sogar Zigaretten schlaucht er bei uns.

Eines Tages also kommt der Chef zu uns rein und verkündet: „Also, Kinderchens, es geht los. Reißt euch am Riemen. Ihr müßt irgendwas einsparen."

Was wir aber einsparen sollen und wie, ist unbekannt. Man hat es ihm nicht genau erläutert, er selber hat auch keine Vorstellung, also kommt er zu uns.

Wir unterhalten uns darüber, was wir einsparen könnten. Vielleicht sollten wir dem Buchhalter, diesem grauköpfigen Satan, kein Gehalt mehr zahlen, oder sonst was.

Der Chef sagt: „Kinderchens, wenn wir dem Buchhalter nichts mehr zahlen, beschwert sich dieser grauköpfige Satan beim Arbeitsschutz. Das darf nicht sein. Wir müssen uns was anderes ausdenken."

In diesem Moment stellt dankenswerterweise unsere Putzfrau Njuscha eine ausgesprochen weibliche Frage zur Erörterung. „Wenn's so ist", sagt sie, „dann", sagt sie, „brauchen wir zum Beispiel das Klo nicht mehr zu heizen. Warum dort das gute Holz durch den Schornstein jagen? Das ist schließlich kein Salon!"

„Richtig", sagen wir, „soll der Lokus kalt bleiben. Auf diese Weise können wir vielleicht fünfzehn Meter einsparen. Wenn's dort kalt ist, schadet das gar nichts. Dann wird sich das Publikum dort nicht so lange aufhalten. Dadurch kann sich sogar die Arbeitsproduktivität aktuell erhöhen."

Gesagt, getan. Das Klo und der Duschraum wurden nicht mehr geheizt. Wir fingen schon an, die Einsparung auszurechnen. Tatsächlich, wir sparten fünfzehn Meter ein. Wir hätten auch noch mehr eingespart, doch da kam uns der Frühling dazwischen. So was Ärgerliches! Wenn dieser verdammte Frühling nicht gekommen wäre, dachten wir, dann hätten wir gut und gern noch einen halben Meter eingespart. Der Frühling hat uns also ein Schnippchen geschlagen. Aber fünfzehn Meter sind ja schließlich auch kein Pappenstiel.

Als von der Kälte ein Wasserrohr platzte, stellten wir fest, daß es schon unter dem Zaren installiert worden war. Solche Rohre muß man überhaupt mit der Wurzel ausreißen.

Bis zum Herbst kommen wir prima ohne das Rohr aus. Und im Herbst werden wir irgendein billiges Rohr einbauen. Ist ja kein Salon.

Freilich, ein Klempner sagt uns: „Na ja", sagt er, „selbst das billigste Rohr kommt euch immer noch viel teurer als das eingesparte Holz."

Das ist natürlich schlecht – wenn er nicht lügt.

Nein, dieses Sparsamkeitsregime erfordert, scheint's, besonderes Nachdenken. Sonst verkehrt es sich ins Gegenteil.

1926

Die Galosche

Natürlich, in der Straßenbahn eine Galosche zu verlieren ist nicht schwer. Besonders dann, wenn man eingequetscht steht und einem von hinten ein Penner auf die Hacken tritt – schon ist man die Galosche los.

Eine Galosche zu verlieren, das ist ne Kleinigkeit.

Ich habe meine Galosche in Nullkommanichts verloren. Wie man so sagt, ich konnte nicht mal mucksen.

Ich stieg in die Straßenbahn und hatte noch beide Galoschen an, das weiß ich genau.

Wie ich aber aus der Straßenbahn steige, kucke ich runter: Die eine Galosche ist noch da, die andere nicht. Der Stiefel ist noch da. Auch der Strumpf, seh ich, ist noch da. Ebenso die Unterhose. Aber die eine Galosche fehlt. Sie ist abwesend. Der Straßenbahn kann man natürlich nicht hinterherlaufen.

Ich ziehe die Galosche aus, die mir geblieben ist, wickle sie in eine Zeitung und gehe ohne weiter. Nach der Arbeit, denke ich mir, werd ich mich auf die Suche machen. Sie kann ja nicht verschwunden sein. Irgendwo werd ich sie schon wieder ausbuddeln. Nach der Arbeit gehe ich auf die Suche. Als erstes berate ich mich mit einem mir bekannten Wagenführer.

Der hat mir gute Hoffnung gemacht.

„Sei froh", sagt er, „daß du sie in der Straßenbahn verloren hast. Da hast du großes Glück gehabt, daß du sie grade in der Straßenbahn verloren hast. An einer anderen öffentlichen Stelle – da würde ich mich nicht verbürgen, aber wenn du in der Straßenbahn was verlierst, ist das ne sichere Sache. Bei uns gibt es nämlich ein Fundbüro. Geh hin und hol sie dir. Eine sichere Sache."

„Na, schönen Dank", sag ich. „Da fällt mir ja ein Stein vom

Herzen. Die Galosche ist nämlich noch fast nagelneu. Ich trag sie erst das dritte Jahr."

Am nächsten Tag bin ich zum Fundbüro gegangen.

„Kann ich bei euch meine Galosche wiederkriegen, liebe Leute?" sag ich. „Man hat sie mir in der Straßenbahn abgetreten."

„Kannst du", sagen sie. „Wie sieht sie denn aus?"

„Eine gewöhnliche Galosche", sag ich. „Größe zwölf."

„Bei uns", sagen sie, „liegen an die zwölftausend Galoschen Größe zwölf. Du mußt uns genaue Kennzeichen nennen."

„Die Kennzeichen", sag ich, „sind ganz gewöhnlich. Die Kappe ist abgelaufen, das Futter fehlt, ist ausgelatscht."

„Bei uns", sagen sie, „liegen von solchen Galoschen mehr als tausend. Hat sie denn keine besonderen Kennzeichen?"

„Besondere Kennzeichen", sag ich, „hat sie. Die Spitze ist fast ganz abgerissen, sie hält kaum noch. Und der Absatz", sag ich, „fehlt fast völlig. Abgenutzt ist er. Aber die Seiten", sag ich, „die sind tadellos, die halten noch."

„Setz dich dorthin", sagen sie, „wir sehen mal nach."

Plötzlich bringen sie mir meine Galosche. Ich freu mich riesig. Geradezu ergriffen bin ich. Großartig arbeitet der Apparat, denke ich. Und was für aufgeklärte Leute hier sitzen, was für Mühe sie sich machen wegen einer Galosche.

Ich sag ihnen: „Ich werde euch", sag ich, „bis an mein Lebensende dankbar sein, Freunde. Gebt sie rasch her, ich zieh sie gleich an. Und ich danke euch."

„Nichts ist", sagen sie, „verehrter Genosse, wir können sie Ihnen nicht geben. Wir", sagen sie, „wissen ja nicht, ob sie nicht vielleicht jemand anders verloren hat."

„Ich hab sie verloren", sag ich, „ich kann euch mein Ehrenwort geben."

„Wir glauben Ihnen und bedauern Sie", sagen sie, „und es ist sehr wahrscheinlich, daß Sie es waren, der diese Galosche verloren hat. Aber herausgeben können wir sie nicht. Bringen Sie uns eine Bescheinigung, daß Sie tatsächlich die Galosche verloren haben. Soll Ihnen die Hausverwaltung diese Tatsache bescheinigen, dann geben wir Ihnen ohne große Scherereien das, was Sie gesetzlich verloren haben."

„Leute", sag ich, „herzliebe Genossen, in meinem Haus weiß doch niemand davon. Vielleicht geben Sie mir dort gar kein Papier."

„Doch", sagen sie, „das ist ja ihre Aufgabe. Wozu wären sie sonst da?"

Ich werfe noch einen Blick auf meine Galosche und gehe.

Am nächsten Tag suche ich den Vorsitzenden unseres Hauses auf. „Gib mir ein Papier", sag ich. „Sonst ist die Galosche futsch."

„Hast du sie denn wirklich verloren?" sagt er. „Oder ist das nur ein fauler Trick? Vielleicht willst du dir bloß einen zusätzlichen Bedarfsartikel verschaffen?"

„Bei Gott", sag ich, „ich hab sie verloren."

„Auf deine Worte allein kann ich mich nicht verlassen", sagt er. „Wenn du eine Bescheinigung vom Straßenbahndepot hättest, daß du die Galosche verloren hast, würd ich dir ein Papier geben. So kann ich's nicht."

„Aber sie haben mich doch zu dir geschickt", sag ich.

„Dann schreib mir eine Erklärung", sagt er.

„Was soll ich denn schreiben?" sag ich.

„Schreib: ‚Am Soundsovielten hab ich eine Galosche verloren'", sagt er. „Und so weiter. Schreib auch, daß du dich verpflichtest, bis zur Klärung der Angelegenheit am Ort zu bleiben."

Ich habe die Erklärung geschrieben. Am nächsten Tag habe ich eine formelle Bescheinigung bekommen.

Mit dieser Bescheinigung gehe ich also zum Fundbüro. Und dort, stellt euch vor, kriege ich ohne Umschweife und ohne Schwierigkeiten meine Galosche.

Wie ich die Galosche anziehe, fühle ich mich geradezu gerührt. So arbeiten die Leute! denke ich. Hätte man irgendwo anders derart viele Umstände mit meiner Galosche gemacht? Aus der Straßenbahn hätte man sie geschmissen, und Schluß. Hier aber hat man sich beinah eine Woche abgeplagt – und dann hab ich sie zurück.

Ärgerlich nur, daß ich in dieser sorgenvollen Woche die erste Galosche verloren habe. Die ganze Zeit hab ich sie eingewickelt unterm Arm getragen, und nun weiß ich nicht mehr, wo ich sie liegengelassen habe. Sicher nicht in der Straßenbahn. Das ist übel. Wo soll ich sie suchen?

Aber dafür hab ich ja die andere Galosche. Ich habe sie auf meine Kommode gestellt. Wenn ich schlechte Laune habe, sehe ich sie an, und dann wird mir leicht und froh ums Herz. Großartig arbeiten die Behörden, denke ich dann.

Ich bewahre die Galosche zur Erinnerung auf. Mögen meine Nachkommen sich an ihr erfreuen.

1926

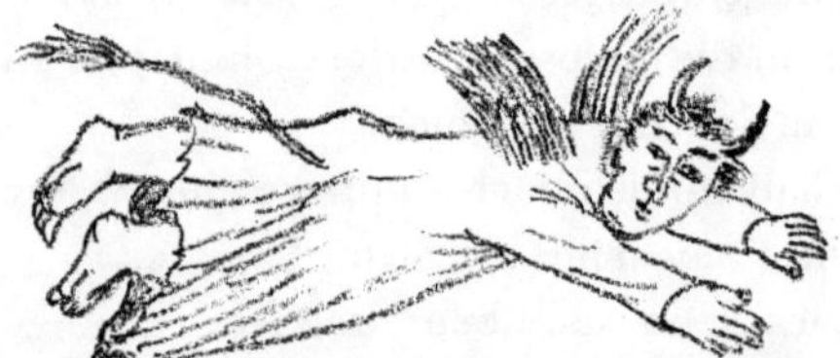

Der Elektriker

Ich, lieben Brüder, will nicht sinnlos streiten, wer im Theater am wichtigsten ist, der Schauspieler, der Regisseur oder vielleicht der Theaterzimmermann. Lassen wir die Fakten reden. Fakten reden immer für sich selbst.

Die Sache passierte in Saratow oder Simbirsk, mit einem Wort, irgendwo in der Nähe von Turkestan. Im Stadttheater. An diesem Stadttheater wurde eine Oper gegeben. Außer dem hervorragenden Spiel der Schauspieler gab es an diesem Theater unter anderm den Elektriker Iwan Mjakischew.

Bei der allgemeinen Gruppenaufnahme, als das ganze Theater im Jahre dreiundzwanzig geknipst wurde, hatten sie den Elektriker irgendwo an die Seite gestopft, als wie, bloß technisches Personal. Ganz in die Mitte, auf einen Stuhl mit Lehne, kam der Tenor zu sitzen.

Der Elektriker Iwan sagte nichts dazu, doch innerlich hielt er gewisse Grobheiten bereit. Zumal er auf dem Foto nur undeutlich zu sehen war, verwackelt.

Und dann passierte dies. Heute wird zum Beispiel „Ruslan und Ljudmila" gespielt. Musik von Glinka. Dirigent – Maestro Kazman. Eine Viertelminute vor acht besuchen zwei Fräuleins den Elektriker.

Ob er sie vorher eingeladen hat oder ob sie von selber kommen, weiß man nicht. Es kommen also die beiden Fräuleins, flirten heftig und bitten ihn überhaupt, sie in den Saal zu setzen, damit sie die Aufführung sehen können. Der Elektriker sagt: „Aber gern, Mädam. Gleich besorg ich die Billetts. Warten Sie hier bei meinem Büdchen."

Dann geht er natürlich zum Leiter.

Der Leiter sagt: „Heute ist arbeitsfrei. Eine Masse Volks. Jeder Stuhl wird gebraucht. Geht nicht."

Der Elektriker sagt: „Ach so“, sagt er. „Na, dann weigere ich mich zu spielen. Mit einem Wort, ich weigere mich, Ihre Produktion zu beleuchten. Spielen Sie ohne mich. Wollen doch mal sehen, wer von uns wichtiger ist und wen man an die Seite stopfen und wen man in die Mitte setzen kann.“

Und trottet zurück zu seinem Büdchen. Schaltet im ganzen Theater das Licht aus, schließt das Büdchen mit sämtlichen Schlüsseln ab, sitzt da und flirtet mit seinen Mädchen.

Nun findet natürlich ein totales Durcheinander statt. Der Leiter kommt angewetzt. Das Publikum brüllt. Der Kassierer kreischt, hat Angst, daß sie ihm in der Dunkelheit das Geld mausen. Und der oberste Operntenor, dieser Vagabund, der gewöhnt ist, immer in der Mitte geknipst zu werden, erscheint in der Direktion und sagt mit seinem Tenor: „Ich weigere mich, bei Dunkelheit Tenor zu singen. Wenn es“, sagt er, „dunkel bleibt, geh ich. Meine Stimme“, sagt er, „ist mir wichtiger. Soll doch euer Elektriker singen.“

Der Elektriker sagt: „Dann singt er eben nicht. Geschossen ist was auf ihn. Wenn er sich schon in der Mitte fotografieren läßt, dann soll er mit der einen Hand singen und mit der andern Hand Licht machen. Der bildet sich ein, weil er Tenor ist, muß ich ihm die ganze Zeit leuchten. Als ob Tenöre heutzutage knapp wären.“

Der Elektriker legt sich also mit dem Tenor an.

Plötzlich erscheint der Leiter und sagt: „Wo sind die beiden verdammten Mädchen? Wegen denen ist ein totaler Zusammenbruch zu beobachten. Gleich setz ich sie irgendwohin, der Waldschrat soll sie stoßen!“

Der Elektriker sagt: „Hier sind sie, die verdammten Mädchen! Bloß daß der Zusammenbruch nicht von denen kommt, sondern von mir. Jetzt gleich“, sagt er, „geb ich Licht. Um die Energie tut's mir grundsätzlich nicht leid.“

Und sofort gibt er Licht.

„Fangt an“, sagt er.

Die beiden Mädchen werden auf hervorragende Plätze gesetzt, und die Aufführung beginnt.

Jetzt können Sie selber rausfinden, wer in diesem verzwickten Theatermechanismus wichtiger ist.

Wenn man das natürlich ohne Hitzigkeit untersucht, ist der Tenor für das Theater auch von größtem Wert. Manch eine Oper geht überhaupt nicht ohne ihn. Aber auch ohne den Elektriker gibt es auf den Brettern, die die Welt bedeuten, kein Leben.

Somit sind sie beide gleich wertvoll. Und es hat keinen Zweck, sich aufzuspielen, als wie, ich bin Tenor. Es hat keinen Zweck, freundschaftliche Beziehungen zu vermeiden. Und den Elektriker undeutlich zu fotografieren, verwackelt!

1927

Die Reize der Kultur

Ich habe schon immer mit den zentralen Überzeugungen sympathisiert. Nicht mal damals in der Epoche des Kriegskommunismus, wie sie da die NÖP einführten, hab ich protestiert. Wenn NÖP, dann eben NÖP. Ihr müßt's ja wissen.

Eigentlich aber hat sich mir bei der Einführung der NÖP das Herz zusammengekrampft. Ich hab sozusagen paar jähe Veränderungen vorausgefühlt.

Und wirklich, unterm Kriegskommunismus, wie frei ging's da zu in bezug auf Kultur und Zivilisation. Wollen mal sagen, im Theater brauchte man sich nicht auszuziehen – sitz doch, in was du hergekommen bist. Das war eine echte Errungenschaft.

Dabei ist die Frage der Kultur eine hundsgemeine Frage. Schon was das Ausziehen im Theater betrifft. Stimmt ja, nichts gegen zu sagen, ohne Mantel hebt sich das Publikum vorteilhafter ab, sieht schöner aus, eleganter. Aber was in den bourgeoisen Ländern gut ist, geht bei uns doch manchmal daneben.

Treff ich doch dieser Tage auf der Straße den Genossen Loktew und seine Dame Njuscha Koschelkowa. Ich ging grade spazieren oder wollt mir vielleicht die Kehle spülen, weiß nicht mehr.

Ich treff die beiden, da reden sie mir zu: „Die Kehle", sagen sie, „Wassili Mitrofanowitsch, die läuft Ihnen nich weg. Die haben Sie immer bei, die können Sie jederzeit spülen. Gehen Sie lieber heut mit uns ins Theater. Das Stück heißt ‚Die Wärmflasche'."

Kurz und gut, sie haben mich überredet, ins Theater zu gehen und den Abend kultiviert zu verbringen.

Na, wir kommen natürlich ins Theater. Holen uns Billetts. Steigen die Treppe rauf. Plötzlich werden wir zurückgerufen. Wir sollen uns ausziehen.

„Ziehen Sie", sagt man, „die Mäntel aus."

Loktew und seine Dame werfen natürlich im Nu die Mäntel ab. Ich aber steh in Gedanken versunken. Nämlich der Mantel war bei mir an diesem Abend direkt übers Nachthemd gezogen. Jackett hatt ich keins an. Und da hatt ich das Gefühl, lieben Brüder, den Mantel ausziehen, das geht nicht recht. Da könnt sich, denk ich, gradezu eine Blamage ereignen. Vor allem, das Hemd, nicht daß es dreckig gewesen wär. Dreckig war's nicht sehr. Aber natürlich war's ein derbes Nachthemd. Am Kragen natürlich ein großer Uniformknopf angenäht. Blamabel, denk ich, mit so nem großen Knopf ins Foyer zu gehen.

Ich sag zu meinen Leuten: „Ehrlich", sag ich, „Genossen, ich weiß nich, was ich machen soll. Ich bin heut nich besonders angezogen. Ist mir peinlich, den Mantel auszuziehen. Da hab ich Hosenträger drunter, und das Hemd ist ziemlich derb."

Genosse Loktew sagt: „Zeig doch mal."

Ich knöpf mich auf, zeig mich.

„Ja", sagt er, „wirklich, irrer Anblick."

Die Dame kuckt natürlich auch und sagt: „Ich", sagt sie, „geh besser nach Haus. Ich", sagt sie, „kann nich leiden, wenn Kavaliere bloß im Nachthemd bei mir gehen. Sie kriegen's fertig", sagt sie, „und knöpfen die Unterhose oberhalb der Hose an. Es müßt Ihnen doch", sagt sie, „recht peinlich sein, in solch abstraktem Aufzug ins Theater zu gehen."

Ich sag: „Woher sollt ich wissen, daß ich ins Theater geh, blöde Gans. Ich trag vielleicht nur ganz selten Jacketts. Vielleicht will ich sie schonen, was dann?"

Wir fingen an zu überlegen, was tun. Loktew, dieser Hund, sagt: „Folgendes. Ich", sagt er, „Wassili Mitrofanowitsch, geb dir jetzt meine Weste. Die ziehst du an und gehst damit, als ob's dir im Jackett dauernd zu heiß wär."

Er knöpft sein Jackett auf und fängt bei sich drinnen an zu tasten und zu suchen.

„Eiwei", sagt er, „du liebe Güte, ich", sagt er, „bin heut selber nich bei Weste. Ich", sagt er, „geb dir lieber meinen Schlips, das ist immerhin anständiger. Bind ihn dir um den Hals und geh so, als ob dir dauernd zu heiß wär."

Die Dame sagt: „Weiß Gott", sagt sie, „ich geh besser nach Haus. Ich", sagt sie, „fühle mich zu Haus irgendwie ruhiger. Hier", sagt sie, „geht der eine Kavalier nachgerade in Unterhosen, und der andere trägt 'n Schlips statt des Jacketts. Soll doch", sagt sie, „Wassili Mitrofanowitsch bitten, daß er im Mantel gehen darf."

Wir bitten und flehen, wir zeigen unser Gewerkschaftsbüchlein, sie lassen uns nicht.

„Wir", sagen sie, „sind nich mehr im Neunzehnerjahr, daß wir im Mantel sitzen."

„Na", sag ich, „da ist nichts zu wollen. Ich glaub, Brüder, ich muß nach Haus kriechen."

Aber wie ich daran denk, daß ich Geld bezahlt hab, kann ich nicht gehen, die Beine wollen nicht zum Ausgang.

Loktew, dieser Hund, sagt: „Folgendes. Du", sagt er, „machst die Hosenträger ab, die Dame soll sie tragen wie ein Handtäschchen. Du selber gehst, wie du bist, als ob das ein Sommerhemd Marke ‚Apache' wäre und du's darin dauernd zu heiß hättest."

Die Dame sagt: „Ich trag keine Hosenträger, macht, was ihr wollt. Ich", sagt sie, „geh nich ins Theater, um männliche Gegenstände in der Hand zu halten. Wassili Mitrofanowitsch soll sie selber tragen oder in die Tasche stecken."

Ich zieh den Mantel aus. Steh im Nachthemd da wie ein Hundesohn. Dabei ist es hundekalt. Ich zitter und klapper mit den Zähnen. Das Publikum ringsum kuckt.

Die Dame antwortet: „Sie Halunke sollten schleunigst die Hosenträger abknöpfen. Wir sind doch rings von Volk umgeben. Eiwei, ich geh weiß Gott besser nach Haus."

Aber so schleunig geht das nicht. Mir ist kalt. Vielleicht gehorchen mir die Finger nicht, daß ich sie schnell abknöpf. Ich mach Fingerübungen.

Danach bringen wir uns in Ordnung und setzen uns auf unsere Plätze.

Der erste Akt läuft gut ab. Bloß, daß es kalt ist. Ich mach den ganzen Akt über Gymnastik.

In der Pause plötzlich schlagen die hinteren Nachbarn Krach. Rufen die Administration. Erklären ihr, was mit mir ist.

„Für die Damen", sagen sie, „ist es gräßlich, Nachthemden anzuschauen. Das", sagen sie, „schockiert sie. Außerdem", sagen sie, „zappelt der die ganze Zeit rum wie ein Hundesohn."

Ich sag: „Ich zappel wegen der Kälte. Sitzen Sie mal bloß im Hemd. Ich werd ja", sag ich, „selber nich froh, Brüder. Was soll ich machen?"

Sie schleifen mich natürlich ins Kontor. Schreiben alles auf. Dann darf ich gehen.

„Und jetzt", sagen sie, „müssen Sie noch 'n Dreier bei Gericht abführen."

Gemeinheit! Man kann gar nicht so schnell denken, wie die Unannehmlichkeiten kommen.

1927

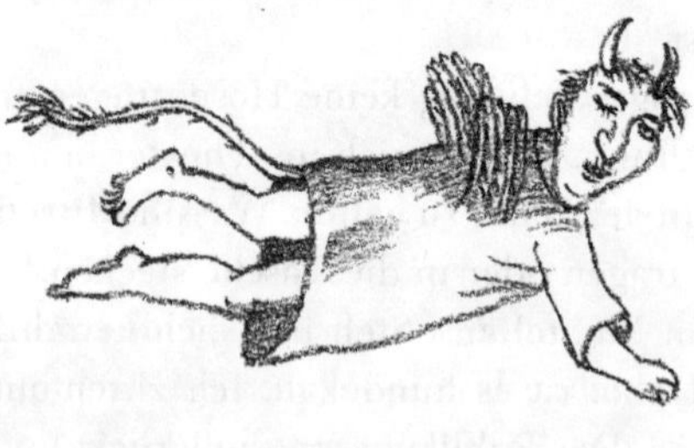

Die Operation

Diese kleine traurige Geschichte passierte dem Genossen Petjuschka Jastschikow. Dabei ist es, wie gesagt, eine kleine Geschichte! Fast wäre der Mann dabei zersäbelt worden. Während einer Operation.

Freilich, ganz soweit war's noch nicht. Im Gegenteil. Dieser Petjuschka ist auch nicht der Mann, sich so freiweg zersäbeln zu lassen. Sagen wir's geradeheraus: Das ist er nicht. Aber eine traurige Geschichte passierte ihm doch.

Allerdings, ehrlich gesagt, so traurig war sie wieder nicht. Petjuschka hatte nur nicht alles in Betracht gezogen. Hatte sich die Sache anders vorgestellt. Einer Operation freilich unterzog er sich das erste Mal. War's doch nicht gewohnt.

Es hatte sich bei Petjuschka ein Gerstenkorn gebildet. Das obere Lid seines rechten Auges begann zu schwellen. Binnen drei Jahren schwoll es bis zur Größe eines Tintenfasses.

Petjuschka Jastschikow trottete in die Klinik. Er geriet an eine junge Ärztin, eine interessante Person.

Diese Ärztin sagte zu ihm: „Wie Sie wollen. Wenn Sie wollen, schneiden wir. Wenn Sie nicht wollen, können Sie auch so verbleiben. Diese Krankheit ist nicht tödlich. Manche Männer, die nicht so sehr auf ein allgemein übliches Aussehen bedacht sind, gewöhnen sich vollständig daran, dauernd so eine Geschwulst vor sich zu sehen."

Jedoch um seiner Schönheit willen entschloß sich Petjuschka zur Operation.

Da befahl ihm die Ärztin, am nächsten Tag wiederzukommen.

Am nächsten Tag wollte Petjuschka gleich nach der Arbeit die Operation machen lassen. Aber dann dachte er: Das ist zwar eine Sache des Auges und rein äußerlich, und es ist sozusagen keine innere Operation, aber weiß der Köter, vielleicht muß ich meinen Anzug ausziehen. Die Medizin ist schwer durchschaubar. Vielleicht spring ich wirklich erst mal rasch nach Hause und zieh ein anderes Unterhemd an!

Petjuschka lief nach Hause.

Immerhin war die Ärztin jung. Petjuschka hatte Lust, vor ihr anzugeben. Trug er nämlich schon außen keinen besonders luxuriösen Anzug, so hatte er dafür, bitte schön, ein Hemdchen aus echtem Madapolam an.

Kurzum, Petjuschka wollte nicht plötzlich in Verlegenheit geraten.

Er sprang nach Hause. Zog ein reines Hemd an. Rieb sich den Hals mit Benzin ab. Spülte die Hände unterm Wasserhahn. Zwirbelte den Schnurrbart aufwärts. Und trollte sich zur Klinik.

Die Ärztin sagte zu ihm: „Dies ist der Operationstisch. Dies ist die Lanzette. Dies ist Ihr Gerstenkorn. Ich bringe Ihnen das jetzt in Ordnung. Ziehen Sie die Schuhe aus und legen Sie sich auf den Operationstisch."

Petjuschka geriet in leichte Verlegenheit.

Das Ding ist gut, dachte er. Hätt nicht gedacht, daß ich die Schuhe ausziehen muß. Das ist ja ein regelrechter Zwischenfall. Oi-joi, dachte er, und meine Socken sind völlig uninteressant. Um es nicht noch schlimmer auszudrücken.

Petjuschka Jastschikow begann trotzdem sein Jackett auszuziehen, um sozusagen ein Gegengewicht für seine unteren Mängel herzustellen.

Die Ärztin sagte: „Lassen Sie das Jackett an. Wir sind hier nicht im Hotel. Ziehen Sie nur die Schuhe aus."

Petjuschka fing an, nach seinen Shimmyschuhen zu greifen. Dann sagte er: „Offen gestanden", sagte er, „ich wußte nicht, Genossin Ärztin, daß ich mich hier hinlegen muß. Es ist eine Krankheit des Auges und der oberen Bezirke, darum hatte ich nicht damit gerechnet. Offen gestanden", sagte er,

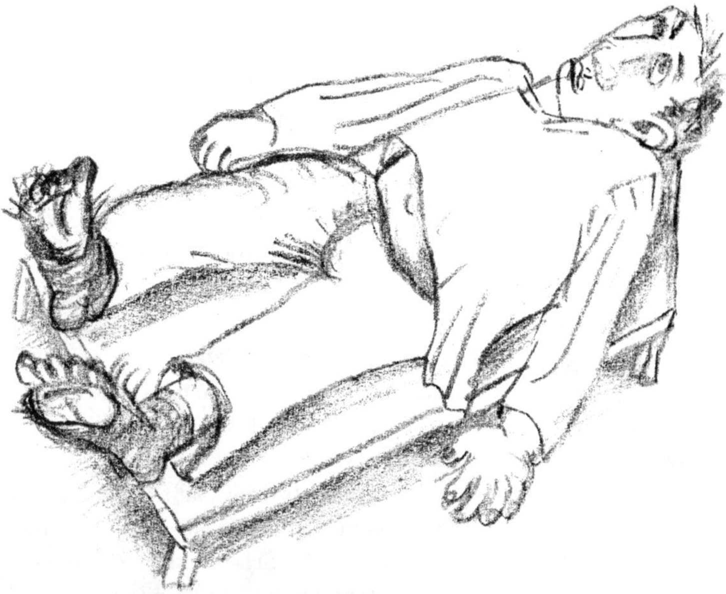

„das Hemd hab ich gewechselt, Genossin Ärztin, aber das andere, entschuldigen Sie, hab ich nicht angerührt. Achten Sie", sagte er, „während der Operation nicht darauf."

Die Ärztin, von ihrer Hochschulbildung ermüdet, sagte: „Los, mach hinne. Die Zeit ist kostbar."

Dabei kicherte sie durch die Zähne.

Sie schnitt ihm also das Auge. Schnitt und lachte. Blickte zu den Füßen hin und erstickte fast vor Lachen. Ihre Hand zitterte.

Mit der zitternden Hand hätte sie ihn zersäbeln können. Darf man ein Menschenleben derartiger Gefahr aussetzen?

Aber die Operation ging glücklich aus. Die Geschwulst an Petjuschkas Auge ist verschwunden.

Sicherlich trägt er jetzt akkuratere Strümpfe. Dazu wollen wir ihn beglückwünschen – falls es so ist.

1927

Die Grimasse der NÖP

Zu den Feiertagen fahr ich gewöhnlich nach Luga. Dort soll die Luft sehr herrlich sein – nach Kiefern und Tannen. Das hilft prima gegen Bronchitis. Sagen die Ärzte. Ich weiß nicht. Ich glaub nicht.

Vor allem, nach Luga zu fahren ist die reinste Strafe. Viel zuviel Leute. Sie drängen und stoßen. Setzen sich einem ohne Erlaubnis auf den Schoß. Stellen einem Körbe und Bündel auf den Kopf. Nicht bloß Bronchitis, auch Scharlach kann man sich da wegholen.

Wie ich letztes Mal von Luga nach Hause fahr, kommt auf einer Station, trotzdem schon alles mächtig überfüllt ist, ein Kerl ins Abteil. Noch nicht alt. Mit Schnurrbart. Ziemlich geckenhaft angezogen. Russische Stiefel. Und eine alte Frau hat er bei sich, eine ganz gewöhnliche alte Frau mit zwei Bündeln und einem Korb.

Eigentlich ist als erstes die Alte mit ihrem Gepäck ins Abteil gestiegen. Erst hinter ihr der Kerl mit dem Schnurrbart.

Die Alte geht also vornweg, drängt sich durchs Publikum, er mit lässigem Gang hinterher. Und kommandiert sie unentwegt: „Trag den Korb grader", schreit er. „So verschüttest du noch irgendwas. Stell ihn jetzt unter die Bank. Unter die Bank, sag ich, sollst du ihn stopfen. Ach, verdammt noch mal! Pack das Bündel nicht den Leuten auf die Knie. Leg's ihnen vorübergehend auf den Kopf. Warte, gleich heb ich's hoch aufs obere Brett. Puh, verdammtes Satansding!"

Die Passagiere merken, was der Mann da macht, ist nicht in Ordnung, das ist die reinste Verletzung des Strafgesetzbuchs der Arbeit. Kurz und gut, die Passagiere merken, hier wird die Norm für den Umgang mit einem altgedienten Menschen beschädigt.

Ein paar fangen an, laut ihre Unzufriedenheit auszudrükken, so als wie, ist es nicht an der Zeit, den Kerl zurückzureißen, wenn er zu weit geht und seine alte Dienerin kommandiert und anschnauzt? Wo hat man je gesehn, daß eine alte Frau allein Bündel auf Köpfe legt? Da zeigt sich ja richtig die Grimasse der NÖP!

In der Nähe des Fensters fängt's im Publikum gradezu an zu gären.

„Das ist ja", heißt es dort, „die reinste Ausbeutung von alten Menschen! Es geht nicht, daß einer vor dem Publikum so schreit und kommandiert. Das erniedrigt ihre Greisinnenwürde."

Plötzlich geht einer der nervösen Bürger zu dem Kerl mit dem Schnurrbart und packt ihn am Schlafittchen.

„Das ist ja", sagt er, „ganz unmöglich, solche Handlungen zu dulden. Das ist die reinste Verhöhnung einer unfreien Person. Da zeigt sich ja richtig die Grimasse der NÖP."

Das heißt, wie dieser Neue am Schlafittchen gepackt wird, erbleicht er und prallt zurück. Erst dann fängt er an zu widersprechen.

„Erlauben Sie mal", sagt er, „vielleicht ist das gar keine Grimasse? Vielleicht fahr ich mit meiner Mutter in die Stadt Leningrad? Es ist ja", sagt er, „ziemlich kränkend, solche Worte über Verletzung des Strafgesetzbuchs zu hören."

Da spielt sich im Publikum eine gewisse Verwirrung ab. Eine Art Konfusion, so als wie, wir haben uns in fremder Leuts Familienangelegenheiten eingemischt. Richtig peinlich. Jetzt stellt sich raus, es ist bloß seine Mutter.

Der nervöse Mann hat natürlich nicht gleich aufgegeben.

„Da soll der Köter draus schlau werden", sagt er. „Auf ihr klebt schließlich kein Plakat, ob sie eine Mama ist oder ein Papa. Man kann ja auch was sagen, wenn man wo reinkommt."

Dann aber setzt er sich an sein Fenster und sagt: „Ich entschuldige mich trotzdem. Wir haben nicht gewußt, daß es Ihre ehrwürdige Mutter ist. Wissen Sie, wir haben was anderes gedacht. Wir haben gedacht, das ist eine Hausangestellte. Darum entschuldigen wir uns."

Bis Leningrad ist der Kerl mit dem Schnurrbart nachträglich beleidigt für die zugefügten Kränkungen.

„Da fährt man", sagt er, „mit der Eisenbahn, aber sie lassen einen nicht, sie packen einen am Schlafittchen. Vergreifen sich an einem Menschen, der vielleicht ne Fahrkarte hat. Mama, stellen Sie einen Fuß auf das Bündel, sonst trägt's noch einer weg. Gibt ja ganz besondere Menschen . . . Ich leb vielleicht schon seit siebzehn in Leningrad."

Die anderen Passagiere sitzen da und sagen nichts und meiden den Blick des beleidigten Menschen.

1927

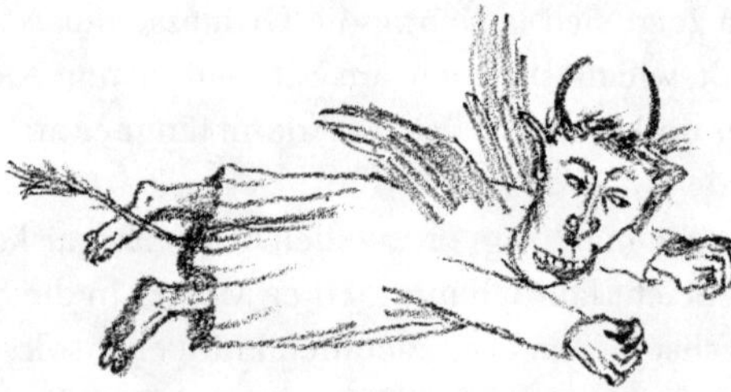

Die Stiefel des Zaren

In diesem Jahr wurde im Winterpalais diverser Zarenplunder verkauft. Ich glaube, der Museumsfundus handelte damit. Genau weiß ich's nicht.

Ich bin mit Katerina Fjodorowna Kolenkorowa hingegangen. Sie benötigte einen Samowar für zehn Personen.

Also, ein Samowar war nicht am Lager. Entweder hatte der Zar aus einer Teekanne getrunken, oder man hatte ihm den Tee im Kristallglas aus der Küche gebracht, was weiß ich, jedenfalls gelangten keine Samoware zum Verkauf.

Dafür gab es eine Unmenge anderer Dinge. Die Sachen waren in der Tat sehr prächtig. Diverse Zarenvorhänge, Borten, diverse Schnapsgläser, Spucknäpfe, Hemden und diverser anderer Zarenkrempel. Die Augen gingen einem über, man wußte gar nicht, wonach man greifen und welchen Gegenstand man sich anschaffen sollte.

Katerina Fjodorowna kaufte für ihr abgespartes Geld statt des Samowars vier Hemden aus feinstem Madapolam. Sehr luxuriöse Hemden. Zarenhemden.

Ich entdeckte in der Liste plötzlich ein Paar Stiefel. Russischer Schaft, achtzehn Rubel.

Sofort frage ich den Handelsmann: „Was sind das für Stiefel, liebenswürdiger Freund?"

Er sagt: „Ist doch klar, Zarenstiefel."

„Aber was", sag ich, „hab ich für Garantien, daß es Zarenstiefel sind? Vielleicht", sag ich, „ist ein Platzanweiser darin rumgelaufen, und ihr gebt sie hier für Zarenstiefel aus. Das", sag ich, „ist nicht schön, ist unanständig."

Der Handelsmann sagt: „Das alles hier ringsum gehört zum Besitz der Zarenfamilie. Wir", sagt er, „handeln nicht mit jedem Mist."

„Zeig mir", sag ich, „die Ware."

Ich schau mir die Stiefel an. Sie gefallen mir sehr großartig, und die Größe stimmt auch. Und gar nicht breit sind sie, schmal und adrett. Da die Spitze, da der Absatz. Also wirklich heile Stiefel. Und wenig getragen. Vielleicht hat sie der Zar nur drei Tage angehabt. Die Sohle ist noch nicht abgewetzt.

„Bei Gott", sag ich, „Katerina Fjodorowna, konnte man denn früher", sag ich, „überhaupt von Zarenstiefeln träumen? Oder davon, daß man zum Beispiel in Zarenschuhwerk über die Straße stolziert? Bei Gott", sag ich, „wie sich doch die Geschichte ändert, Katerina Fjodorowna!"

Achtzehn Rubel hab ich dafür gegeben, ohne mich dessen zu grämen. Für Zarenstiefel war das natürlich ein sehr, sehr kleiner Preis.

Ich hab also die achtzehn hingeblättert und die Zarenstiefel nach Hause getragen.

Alles was recht ist, es war schwierig, sie anzuziehen. Von Fußlappen ganz zu schweigen, aber auch mit der bloßen Socke ging der Fuß nur schwer hinein. Wenn schon, dacht ich, ich werd sie ausweiten.

Drei Tage hab ich sie ausgeweitet. Am vierten Tag ging die Sohle ab. Das heißt, nicht nur die Sohle, sondern auch der Absatz, die ganze untere Etage ist abgefallen. Ich bin auf einmal barfuß gelaufen.

Diese Sauerei passiert mir auf der Straße, auf dem Unionsboulevard, kurz vor dem Palast der Arbeit. Ich bin also ohne Sohle nach Hause auf die Wassili-Insel gelatscht.

Vor allem um das Geld tat's mir sehr leid. Immerhin achtzehn Rubel. Beschweren konnte ich mich auch nirgendwo. Kämen die Stiefel aus der Fabrik „Schnelläufer" oder aus einer anderen Fabrik, dann wär's was anderes. Dann hätt man einen Prozeß anstrengen oder den Direktor für so eine technische Schwäche vom Posten jagen können. Aber dies, ich bitte Sie, waren Zarenstiefel.

Natürlich bin ich am nächsten Tag zum Museumsfundus gegangen. Aber dort war man schon fertig mit dem Handel, und alles war zu. Ich wollte noch zur Ermitage socken oder sonstwohin, aber dann hab ich's sein lassen. Katerina Fjodorowna hat mich abgehalten.

„Nicht nur Zarenstiefel", sagt sie, „auch gewöhnliche Königsstiefel vermodern in soviel Jahren. Immerhin, wenn Sie wollen, sind seit der Revolution zehn Jahre vergangen. Seitdem sind die Fäden natürlich vergammelt. Das muß man verstehen."

Und in der Tat, liebe Leute, es sind ja schon zehn Jahre vergangen. Keine Kleinigkeit! Da kann selbst gute Ware zerfallen.

Aber obwohl Katerina Fjodorowna mich beruhigt hatte – als nach der ersten Wäsche ihre Zarenhemdchen sich in Wohlgefallen auflösten, da hat sie das Zarenregime doch mit sehr entsetzlichen Wörtern zugedeckt. Dabei sind zehn Jahre vergangen; lächerlich, sich zu ärgern.

Die Zeit vergeht so schnell, meine Freunde! Alles Frühere zerfällt zu Staub.

1927

Puschkin

Vor neunzig Jahren wurde Alexander Sergejewitsch Puschkin im Duell getötet.

Ganz Rußland, kann man sagen, trauert und vergießt Tränen an diesem betrüblichen Jahrestag. Am meisten aber härmt und grämt sich Iwan Fjodorowitsch Golowkin.

Dieser liebe Mensch, wenn er nur das Wort Puschkin hört, zuckt schrecklich zusammen und stiert ins Leere.

Wie sollte er auch nicht ins Leere stieren, liebe Leute, wo doch so eine traurige, man kann sagen, so eine Schattenseite im Leben des genialen Dichters enthüllt worden ist!

Wir müssen bei unserer Geschichte natürlich weit ausholen, um das Andenken des berühmten Genius nicht zu beflekken. Wir beginnen ungefähr im Jahre 1921. Dann wird alles deutlicher.

1921, im Dezember war's, kehrte Iwan Fjodorowitsch Golowkin von der Armee in sein Heimatstädtchen zurück.

Hier hatte eben die NÖP angefangen. Alles lebte auf. Man backte wieder Weißbrot. Ein kleiner Handel kam in Gang. Kurz, das Leben sprudelte nur so.

Desungeachtet lief unser Freund Golowkin erfolglos durch die Stadt. Er hatte kein Zimmer. Und er schlief bei Bekannten. Auf einer Hundematte. Im Flur.

Dadurch war er natürlich skeptisch gestimmt.

„Die NÖP", sagte er, „das ist eine richtige Utopie. In einem halben Jahr", sagte er, „kann ich kein Zimmer auftreiben."

Im Jahre 1923 schaffte es Golowkin doch noch und fand ein Zimmer. Entweder hatte er Schmiergeld bezahlt, oder Fortuna war ihm hold, kurz, er fand eins.

Das Zimmer war klein. Zwei Fenster. Ein Fußboden natürlich. Eine Decke. Das war alles da. Nichts gegen zu sagen.

Golowkin richtete sich sehr liebevoll ein. Er ruinierte sich fast, um Tapeten zu kaufen, und klebte sie an. Wo er Nägel brauchte, schlug er welche ein, damit's gemütlicher aussah. Und dann lebte er wie der Padischah.

Die Zeit ging natürlich weiter. Schon war der siebenundachtzigste Todestag unseres teuren Dichters Puschkin heran. Dann der achtundachtzigste.

Am neunundachtzigsten Todestag kam es in der Wohnung natürlich zu Gesprächen. Puschkin und so. Der Schriftsteller. Er hat, hieß es, seinerzeit in diesen Räumlichkeiten gewohnt. Hat die Wohnfläche mit seinem unerträglichen Genius beglückt. Es wäre nicht schlecht, kraft dessen irgend so ein Ehrentäfelchen mit genauer Beschriftung zwecks Belehrung der Nachwelt anzupappen.

Iwan Fjodorowitsch Golowkin lud sich törichterweise ebenfalls eine Beteiligung an diesem Täfelchen auf den Hals.

Nur kam es dadurch plötzlich zu Unruhen in der Wohnung. Die Damen wetzten hin und her. Putzten die Kasserollen. Fegten die Ecken aus.

Eine Kommission aus fünf Personen traf ein. Besichtigte die Räumlichkeit.

Die Kommission gewahrte diverses häusliches Eingeweide in der Wohnung, Kasserollen und Jacketts, und seufzte bitterlich.

„Hier", sagt sie, „hat früher Alexander Sergejewitsch Puschkin gewohnt. Zwei Wochen lang war er zu Gast bei seinem Freund. Und was sehen wir hier ein Jahrhundert später? Wir sehen, daß in der erwähnten Wohnung eine buchstäbliche Schweinerei zu beobachten ist. Da steht ein Besen. Da hängt eine Hose, die Hosenträger flattern über die Wand. Das ist doch geradezu beleidigend für das Andenken des Genius!"

Um es kurz zu machen, drei Wochen später wurden alle Bewohner der Wohnung an die Luft gesetzt.

Golowkin, das ist wahr, fluchte heftig. Er schmähte die harte Puschkinepoche und insonderheit Nikolaus den Ersten. Aber auch die Zeitgenossen wurden von ihm kräftig bedacht, warum es keine Wohnungen gebe und man nichts zum Wohnen habe. Iwan Fjodorowitsch Golowkin brachte diese seine besondere Meinung frei und offen zum Ausdruck, ohne die Folgen zu fürchten.

„Was", sagt er, „soll das bedeuten? Bittschön, mag er ein Genius sein. Bittschön, mag er Verschen geschrieben haben: ‚Hüpft ein Vöglein übern Zweig.' Aber muß man deshalb einfache Menschen auf die Straße setzen? Dann soll man ihnen andern Wohnraum geben oder Auszugsgeld."

Golowkin wollte zur Puschkin-Gedenkstätte fahren und dort schimpfen, aber dann machte er sich doch lieber auf die Suche nach einem Zimmer.

Er sucht heute noch. Abgemagert ist er und ergraut. Anspruchsvoll ist er geworden. Fortwährend fragt er, wer früher in diesem Zimmer gewohnt hat. Ob hier nicht, Gott behüte, Demjan Bedny oder Katschalow gewohnt hat. Wenn ja, würde er, Golowkin, das Zimmer nicht geschenkt nehmen.

Ist ja auch wahr: Einige große Genien handeln sehr leichtsinnig, sie vagabundieren dauernd von einer Wohnung in die andere, ziehen immer wieder um. Dadurch kommt es zu so traurigen Ergebnissen. Wir brauchen gar nicht weit zu gehen: In unserer Zeit hat einer unserer bekannten Dichter im letzten Jahr nicht weniger als siebenmal das Zimmer gewechselt. Er kann und kann sich nicht einleben, wissen Sie. Weil er keine Miete bezahlt.

Dabei ist er vielleicht, weiß der Teufel, ein Genius!

Hei, wie wird man den in fünfzig Jahren wegen der sieben Zimmer beschimpfen!

Es sei denn, die Wohnungsknappheit hat dann schon ein wenig nachgelassen. Das ist die einzige Hoffnung.

1927

Qualitätsartikel

Bei meinen Bekannten, den Gussews, hat ein Deutscher aus Berlin gewohnt.

Er nahm ein Zimmer. Fast zwei Monate wohnte er darin. Die Gussews waren sehr stolz auf ihren Untermieter und erzählten in ihrer Bekanntschaft begeistert, was für Anzüge dieser Ausländer habe und was für ausländische Sachen von verblüffender Qualität.

Als der Deutsche abreiste, hinterließ er seinen Gastgebern vielerlei Sachen. Einen ganzen Haufen ausländischen Hab und Guts. Diverse Fläschchen, Krägelchen, Schächtelchen. Darüber hinaus zwei Paar Unterhosen. Einen fast gar nicht zerrissenen Pullover. Von den verschiedenen Kleinigkeiten des täglichen Bedarfs für Männer und Damen ganz zu schweigen.

Das alles lag auf einem Haufen in der Ecke beim Handwaschbehälter.

Die Hausfrau, Madame Gussewa, eine ehrliche Dame, gegen die nichts Derartiges einzuwenden ist, hatte dem Deutschen kurz vor seiner Abreise gesteckt, er möge doch bittedritte in der Eile geruhen, die ausländische Produktion zurückzulassen.

Der Deutsche hatte den Kopf gewiegt, bitte-dritte, nehmen Sie sich, wovon die Rede ist, wär schade drum.

Die Gastgeber stürzten sich auf die zurückgelassene Produktion. Gussew setzte sogar persönlich ein genaues Verzeichnis aller dieser Gegenstände auf. Natürlich zwängte er sich sofort in den Pullover und eignete sich die Unterhosen an. Zwei Wochen lang lief er mit den Unterhosen in den Händen herum. Jedem zeigte er sie, war unsäglich stolz und pries die deutsche Qualität.

Tatsächlich waren die Sachen, wenn auch abgetragen, genaugenommen hielten sie kaum noch zusammen, so doch, nichts zu sagen, richtige ausländische Artikel, eine Freude, sie anzuschauen.

Unter den zurückgelassenen Sachen gab es unter anderm eine Art flache Flasche oder vielmehr eine ziemlich platte Glasdose mit einem Pulver. Das Pulver war sehr fein und rosa. Der Geruch war ziemlich sympathisch, nach Oregano oder nach Rosen.

Nach den ersten Tagen freudigen Jubels begannen die Gussews zu rätseln, was für ein Pulver das sein könne. Sie schnupperten daran, kauten es mit den Zähnen, schütteten ein wenig ins Feuer, doch sie fanden es nicht heraus.

Sie trugen es im ganzen Haus herum und zeigten es allen Nachbarn, doch das machte sie nicht klüger.

Viele sagten, das sei Puder, einige versicherten, es sei feines deutsches Talkum zum Unterstreuen für neugeborene Kinder.

Gussew sagte: „Feines deutsches Talkum nützt mir nichts. Neugeborene Kinder hab ich nicht. Also soll es Puder sein. Ich werd's mir jedesmal nach dem Rasieren in die Physie streuen. Man muß ja schließlich wenigstens einmal kulturvoll leben."

Von nun an rasierte und puderte er sich. Nach jeder Rasur stolzierte er rosig, blühend und wohlduftend einher.

Von allen Seiten kamen natürlich Neid und Fragen.

Hier unterstützte Gussew tatsächlich die deutsche Produktion. Laut und leidenschaftlich pries er die ausländische Ware. „Wieviel Jahre", sagt er, „hab ich meine Persönlichkeit mit verschiedenem einheimischem Abfall verunstaltet. Jetzt hab ich endlich das Richtige. Und wenn", sagt er, „mir der Puder ausgeht, dann weiß ich gar nicht, wie ich weiterleben soll. Dann muß ich mir noch eine Dose kommen lassen. Es ist wirklich eine sehr herrliche Ware."

Einen Monat später, als der Puder schon zur Neige ging, kam ein bekannter Intelligenzler Gussew besuchen. Beim abendlichen Tee las er die Dose vor. Es stellte sich heraus, daß es ein deutsches Mittel gegen Flöhe war.

Ein weniger lebensfroher Mensch wäre natürlich von diesem Umstand niedergeschmettert gewesen. Vielleicht hätte sich bei einem weniger lebensfrohen Menschen die Haut vor übertriebener Ängstlichkeit gar mit Pickeln und Mitessern bedeckt. Aber Gussew war nicht so einer.

„Das verstehe ich", sagte er. „Das nenne ich Qualitätsartikel! Das ist eine Errungenschaft. Das ist tatsächlich eine unübertreffliche Ware. Wenn du willst, kannst du dir die Fresse damit pudern, wenn du willst, kannst du die Flöhe damit bestreuen! Für alles ist es gut. Und bei uns?"

Nachdem Gussew nochmals die deutsche Produktion gepriesen hatte, sagte er: „Ich wunder mich schon immer – was ist das bloß? Seit einem Monat pudere ich mich, und mich beißt kein Floh. Meine Frau, Madame Gussewa, wird gebissen. Auch meine Söhne kratzen sich tagelang wie die Wilden. Auch der Hund Ninka scheuert sich. Und ich, wissen Sie, bei mir gar nichts. Das sind zwar bloß Insekten, aber sie spüren doch, diese Schlauberger, was richtige Produktion ist."

Jetzt ist Gussew das Pulver ausgegangen. Wahrscheinlich beißen die Flöhe ihn wieder.

Sie wissen schon, die Schlauberger, wen sie beißen.

1927

Sozialer Kummer

Seit langem, lieben Brüder, will ich euch von dem Komsomolzen Grischa Stepantschikow erzählen, doch ich hab's immer wieder vergessen. Seitdem ist natürlich Zeit vergangen.

Vielleicht ist schon ein halbes Jahr verstrichen, seit Grischa diese hundsgemeine Unannehmlichkeit passierte.

Natürlich wurde das Bürschchen schädlicher Umstände überführt – kleinbürgerliche Stimmungen und überhaupt Untergrabung des Sozialismus. Aber erlaubt mir, diese sehr geehrte Geschichte allseitig zu beleuchten.

Das Ganze passierte, glaub ich, in Moskau. Vielleicht auch nicht in Moskau. Aber mir ist, als ob in Moskau. Das sehen wir an der Größenordnung. Doch wir wollen's nicht mit Sicherheit behaupten. Die „Rote Zeitung" hat die Einzelheiten weggelassen. Sie schreibt nur in winzigem Halbpetit, es sei in der Semjonowskaja-Komsomolzelle gewesen.

Das war so. Zu der Semjonowskaja-Komsomolzelle hat dieser vielgelittene Grischa Stepantschikow gehört. Und diesem Grischa sind mal drei Zähne ausgeschlagen worden. In welcher Angelegenheit, das wissen wir auch nicht. Vielleicht hat er zuviel Sport getrieben. Vielleicht ist er gegen einen Baum gelaufen. Oder er hat in seiner Säuglingszeit zuviel Süßes gegessen. Wir wissen bloß, daß ihm die Zähne nicht im Suff ausgeschlagen wurden. Das kann nicht sein.

Dieser Grischa lebt also ohne die drei Zähne. Die übrigen sind an Ort und Stelle. Ausgerechnet diese drei aber, die fehlen.

Dabei ist der Bengel jung. Allseitig. Er findet's uninteressant, ohne die drei Zähne zu leben, müssen Sie wissen. Was ist das auch für ein Leben mit solch einem Mangel? Pfeifen kann er nicht. Das Futtern geht mühsam. Und womit soll er

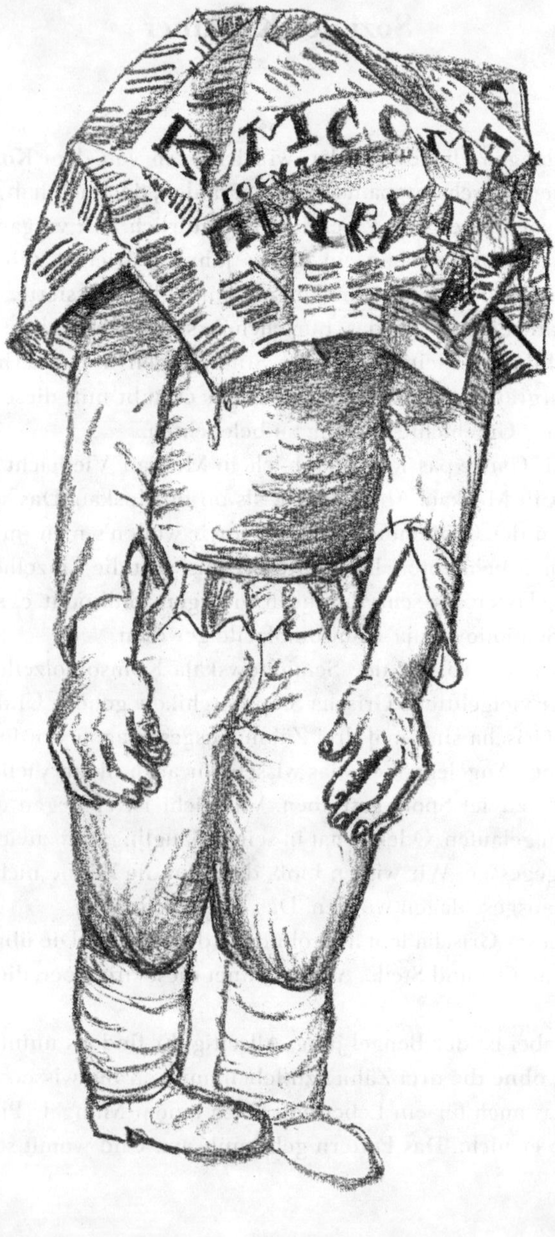

die Papirossa festhalten? Wiederum zischt es beim Reden. Und der Tee fließt raus.

Der Bursche hat's so und anders probiert, er hat Wachs reingeklebt, Weizenbrot reingestopft – nützt alles nichts.

Da hat der Grischa Geld zusammengekratzt. Und hin zum Arzt.

„Setzen Sie mir", sagt er, „wenn's so ist, drei künstliche Zähne ein."

Der Arzt aber ist noch jung und unbedacht. Er dringt nur schwach in die Psychologie der Semjonowskaja-Komsomolzelle ein. Er wird also dem Grischa drei Goldzähne einsetzen.

Tatsächlich, nichts gegen zu sagen, sieht üppig aus. Wenn er den Mund aufmacht – ein Gemälde. Eine Augenweide. Ein Nocturne.

In der Zelle kucken sie schief. Das heißt, wenn der Bursche den Mund aufmacht, wenn er was sagt oder was mampft, starrt alles hin. Was ist hier los? Wieso macht sich der Junge so auf reich zurecht?

Rund um das Ereignis kommt's zu lauter Gesprächen. So als wie, wo hat er die NÖP-Mann-Allüren her? Wieso diese kleinbürgerliche Stimmung? Kann ein einfacher Komsomolze etwa nicht mit der Lücke kauen und essen?

Auf der nächsten Versammlung wird also die Frage aufgeworfen, ob so was Derartiges zulässig ist oder nicht. Und dann wird beschlossen:

„Den Besitz von Goldzähnen für eine Erscheinung zu erklären, die zur Loslösung vom Sozialismus und seinen Ideen führt, und wir Mitglieder des Komsomol, Semjonowskaja-Zelle, sagen ihren Trägern den Kampf an als einer Erscheinung, die die Komsomolideen zerstört. Die Zähne sollen in den Arbeitslosenfonds gegeben werden. Widrigenfalls steht die Frage des Ausschlusses aus den Reihen des Verbandes."

(„Rote Zeitung")

Der Vorsitzende macht von sich aus noch mehr Dampf. Er ist natürlich ein hitziger, wenig zurückhaltender Mensch. Und er sagt viele bittere Worte.

„Ich", sagt er, „bin Vorsitzender, aber ich hab keinen Bock nach Goldnippes im Maul. Ich", sagt er, „hab statt der hinteren Zähne seit langem nur noch die Wurzeln. Trotzdem kaue ich. Wie ich kaue, weiß Gott allein. Vielleicht helf ich mit den Fingern nach beim Kauen. Aber ich hab keinen Bock."

Na, der Grischa Stepantschikow weint natürlich. Es macht ihm Kummer, solche Zähne in den Arbeitslosenfonds zu geben. Er fängt an zu erklären, als wie, die sind angelötet, man kriegt sie schwer raus.

Er hat sie nicht hergegeben.

Ob sie ihn deshalb aus dem Verband gefeuert haben oder nicht, wissen wir nicht. Wir haben in dieser Sache keine weiteren Informationen. Aber sie haben ihn bestimmt gefeuert.

1927

Pelageja

Es lebte einst in Leningrad ein Mann mit seiner Frau.

Der Mann war ein verantwortlicher Sowjetfunktionär. Er war noch nicht alt, kräftig, gut entwickelt und überhaupt, wissen Sie, energisch, der Sache des Sozialismus ergeben und so.

Obwohl er ein einfacher Mensch vom Lande war und seinerzeit keinerlei höhere Bildung erhalten hatte, erlangte er in den Jahren des Stadtlebens große Fixigkeit, wußte viel und konnte vor jedem Auditorium eine Rede reden. Er war sogar durchaus imstande, mit Gelehrten verschiedener Fachgebiete Streitgespräche zu führen – von Physiologen bis einschließlich Elektrikern.

Seine Frau Pelageja indes konnte weder lesen noch schreiben. Obwohl sie zusammen mit ihm aus dem Dorf gekommen war, hatte sie nichts Derartiges gelernt und war Analphabetin geblieben, ja, nicht einmal ihren Namen konnte sie schreiben.

Pelagejas Mann sah, wie die Karre lief, war schrecklich betrübt, litt und wußte nicht, wie aus dieser Not herauszukommen sei, zumal er über alle Maßen in Anspruch genommen war und für die Umschulung seiner Eheliebsten keine freie Zeit hatte.

Mehr als einmal sagte er zu ihr: „Liebe Pelageja, du solltest doch lesen oder wenigstens deinen Namen schreiben lernen. Unser Land“, sagte er, „kommt allmählich aus der jahrhundertealten Finsternis und Kulturlosigkeit heraus. Überall liquidieren wir Unwissenheit und Analphabetentum. Und plötzlich kann die Gattin des Direktors einer Brotfabrik weder lesen noch schreiben noch begreifen, was geschrieben steht! Ich habe dadurch alle möglichen Leiden zu erdulden.“

Darauf pflegte Pelageja abzuwinken und wie folgt zu antworten: „Ach“, sagte sie, „Iwan Nikolajewitsch, von was reden Sie da! Mir nützt das nichts, mich mit so was zu beschäftigen. Ich hab das seinerzeit nicht gemacht, und jetzt gehen meine Jahre allmählich dahin, und meine Jugend verschwindet, und meine Hände sind schon zu steif, um zum Beispiel einen Bleistift zu halten. Zu was soll ich Buchstaben malen lernen? Sollen sich damit lieber die jugendlichen Pioniere beschäftigen, ich kann auch so leben bis in meine alten Tage.“

Pelagejas Mann seufzte dann natürlich und sprach mit Betrübnis: „Ach, ach, Pelageja Maximowna, wie politisch falsch du dich doch ausdrückst.“

Eines Tages brachte Iwan Nikolajewitsch ein Lehrbuch mit nach Hause. „Hier“, sagte er, „Polja, hast du die neueste Selbststudierfibel. Sie ist nach den letzten Angaben der Wissenschaft geschrieben. Ich“, sagte er, „werde es dir selber zeigen. Und ich habe eine Bitte – widersprich mir nicht.“

Pelageja aber lächelte leise, nahm die Fibel in die Hände, drehte sie hin und her und steckte sie dann in die Kommode. Mochte sie dort liegen. Vielleicht kam sie später den Nachfahren zugute.

Eines Tages aber setzte sich Pelageja hin, um Iwan Nikolajewitschs Jackett auszubessern, dessen Ärmel durchgewetzt war. Sie setzte sich also an den Tisch. Nahm die Nadel. Schob die Hand ins Jackett – da knisterte was.

Geld etwa? dachte Pelageja.

Sie schaute nach – ein Brief. Ordentlicher, sauberer Umschlag, dünne Buchstaben darauf, und das Papier roch irgendwie nach Parfüm oder Kölnischwasser.

Pelageja gab’s einen Stich ins Herz.

Iwan Nikolajewitsch wird mich doch nicht etwa arglistig betrügen? dachte sie. Er wird doch nicht etwa einen innigen Briefwechsel mit ordentlichen Damen führen und mich ungebildete Gans verspotten? Pelageja starrte auf das Kuvert,

nahm den Brief heraus und entfaltete ihn, doch zufolge ihres Analphabetentums konnte sie aus ihm nicht klug werden.

Zum erstenmal in ihrem Leben bedauerte Pelageja, daß sie nicht lesen konnte.

Wenn das auch, dachte sie, ein fremder Brief ist, so muß ich doch wissen, was darin geschrieben steht. Vielleicht ändert sich dadurch mein ganzes Leben, und es ist besser, ich fahre wieder ins Dorf und mache Landarbeit.

In ihrer Brust kochte es vor Ärger und Beleidigung. Ihr Herz verkrampfte sich vor Kummer.

Ich muß doch wohl, dachte sie, Iwan Nikolajewitsch sehr lieben, wenn ich wegen diesem Brief so leide, mich quäle und vor Eifersucht platze. Wie dumm, dachte sie, daß ich diesen Brief nicht lesen kann! Dann wüßte ich sofort, um was es hier geht. Sie brach in Tränen aus. Verschiedene Kleinigkeiten fielen ihr ein. Ja, Iwan Nikolajewitsch schien sich in letzter Zeit tatsächlich verändert zu haben. Er pflegte auf einmal seinen Schnurrbart, kämmte ihn. Und die Hände wusch er sich ziemlich oft. Und die neue Mütze setzte er auf. Und die Stiefel wichste er spiegelblank.

Da saß nun Pelageja, dachte lauter solche Gedanken, starrte den Brief an und heulte zum Steinerweichen. Aber den Brief lesen konnte sie nicht. Sie kannte ja nicht mal die Buchstaben. Und den Brief einem Fremden zu zeigen war natürlich peinlich. Vielleicht standen da Wörter drin, die Außenstehende nicht zu wissen brauchten.

Nachdem sie sich ausgeheult hatte, versteckte sie den Brief in der Kommode, flickte das Jackett fertig und wartete auf Iwan Nikolajewitsch.

Als er kam, ließ sich Pelageja nichts anmerken. Im Gegenteil: Sie plauderte ruhig und gelassen mit ihrem Mann und gab ihm sogar zu verstehen, daß sie nicht abgeneigt sei zu lernen und daß sie es satt habe, ein analphabetisches Weib zu sein.

Iwan Nikolajewitsch war hoch erfreut.

„Na großartig!“ sagte er. „Ich werd's dir selber zeigen.“

„Gut, zeig's mir!“ sagte Pelageja.

Sie starrte auf Iwan Nikolajewitschs sorgsam gestutzten Schnurrbart. Wieder verkrampfte sich ihr Herz vor Verdruß und Betrübnis. Zwei Monate lang lernte Pelageja tagaus, tagein lesen. Geduldig fügte sie aus Silben Wörter, malte Buchstaben und büffelte Sätze. Und jeden Abend nahm sie den wohlgehüteten Brief aus der Kommode und versuchte, seinen geheimen Sinn zu enträtseln. Aber das war eben sehr schwierig.

Erst im dritten Monat hatte Pelageja die Wissenschaft bezwungen. Am Morgen, nachdem Iwan Nikolajewitsch zur Arbeit gegangen war, nahm Pelageja den Brief aus der Kommode und machte sich daran, ihn zu lesen.

Mühsam entzifferte sie die dünne Schrift. Nur der kaum noch spürbare Parfümgeruch des Papiers stachelte sie an. Der Brief war an Iwan Nikolajewitsch adressiert.

Pelageja las:

„Sehr geehrter Genosse Kutschkin!

Anbei schicke ich Ihnen die versprochene Fibel. Ich denke, Ihre Gattin wird sich in zwei bis drei Monaten die Weisheit angeeignet haben. Bringen Sie sie dazu, es zu tun, mein Lieber. Reden Sie ihr zu, erklären Sie ihr, wie ekelhaft es doch eigentlich ist, eine Frau zu sein, die nicht lesen und schreiben kann.

Zum bevorstehenden Jahrestag liquidieren wir das Analphabetentum in der ganzen Republik, aber wir vergessen dabei manchmal unsere nächsten Anverwandten.

Sie müssen mir versprechen, Iwan Nikolajewitsch, das zu tun.

Mit kommunistischem Gruß

Maria Blochina“.

Pelageja las den Brief zweimal. Sie fühlte sich abermals beleidigt und brach in Tränen aus.

Als sie dann aber an Iwan Nikolajewitsch dachte und daran, daß ihr Eheleben völlig in Ordnung war, beruhigte sie sich und verbarg die Fibel und den unglückseligen Brief in der Kommode.

So lernte unsere Pelageja, getrieben von Liebe und Eifersucht, in kurzer Zeit lesen und schreiben.

1928

Ausländer

Einen Ausländer kann ich immer von unseren Sowjetmenschen unterscheiden. Diese bourgeoisen Ausländer haben was Eigenartiges in der Visage. Die ist, wie soll ich sagen, unbeweglicher und kuckt verächtlicher als bei uns. Wenn so einer, wollen mal sagen, einen bestimmten Gesichtsausdruck angenommen hat, dann betrachtet er damit auch alle übrigen Gegenstände.

Manche Ausländer tragen zwecks vollständiger Selbstbeherrschung ein Monokel in den Augen. Als wie, diese Scherbe bleibt drin, und es wird nicht mit der Wimper gezuckt, egal, was passiert.

Seien wir gerecht, das ist prima.

Dabei geht es bei den Ausländern gar nicht anders. Ihr bourgeoises Leben dort ist ziemlich unruhig. Ihre bourgeoise Moral erlaubt ihnen nicht, natürlich zu leben. Ohne solche Selbstbeherrschung könnten sie sich entsetzlich blamieren.

Da wär zum Beispiel ein Ausländer an einem Knochen beinahe erstickt. Er hatte, wissen Sie, Hühnerfleisch gegessen und was Überflüssiges verschluckt. Das Ganze passierte bei einem Mittagessen mit geladenen Gästen. Ein Bekannter von der Handelsvertretung hat mir die Geschichte erzählt.

Sie passierte, sag ich, bei einem Mittagessen mit geladenen Gästen. Rundum sind vielleicht alles Millionäre. Ford sitzt auf einem Stuhl. Und noch manch anderer ist da. Und plötzlich, wissen Sie, verschluckt der Mann neben ihm einen Knochen.

Dieses Faktum hat natürlich, von unserm freien Standpunkt aus betrachtet, nichts Beleidigendes. Na schön, hat er ihn eben verschluckt. Bei uns geht so was ziemlich schnell. Erste Hilfe. Marienhospital. Smolensker Friedhof.

Nicht so bei denen. Das ist eben eine sehr auserlesene Gesellschaft. Rundum befinden sich lauter Millionäre. Ford sitzt auf einem Stuhl. Lauter Fräcke. Damen. Allein an Elektrizität brennen mehr als zweihundert Watt.

Und da verschluckt der Mann einen Knochen. Gleich wird er anfangen zu fauchen. Zu krächzen. Sich an die Gurgel fassen. Um Gottes willen! Mowäton und weiß der Teufel was noch!

Aber hinterm Tisch hervorkommen und im Schweinsgalopp zum Klo wetzen, das ist dort nicht schön, das schickt sich nicht. Aha, würde es heißen, der läuft zum Lokus. Und das ist dort ganz unmöglich.

So daß dieser Franzose, wie er den Knochen verschluckt, im ersten Moment natürlich einen tödlichen Schrecken kriegt. Schon will er in seinem Schlund polken. Dann wird er entsetzlich bleich. Rutscht auf seinem Stuhl herum. Doch sofort reißt er sich zusammen. Nach einer Minute lächelt er. Wirft den Damen verschiedene Luftküsse zu. Zaust vielleicht den Hund des Hausherrn unterm Tisch.

Der Hausherr redet ihn französisch an.

„Entschuldigung", sagt er, „vielleicht haben Sie wirklich was Ungenießbares verschluckt? Im schlimmsten Falle", sagt er, „lassen Sie's mich wissen."

Der Franzose antwortet: „Kommang? Was ist? Um was geht's? Entschuldigung", sagt er, „ich weiß nicht, wie's bei Ihnen in der Gurgel aussieht, aber bei mir in der Gurgel ist alles in Butter."

Und wieder schickt er Lächeln durch die Luft. Dann macht er sich übers Mittagsmahl her. Verdrückt seine Portion.

Kurz und gut, er bleibt sitzen bis zum Ende der Mahlzeit und läßt sich nichts anmerken.

Erst wie die Tafel aufgehoben wird, wankt er ein bißchen und greift sich an den Bauch, bestimmt sticht's ihn da. Dann benimmt er sich wieder ganz normal.

Er sitzt drei Minuten im Salon wegen dem kleinbürgerlichen Anstand und geht dann in die Diele.

Auch in der Diele hat er's nicht besonders eilig, plaudert mit der Hausfrau, hält sich an der Klinke fest, bückt sich mitsamt seinem Knochen nach den Galoschen unterm Tisch. Und geht.

Na, auf der Treppe legt er natürlich einen Spurt ein.

Stürzt zu seiner Kutsche.

„Fahr mich", schreit er, „ins Krankenhaus, du Hühnerkopf."

Ob der Franzose krepiert ist oder überlebt hat, kann ich Ihnen nicht sagen, ich weiß es nicht. Bestimmt hat er überlebt. Es ist eine ziemlich zählebige Nation.

1928

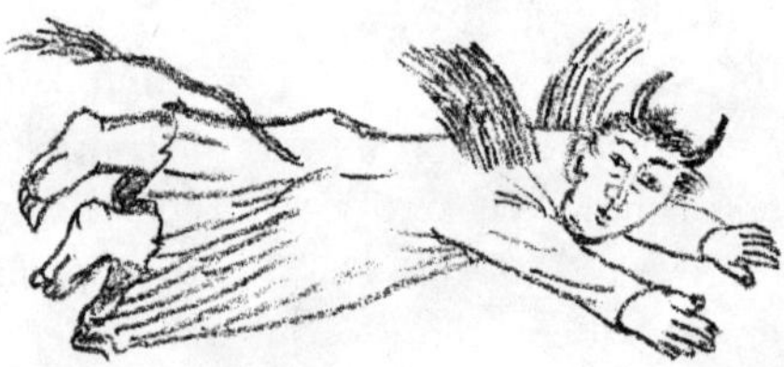

Der Schnörkel

Gestern mußte ich zu einer sehr wichtigen Behörde. In persönlichen Angelegenheiten.

Vorher hab ich natürlich deftig gefrühstückt, um den Geist zu kräftigen. Dann bin ich hin.

Ich komm also zu dieser Behörde. Mach die Tür auf. Putz mir die Füße ab. Geh die Treppe rauf. Plötzlich ruft mich ein Mann in Uniformjacke zurück. Befiehlt, ich soll die Treppe wieder runtersteigen.

Ich wieder runter.

„Wo", sagt er, „willst du hin, du Ziegenkopf?"

„Bloß so", sag ich, „in Angelegenheiten."

„Wenn du", sagt er, „in Angelegenheiten kommst, dann holst du dir vielleicht erst mal 'n Propusk. Dann kannst du die Treppe raufkriechen. Wir sind hier", sagt er, „nicht auf dem Andrejewski-Markt. Das könntest du elf Jahre nach der Revolution kapiert haben. Kein Bewußtsein haben die Leute."

„Das hab ich", sag ich, „vielleicht nicht gewußt. Wo", sag ich, „krieg ich so einen Propusk?"

„Da", sagt er, „am Schalter rechts."

Ich hin zu dem kleinen Schalterfenster. Klopf mit dem Finger an. Eine Stimme ertönt: „Was willst du?"

„Na so", sag ich, „'n Propusk."

„Gleich."

Im Ausland würde in so einer Behörde jetzt erst mal ein langwieriges Getrödel losgehen, man würde Dokumente verlangen und einem die Visage abfotografieren. Hier aber wird man nicht mal angekuckt. Eine nackte Hand schiebt sich einfach raus, wedelt und gibt mir den Propusk.

Mein Gott, denk ich, wie leicht und frei kann man bei uns leben und seine Angelegenheiten abwickeln! Da soll einer

kommen und sagen: Behördengetrödel. Viele heimatlose Intelligenzler bauen sogar dekadente Theorien darauf auf. Hol sie der Teufel! Stimmt alles nicht.

Ich krieg meinen Propusk.

Der Kerl in der Uniformjacke sagt: „Jetzt kannste durchgehen. Erst mal ohne Propusk probieren, was? Da könnte ja jedes überflüssige Element rein. Und die Behörde in die Luft sprengen. Wir sind hier schließlich nicht auf dem Andrejewski-Markt. Geh durch jetzt."

Ich socke mit dem Propusk nach oben.

„Wo", sag ich, „find ich den Genossen Stschukin?"

Der am Tisch sagt argwöhnisch: „Haben Sie einen Propusk?"

„Bitte", sag ich, „hier ist der Propusk. Ich bin legal hier rein. Nicht durchs Fenster."

Er kuckt den Propusk an und sagt bißchen höflicher: „Also, der Genosse Stschukin hat Sitzung. Kommen Sie nächste Woche wieder. Diese Woche hat er immerzu Sitzung."

„Das geht", sag ich. „Meine Angelegenheit ist kein Wolf, die läuft nicht weg in den Wald. Auf angenehmes Wiedersehen."

„Warten Sie", sagt er, „geben Sie den Propusk her, ich mach Ihnen meinen Schnörkel drauf, damit Sie wieder rauskommen."

Ich stieg wieder die Treppe runter. Der Kerl in der Uniformjacke sagt: „Wo willst du hin? Stoi!"

Ich sag: „Nach Haus will ich, Kumpel. Raus aus dieser Behörde auf die Straße."

„Weise den Propusk vor."

„Bitte", sag ich, „da ist er."

„Ist der Schnörkel drauf?"

„Bestimmt", sag ich, „ist er."

„Aha", sagt er, „geh durch jetzt."

Ich ging auf die Straße, aß ein französisches Brötchen, um den erschütterten Organismus zu kräftigen, und begab mich in eine andere Behörde, um persönliche Angelegenheiten zu erledigen.

1928

Nüchterne Gedanken

Ich sag nicht, daß es bei uns viele Besoffene gibt. Besoffene gibt's nicht so viele. Im ganzen Monat Mai hab ich bloß einen Besoffenen auf der Straße liegen sehen.

Er lag quer über den Gehsteig. Ich wär im Dunkeln beinah auf den Kerl raufgetreten.

Ich kuck, da liegt ein Betrunkener, heult und wischt sich mit der Mütze das Maul.

„Steh auf, Onkel!" sag ich. „Liegt der da wie auf dem Doppelbett."

Ich will ihn aufheben, er wehrt sich. Heult.

„Wieso", sag ich, „heulst du so, du Dummbart?"

„Na so", sagt er, „es kränkt mich sehr."

„Was", sag ich, „kränkt dich sehr?"

„Na so", sagt er, „daß die Menschen solches Pack sind."

„Wieso sind sie Pack?"

„Na so, sie latschen vorbei ... Gehen, ohne hinzukucken. Sie kucken dem Menschen nicht ins Gesicht, was da für einer liegt, ein Besoffener oder vielleicht ein Unfall ..."

„Aber du", sag ich, „bist doch besoffen!"

„Na ja", sagt er, „ich bin natürlich besoffen. Aber ich hätt ja auch nicht wegen Suff hinfallen können. Aus sonst was für Gründen. Wollen mal sagen, vielleicht bin ich nüchtern gewesen und mit dem Bein weggeknickt. Oder ich krieg überhaupt keine Luft. Oder vielleicht haben Räuber mich ausgezogen. Aber nein, alles steigt über mich rüber, wo ich vielleicht nicht besoffen bin, alles latscht und läuft seinen eigenen Geschäften nach."

„Verdammt!" sag ich. „Aber du bist doch besoffen."

„Ja", sagt er, „natürlich bin ich nicht nüchtern. Jetzt hat's mich bißchen ernüchtert. Seit zwei Stunden lieg ich mit Absicht da. In den ganzen zwei Stunden ist kein Schwein zu mir gekommen – krepieren könnt man vor Kränkung. Das heißt also, verende ruhig als Nüchterner unter den Füßen der Passanten, oder wie? Was lernt uns das? Das lernt uns – die Menschen haben heutzutage kein Herz. Früher, da bist du

manchmal hingefallen, und schon steht alles drumrum. Gießt einem Eau de Cologne in die Nase. Massiert einen. Natürlich bloß, bis sie mitkriegen, um was es geht. Na schön, dann merken sie's und wenden sich ab. Aber heute?"

Ich hab meinen Besoffenen aufgehoben und auf die Beine gestellt. Hab ihm einen sachten Stoß gegeben, damit er Bewegung kriegt. Da ist er losgegangen.

Bloß nach fünf Schritten setzt er sich auf einen Mauervorsprung.

„Nein", sagt er, „ich kann nicht gehen. Es kränkt mich zu sehr. Die Tränen", sagt er, „verschleiern mir die Augen. Was sind die Menschen doch herzlos."

1928

Die Sommererholung

Genaugenommen, eine eigene abgeschlossene Wohnung zu haben, das ist trotz allem irgendwie spießig.

Man soll einträchtig leben, als kollektive Familie, und sich nicht in seiner häuslichen Festung verschanzen.

In einer kommunalen Wohnung soll man wohnen. Dort spielt sich alles vor den Augen der Mitmenschen ab. Man hat wen, mit dem man sprechen kann. Sich beraten. Sich zanken.

Es gibt natürlich auch allerhand Mißhelligkeiten.

Beispielsweise ist die Elektrizität eine Quelle für mancherlei Verdruß. Du weißt nicht, wie du den Strom berechnen sollst. Wer wieviel bezahlen muß.

Später natürlich, wenn sich unsere Industrie entfaltet haben wird, kann jeder Mieter in jeder Ecke zwei Zähler einbauen lassen. Dann können die Zähler die verbrauchte Energie bestimmen. Dann wird natürlich auch das Leben in unseren Wohnungen erstrahlen wie die liebe Sonne.

Einstweilen aber haben wir tatsächlich dauernd Verdruß.

Um ein Beispiel zu nennen, bei uns wohnen neun Familien. Eine Leitung. Ein Zähler. Am Monatsende müssen wir uns über die Berechnung einigen. Dann kommt es natürlich zu heftigen Mißverständnissen und manchmal auch zu Mord und Totschlag.

Na schön, Sie werden sagen: Rechnet es doch nach den Lampen aus.

Leicht gesagt, nach den Lampen. Ein Mieter mit Bewußtsein läßt sein Lämpchen vielleicht nur fünf Minuten brennen, um sich auszuziehen oder einen Floh zu fangen. Ein anderer Mieter sitzt bis zwölf Uhr nachts bei Licht und futtert. Will den Strom nicht abschalten. Dabei braucht er nicht etwa Muster zu zeichnen.

Ein dritter findet sich, zweifelsohne ein Intelligenzler, der buchstäblich bis ein Uhr nachts und länger in ein Buch starrt, ohne die allgemeine Lage zu berücksichtigen.

Vielleicht schraubt er sich sogar noch eine stärkere Birne rein. Und liest Algebra wie am hellichten Tag.

In seiner Höhle verschanzt, kocht derselbe Intelligenzler vielleicht sogar auf einer elektrischen Platte Wasser oder Makkaroni. Das muß man doch verstehen!

Einen Mieter hatten wir, der war Lastträger und ist in dieser Situation buchstäblich übergeschnappt. Er schlief nicht mehr und trachtete nur noch herauszukriegen, wer von den Mietern nachts Algebra las und wer auf einer Platte Lebensmittel wärmte. Er kam immer mehr herunter. Schnappte über.

Nachdem er übergeschnappt war, nahm ein Verwandter von ihm das Zimmer in Besitz. Nun begann ein richtiges Bacchanal.

Früher zeigte unser Zähler jeden Monat, na ja, nicht mehr als zwölf Rubel. Na ja, in einem schlimmen Monat waren's auch mal, na ja, dreizehn. Das war natürlich noch unter der Kontrolle des Mieters, der dann überschnappte. Seine Kontrolle war sehr vortrefflich organisiert. Ich sage euch, er tat nachts buchstäblich kein Auge zu und machte alle Minuten eine neue Revision. Guckte dahin, guckte dorthin. Und dauernd drohte er, mit dem Beil dreinzuschlagen, wenn er einem Mehrverbrauch auf die Spur käme. Erstaunlich nur, daß die andern Mieter bei so einem Leben nicht auch den Verstand verloren.

Also, wir hatten im Monat nicht mehr als zwölf Rubel zu bezahlen.

Jetzt plötzlich stieg der Zähler auf sechzehn. Pardon! Wie kommt das? Welcher Hund hat den Zähler zu derartigen Höhen hinaufgeleiert? Da mußte eine Kochplatte sein oder ein Heizgerät oder sonstwas.

Wir fluchten und fluchten, aber zahlten.

Im nächsten Monat wieder sechzehn.

Ein paar ehrliche Mieter sind, die sagen geradezu: „Das Leben macht keinen Spaß mehr. Wir sparen wie die Verrückten, und andere aasen mit dem Strom. Da können wir auch aasen. Da können wir auch Kochplatten laufen lassen und Makkaroni kochen."

Nächsten Monat hatten wir schon neunzehn auf dem Zähler.

Die Mieter stöhnten, aber sie zahlten und fingen an aufzudrehen. Sie machten das Licht nicht mehr aus. Lasen Romane. Und ließen Kochplatten laufen.

Nächsten Monat hatten wir sechsundzwanzig.

Nun kam es vollends zum Bacchanal.

Kurzum, als wir den Zähler bis auf achtunddreißig Rubel raufgeleiert hatten, mußte der Strom abgeschaltet werden. Alle weigerten sich zu zahlen. Nur der Intelligenzler flehte und klammerte sich an die Leitung, aber man nahm keine Rücksicht auf ihn. Die Leitung wurde unterbrochen.

Natürlich soll das nur für eine Zeitlang sein. Keiner ist gegen die Elektrifizierung. Auf einer Mieterversammlung wurde auch erklärt: Keiner sei dagegen, und im weiteren würden wir uns bemühen und uns wieder in das Netz einschalten. Einstweilen aber gehe es auch so. Zumal bald Frühling sei. Und es bald hell werde. Dann komme der Sommer. Die Vöglein zwitscherten. Da brauche man gar kein Licht. Man müsse ja keine Muster zeichnen. Na, und im Winter, da würde man weitersehen. Im Winter, da könne man vielleicht den elektrischen Strom wieder einschalten. Oder eine Kontrolle organisieren oder so.

Vorläufig müssen wir uns den Sommer über erholen. Müde sind wir geworden von diesen Wohnungsstreitereien.

1929

Die Ehrenpflicht

Manche Leute schimpfen auf die Spezialisten – Schädlinge seien das und was weiß ich.

Ich zum Beispiel hab noch keine bösen Spezialisten gesehen. Noch nie.

Im Gegenteil, die ich gesehen hab, das waren liebe, besondere Menschen.

So zum Beispiel in diesem Sommer.

Eine Familie aus unserer Kommunalwohnung ist auf die Datsche gefahren. Vater, Mutter, Kind und Kegel.

Nun schön, sie sind abgefahren. Haben ein Vorhängeschloß vor ihr Zimmerchen gehängt. Den einen Schlüssel haben sie mitgenommen, den andern bei der Nachbarin gelassen, es kann ja sonst was passieren. Und sind abgereist.

Nun muß man sagen, in ihrem Zimmer stand ein Instrument, ein Klavier. Na ja, ein gewöhnliches Pianino. Sie hatten es sich von der HV Instrumentenbau ausgeliehen.

Dieses Klavier hatten sie ausgeliehen, um ihren Tunichtgut zu unterrichten, der in der Tat mit all seiner kindlichen Schlagfertigkeit auf das Klavier einhieb.

Nun kam der Sommer, und sie mußten den Tunichtgut auf die Datsche mitnehmen. Natürlich nahmen sie ihn mit.

Das Klavier oder, einfacher gesagt, das Pianino schlossen sie zusammen mit verschiedenen anderen Sächelchen im Zimmer ein und reisten ab. Erholten sich auf der Datsche. Auf einmal aber erscheint in ihrer Stadtwohnung ein Spezialist, ein Klavierstimmer, den natürlich seine Behörde geschickt hat.

Die Nachbarin sagt natürlich zu ihm, die wären bis zum Herbst verreist, hätten das Klavier eingeschlossen, und es zu stimmen wäre ganz unmöglich.

Der Klavierstimmer sagt: „Es ist keineswegs meine unkompetente Aufgabe, auch noch in die Psychologie derer, die verreist sind, einzudringen. Wenn ich", sagt er, „einen Auftragsschein in Händen habe, muß ich ihn ausführen, damit man mich nicht rausschmeißt wie einen Schachty-Mann oder einen Schädling."

Na ja, man öffnet ihm also die Tür; er legt sein Jäckchen ab und nimmt das Pianino auseinander, indem er sämtliche Muttern, Schrauben und Nägel herausdreht. Wie er alles herausgeschraubt hat, fängt er mit seiner Kakophonie an. Zwei Stunden oder drei horcht er wie besessen die verschiedenen Töne ab und macht die Nachbarn verrückt. Danach läßt er sich seine Tätigkeit quittieren, verabschiedet sich strahlend und verschwindet.

Kaum ist ein Monat vergangen, da kreuzt er wieder auf.

„Na, was", sagt er, „macht mein Klavier?"

„Nichts", sagt man ihm, „es steht da."

„Na schön", sagte er, „ich muß es unbedingt stimmen. Bei uns wird einmal monatlich gestimmt. Das ist Vorschrift."

Die Mieter wollen ihn zur Vernunft bringen und reden ihm zu, daß es doch nicht nötig sei. Das Zimmerchen, sagen sie, ist verschlossen. Das Klavier wird noch zwei Monate unbeweglich dastehen. Wozu da der unnötige Aufwand!

Er beharrt auf dem Seinen.

„Ich habe", sagt er, „einen Auftragsschein in Händen. Bitten Sie mich nicht. Ich muß."

Nun, abermals schraubt er das Klavier auseinander. Abermals schraubt er's nach zwei Stunden wieder zusammen. Klimpert und klirrt und kriecht auf dem Bauch darunter.

Danach verabschiedet er sich und geht, erschöpft von seinem schweren Beruf.

Dieser Tage kam er zum drittenmal angesockt.

„Na, wie ist es", sagt er, „sind die noch nicht zurück?"

„Nein", sagt man ihm, „sie erholen sich auf der Datsche!"

„Na, ich werd's noch ein bißchen nachstimmen. Wenn sie zurückkommen, wird es einen sehr prachtvollen Klang haben."

Und obwohl man ihm alles erklärt und ein besonders hitziger Mieter ihm wegen der abseitigen Geräusche sogar Maulschellen andient, kämpft er sich zu seinem Klavier durch und macht sich wieder an seine wissenschaftlichen Untersuchungen.

Er hat seine Ehrenpflicht getan und stelzt auf seinen intelligenten Beinchen davon.

1929

Das Erdbeben

Zur Zeit des berühmten Erdbebens auf der Krim lebte in Jalta ein gewisser Snopkow.

Er war Schuster. Heimarbeiter. Unterhielt in Jalta eine Werkstatt. Das heißt, keine Werkstatt, sondern ein steinernes Büdchen, eine Art Hütte.

Hier arbeitete er mit seinem Freund als Partner. Beide waren Zugereiste. Sie reparierten die Schuhe der örtlichen Bevölkerung wie auch der Kurpatienten.

Es ging ihnen durchaus nicht übel. Im Winter schoben sie zweifellos Kohldampf, dafür hatten sie im Sommer mehr als genug Arbeit. Manchmal hatten sie nicht mal Zeit, einen zu heben. Na, einen zu heben wird die Zeit schon gereicht haben. Aber für was anderes nicht . . .

So auch diesmal. Am Tag vor dem Erdbeben, ich glaub, es war am Freitag, dem elften September, machte der Schuster Iwan Snopkow, ohne den Samstag abzuwarten, anderthalb Pullen russischen Wodka nieder.

Um so mehr, er war mit der Arbeit fertig. Und um so mehr, er hatte zwei Flaschen stehen. Wozu warten? Also soff er sie aus. Um so mehr, er wußte noch nicht, daß ein Erdbeben kommt. Der Mann trinkt also anderthalb Flaschen Harten aus, randaliert natürlich bißchen auf der Straße, singt gewisse Lieder und geht nach Haus.

Er geht also nach Haus, legt sich im Hof hin und schläft ein, ohne auf das Erdbeben zu warten.

Wenn er einen gehoben hatte, legte er sich immer im Hof schlafen. Er liebte es nicht, betrunken im Hause zu schlafen. Er fühlte sich nicht wohl, wenn er ein Dach über sich hatte. Zu schwül. Es kam ihm hoch. Darum verlangte er immer den reinen Himmel über sich.

So auch diesmal. Am elften September, akkurat vor dem Erdbeben, pumpt sich Iwan Snopkow mit Hartem voll, wird blau und entschlummert unter einer Zypresse im Hof.

Er schläft also, hat verschiedene interessante Träume, und parallel dazu findet das berühmte Erdbeben auf der Krim statt. Die Häuserchen wackeln, die Erde rumpelt und zittert, und Snopkow schläft süß und fest und weiß von nichts.

Was seinen Freund angeht, so hat der gleich beim ersten Stoß die Kurve gekratzt und sich im Stadtpark etabliert, aus Furcht, daß ein Stein ihn totschlägt.

Am nächsten Morgen, so gegen sechs, reibt sich unser Snopkow die Augen. Er wacht auf unter seiner Zypresse und erkennt seinen heimatlichen Hof überhaupt nicht wieder. Um so mehr, das Steinbüdchen ist eingestürzt. Das heißt, nicht ganz und gar, aber die Mauer ist geplatzt, und der Zaun ist umgekippt. Bloß die Zypresse ist noch dieselbe, aber alles andere ist schwierig wiederzuerkennen.

Unser Snopkow reibt sich also die Augen und denkt: Du meine Güte, wo hat's mich denn hinverschlagen? Womöglich, denkt er, hab ich gestern im Suff noch irgendwen besucht? So was, die ganze Wirtschaft ringsum total verwüstet! Man kapiert bloß nicht, wem seine. Nein, denkt er, es taugt nichts, sich dermaßen vollaufen zu lassen. Alkohol, denkt er, ist ein höchst schädliches Gesöff, da bleibt aber auch nichts im Gedächtnis.

Peinlich ist ihm ums Herz, uninteressant.

Eijei, denkt er, ich bin irgendwo reinmarschiert. Ein Glück noch, denkt er, ich hab mich im Hof hingelegt und nicht auf der Straße, da hätt ein Auto mich überfahren oder ein Köter mir was abknabbern können. Ich muß, denkt er, milder trinken oder ganz aufhören.

Er fühlt sich nicht wohl bei seinen Gedanken, läßt den Kopf hängen, holt die halbvolle Flasche aus der Tasche und lutscht sie in seiner Betrübnis leer.

Snopkow lutscht also die Flüssigkeit aus und wird wieder blau. Um so mehr, er hat lange nichts gefuttert, und sein Kopf ist geschwächt vom Suff.

Unser Snopkow wird also blau, stellt sich auf seine Beinchen und geht auf die Straße.

Er geht also auf die Straße und kann mit seinen betrunkenen Augen überhaupt nichts erkennen. Um so mehr, nach dem Erdbeben läuft das Volk haufenweise rum. Alle auf den Straßen, keiner zu Hause. Und alle sehen sie so anders aus, sind bloß halb angezogen, schleppen Matratzen und Federbetten. Snopkow geht also die Straße entlang, und ihm wird kalt um die Seele.

Großer Gott, denkt er, meine Güte, in was für einem Loch bin ich denn hier gelandet? Ob ich, denkt er, mit dem Dampfer nach Batumi gegondelt bin? Oder hat's mich am Ende in die Türkei verschlagen? Das Volk läuft ausgezogen rum wie in den Tropen.

Er geht betrunken weiter und schluchzt beinahe.

Er kommt auf die Chaussee und geht weiter, ohne etwas zu erkennen. Er geht und geht, dann fällt er vor Übermüdung und vom starken Alkohol in den Chausseegraben und schläft ein wie tot.

Wie er aufwacht, ist dunkler Abend. Überm Kopf funkeln die Sterne. Und es wird frisch. Und warum wird's frisch? Er liegt neben der Chaussee ohne Kleider und ohne Schuhe. Bloß die Unterhose hat er an.

Er liegt also neben der Straße, total ausgeplündert, und denkt: Großer Gott, denkt er, meine Güte, wo lieg ich denn nun schon wieder?

Jetzt ist Snopkow mächtig erschrocken, er springt auf seine bloßen Beinchen und geht die Straße entlang.

Wie er in flottem Trab an die zehn Werst gelaufen ist, setzt er sich auf einen Stein.

Er setzt sich also auf den Stein und läßt den Kopf hängen. Die Gegend kennt er nicht, und seine Gedanken kommen nicht klar. Seele und Körper werden ihm kalt. Und er hat einen Wolfshunger.

Erst gegen Morgen erfährt Iwan Snopkow, was Sache ist. Er fragt einen Passanten.

Der Passant sagt zu ihm: „Warum läufst du hier beispielsweise in Unterhosen rum?"

Snopkow sagt: „Das weiß ich ja selber nich. Sagen Sie, seien Sie so liebenswürdig, wo befinde ich mich?"

Na, sie kommen ins Gespräch. Der Passant sagt: „Bis Jalta werden's an die dreißig Werst sein. So weit bist du gelaufen!"

Na, der Passant erzählt ihm noch von dem Erdbeben und was alles kaputt ist und was noch kaputtgeht.

Snopkow ist sehr betrübt, daß das Erdbeben stattfindet, und eilt nach Jalta.

Quer durch Jalta läuft er in seiner Unterhose. Übrigens wundert sich keiner darüber anläßlich des Erdbebens. Aber auch sonst würde sich keiner gewundert haben.

Hinterher berechnet Snopkow seine Verluste: Bargeld – sechzig Rubel, Jacke – acht Rubel, Hose – anderthalb Rubel, und die Sandalen noch fast nagelneu. An die hundert kommen zusammen, nicht gerechnet das beschädigte Büdchen.

Jetzt will Iwan Snopkow nach Charkow ziehen. Er hat vor, sich vom Alkohol zu kurieren. Sonst kommt's ihm zu teuer.

Was will der Autor mit diesem schöngeistigen Werk sagen?

Mit diesem Werk wendet sich der Autor energisch gegen die Trunksucht. Der Stachel dieser künstlerischen Satire ist akkurat gegen Suff und Alkohol gerichtet.

Der Autor will sagen, daß, wer trinkt, nicht bloß zartere Dinge, sondern sogar ein Erdbeben verpaßt.

Oder wie es auf einem Plakat heißt: „Trinke nicht! Mit betrunkenen Augen umarmst du womöglich den Klassenfeind!"

Das kann sehr leicht passieren, Genossen.

1930

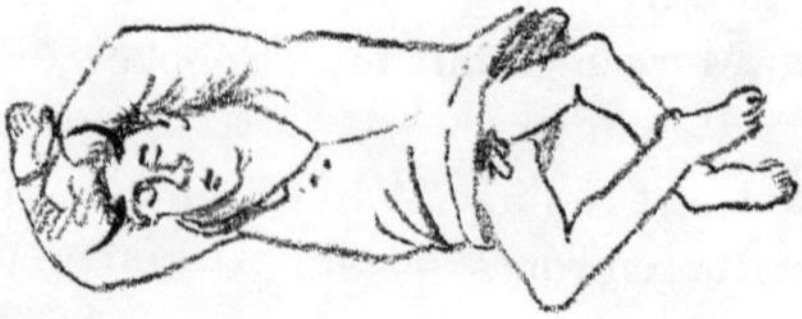

Eine kleine Pfiffigkeit

Ich weiß nicht, wie es in Moskau ist, aber bei uns in Leningrad gibt's nur große Glühbirnen zu kaufen. Na, so von hundertfünfzig, zweihundert oder vierhundert Watt.

Und wenn ein Stromverbraucher davon träumt, eine Zehn- oder meinetwegen Fünfzehnwattbirne zu kaufen, so erweist sich dieser Traum als zwecklos. Solche Birnen kommen nicht in den Handel. Na, ich denk mir, diese kleinen Birnen werden aufs Land geliefert, für die Bedürfnisse des Dorfes. Damit hab ich mich beruhigt.

Nun waren die alten Birnen bei mir durchgebrannt. Ich kaufte drei Stück zu vierhundert Watt und begnügte mich mit dem hellen Licht. Es wurmt einen natürlich. Furchtbar hell. Vor allem, man will ja keine Bauzeichnungen machen. Im Korridor und im Klo ist es dermaßen sinnlos hell, daß man sich gradezu elend fühlt. Doch ich hab's durchgestanden.

Aber in diesem Monat kommt der Stromableser. Fängt an zu prüfen, für wieviel ich Energie verbrannt hab.

„Oho", sagt er, „bei Ihnen wächst die Summe von Monat zu Monat. Wie machen Sie das, braten Sie etwa die Kartoffeln elektrisch?"

Ich sag: „Nein, ich hab große Birnen brennen. Was soll ich machen? Keine Ahnung. Ausweglose Situation."

Na, ich komm mit dem Ableser ins Gespräch. Vom Hundertsten ins Tausendste. Er trinkt ein Glas Tee bei mir. Futtert ne Semmel. Dann sagt er: „Wissen Sie denn, warum's keine kleinen Birnen gibt? Soll ich's sagen?"

Ich sag: „Sagen Sie's, bloß leichter wird mir davon kaum werden."

Er sagt: „Hier ist eine große Pfiffigkeit mit den kleinen Bir-

nen zu beobachten. Das hängt", sagt er, „mit dem Industriefinanzplan zusammen."

„Das heißt", sag ich, „wie soll ich das verstehen?"

Er sagt: „Das Werk muß seinen Plan erfüllen. Na, und sie haben ihn erfüllt."

„Nein", sag ich, „seit bei mir in der Wohnung derart grelles Licht brennt, arbeitet mein Kopf schwächer. Ich versteh Sie nicht."

„Was gibt's da", sagt er, „nicht zu verstehen? Nehmen wir mal an, bei denen im Plan steht, sie müssen eine Million Watt erfüllen. Nun stellen Sie sich mal vor, die machen die Million mit kleinen Birnen. Da brauchen sie ja zwei Jahre zu, die Halunken. Aber mit großen Birnen schaffen sie's. Ob kleine Birnen, ob große, das macht bei der Arbeit keinen Unterschied, aber sie brauchen weniger Stück zu produzieren. Darum haben sie sich auf große Birnen verlegt, die Halunken. Die backen sie wie Plinsen."

Ich sag: „Das ist ja eine Schweinerei! Wir haben wenig Freude, und der Staat verliert kostbare Energie. Man schämt sich richtig, auf den Abtritt zu gehen."

Er sagt: „Man kann sich noch freuen, daß sie nicht noch größere Birnen machen. Nächstes Jahr bauen sie vielleicht schon Tausendwattbirnen."

Da sag ich ärgerlich: „Wozu", sag ich, „quatschst du mir einen Knoten in den Kopf? Sag mir lieber, wo ich kleine Birnen krieg."

Er sagt: „Ich arbeit zwar beim Elektrodienst, aber kleine Birnen hab ich schon zwei Jahre nicht mehr gesehen."

Mit diesen Worten verabschiedete und entfernte er sich. Ich machte das Licht aus, legte mich aufs Bett und sann in der Dunkelheit über die Pfiffigkeit nach, mit der Leute manchmal ihren Plan auf dem Papier erfüllen.

1930

Schlechte Verpackung

Heutzutage werden keine Schmiergelder mehr genommen. Früher, ja, da konnte man keinen Schritt tun, ohne zu geben oder zu nehmen.

Heutzutage haben sich die Menschen charakterlich sehr zum Besseren verändert.

Es werden tatsächlich keine Schmiergelder mehr genommen.

Neulich wollten wir am Güterbahnhof Versandgut aufgeben. Wir stehen also am Bahnhof und sehen ein Bild vor uns im Stile Raffaels.

Eine Bude, wo die Versandstücke angenommen werden. Natürlich eine Schlange. Eine Dezimalwaage. Dahinter der Wiegemeister. Dieser, so ein hochgradig edler Angestellter, rattert Zahlen herunter, trägt ein, hantiert mit Gewichten, klebt Etiketten auf und gibt Erläuterungen.

Man hört nur immer seine sympathische Stimme: „Vierzig. Einhundertzwanzig. Fünfzig. Nehmen Sie's runter. Da, bitte. Treten Sie zurück ... Stell's nicht hierher, du Trottel, stell's auf die andre Seite."

Ein wohltuendes Bild von Arbeit und schnellem Tempo.

Doch plötzlich bemerken wir, daß der Wiegemeister bei aller Schönheit seiner Arbeit ein sehr anspruchsvoller Vorschriftenkenner ist. Sehr genau nimmt er die Interessen der Bürger und des Staates wahr. Nicht bei jedem freilich, aber bei jedem dritten oder vierten weist er das Versandgut zurück. Ist die Verpackung ein wenig locker, schon nimmt er die Sendung nicht an. Obwohl man ihm ansieht, daß es ihm schwerfällt.

Wessen Verpackung schlampig ist, der ächzt natürlich und stöhnt und leidet.

Der Wiegemeister sagt: „Statt zu leiden, befestigen Sie lieber Ihre Verpackung. Hier treibt sich irgendwo ein Kerl mit Nägeln rum. Der soll sie Ihnen befestigen. Soll hier und da ein paar Nägel reinkloppen und Draht rumwickeln. Dann kommen Sie außer der Reihe, und ich nehm's an."

Tatsächlich, es stimmt: Hinter dem Büdchen steht ein Mann. In der Hand hat er Nägel und einen Hammer. Er arbeitet im Schweiße seines Angesichts und befestigt den Interessenten die schwache Verpackung.

Wer an der Waage abgewiesen wurde, der blickt ihn flehend an, offeriert ihm seine Freundschaft und obendrein noch Geld.

Aber jetzt ist ein Bürger dran. So ein blonder mit Brille. Zur Intelligenz gehört er nicht, ist aber trotzdem kurzsichtig. Hat wohl ein Trachom an den Augen. Die Brille hat er aufgesetzt, damit es nicht zu sehen ist. Vielleicht dient er auch in einer optischen Fabrik und hat die Brille dort umsonst gekriegt.

Jetzt stellt er seine sechs Kisten auf die Dezimalwaage.

Der Wiegemeister mustert seine sechs Kisten und sagt: „Die Verpackung ist schwach, das geht nicht. Nimm's zurück."

Wie der Bebrillte diese Worte hört, sackt ihm das Herz in die Hosen. Aber bevor ihm das Herz in die Hosen sackt, stürzt er sich dermaßen auf den Wiegemeister, daß er ihm fast die Zähne einhaut.

Der Bebrillte schreit: „Was machst du mit mir! Ich", sagt er, „will ja nicht meine eigenen Kisten aufgeben. Ich", sagt er, „gebe staatliche Kisten von der optischen Fabrik auf. Wo soll ich jetzt mit den Kisten hin? Wo find ich jetzt ein Fuhrwerk? Wo nehm ich die hundert Rubel her, um zurückzufahren? Sag mir das, oder ich mach ne Bulette aus dir!"

Der Wiegemeister sagt: „Woher soll ich das wissen?" Und dabei weist er mit der Hand zur Seite.

Der andere nimmt infolge der Kurzsichtigkeit seines Sehvermögens und auf Grund seiner beschlagenen Brillengläser diese Bewegung für etwas anderes. Er läuft rot an, etwas längst Vergessenes fällt ihm ein, er stöbert in seinen Taschen und kramt fünf Rubel Geld hervor, alles in einzelnen Rubeln. Die will er dem Wiegemeister zustecken.

Der Wiegemeister färbt sich beim Anblick des Geldes lila.

Er schreit: „Wie soll ich das verstehen? Du bebrilltes Pferd willst mich doch nicht etwa bestechen?"

Der Bebrillte kapiert natürlich sofort, wie schmachvoll seine Lage ist.

„Nein", sagt er, „ich hab das Geld nur so rausgeholt. Ich wollte, daß Sie's halten, derweil ich die Kisten von der Waage nehme."

Er verheddert sich völlig, redet höheren Unsinn, entschuldigt sich und ist, scheint's, sogar erbötig, sich mit Worten moralisch vernichten zu lassen.

Der Wiegemeister sagt: „Schäm dich! Hier werden keine Schmiergelder genommen. Nehmen Sie Ihre sechs Kisten von der Waage runter, an denen erkälte ich mir buchstäblich die Seele. Aber insofern es staatliche Kisten sind, wenden Sie sich an den Arbeiter dort, der wird Ihnen die schwache Verpackung befestigen. Und was das Geld betrifft, so danken Sie dem Schicksal, daß ich zuwenig Zeit hab, mich mit Ihnen abzugeben."

Nichtsdestoweniger ruft er noch einen Angestellten herbei und sagt ihm im Ton eines Menschen, dem eine schwere Beleidigung widerfahren ist: „Wissen Sie, eben wollte mich einer bestechen. So was Absurdes. Er tut mir leid, daß ich's so eilig hatte und das Geld nicht zum Schein genommen habe, denn so ist es schwer zu beweisen."

Der andere Angestellte antwortet: „Ja, das ist schade. Man hätt was draus machen können. Keiner soll denken, wir laufen wie früher mit Dreck am Stecken rum."

Der Bebrillte plagt sich schweißüberströmt mit seinen Kisten ab. Man befestigt sie ihm, verleiht ihnen ein christliches Aussehen und schleppt sie wieder auf die Waage.

Da beginnt mir zu dämmern, daß meine Verpackung auch zu schwach ist.

Da ich noch nicht an der Reihe bin, gehe ich zu dem Arbeiter und bitte ihn, für alle Fälle meine zweifelhafte Verpackung zu befestigen. Er verlangt acht Rubel dafür.

Ich sag: „Was denn“, sag ich, „sind Sie verrückt geworden, für drei Nägel acht Rubel zu nehmen?“

Er sagt mir mit intimer Stimme: „Das ist richtig, ich würd's Ihnen auch für 'n Dreier machen, aber“, sagt er, „versetzen Sie sich in meine schwierige Lage, ich muß doch mit diesem Knilch dort teilen.“

Jetzt fange ich an, die ganze Mechanik zu kapieren.

„Demnach“, sag ich, „teilen Sie mit dem Wiegemeister?“

Da wird er ein bißchen verlegen, daß er sich verplappert hat, redet verschiedenen Stuß und Schwindel, murmelt von seinem winzigen Gehalt und von der Teuerung, räumt mir einen großzügigen Rabatt ein und macht sich ans Werk.

Nun bin ich dran.

Ich stell meine Kiste auf die Waage und liebäugele mit der festen Verpackung.

Der Wiegemeister sagt: „Die Verpackung ist bißchen schwach. Das geht nicht.“

Ich sag: „Aber nanu? Sie ist doch eben erst befestigt worden. Der da mit der Zange hat sie befestigt.“

Der Wiegemeister antwortet: „Oh, Pardon, Pardon! Ich entschuldige mich. Jetzt ist Ihre Verpackung fest, aber sie war schwach. So was fällt mir immer gleich in die Augen. Was Pardon ist, muß Pardon bleiben.“

Er nimmt meine Kiste an und schreibt den Frachtbrief aus.

Ich lese den Frachtbrief, und da steht gesagt: „Verpackung schwach.“

„Was denn“, sag ich, „was macht ihr mit mir, ihr Haidamaken? Bei dieser Aufschrift“, sag ich, „wird mir doch die Kiste unterwegs ausgeraubt. Und mit der Aufschrift kann ich nicht mal Ersatz beanspruchen. Jetzt“, sag ich, „durchschau ich eure haidamakischen Kombinationen.“

Der Wiegemeister sagt: „Was Pardon ist, muß Pardon bleiben, ich entschuldige mich.“

Er streicht die Aufschrift aus, und während ich nach Hause gehe, denke ich über die komplizierte seelische Organisation meiner Mitbürger nach, über die Umgestaltung der Charaktere, über die Pfiffigkeit und über die mangelnde Bereitschaft meiner verehrten Mitbürger, ihre eingesessenen Stühle frei zu machen.

Was Pardon ist, muß Pardon bleiben.

1930

Ehekrach

Unlängst hat sich eine Mieterin aus unserm Haus mit ihrem rechtmäßigen Ehemann zerstritten.

Die beiden hatten unweigerlich jede Woche einen Ehekrach, aber diesmal wurden alle Erwartungen weit übertroffen. Die Racker fingen an, sich mit Gegenständen zu beschmeißen.

Er warf den Samowarhahn nach ihr. Der Samowar, wissen Sie, lief bei dieser Gelegenheit aus. Sie wurde wütend und schmiß eine Untertasse nach ihm. Er hob einen Scherben von der zerbrochenen Untertasse auf und zerschrammte sich damit absichtlich das ohnedies ramponierte Gesicht. Dabei brüllte er, hier hätte sich soeben ein bestialischer Gattenmord ereignet.

Sie aber, das heißt seine Gattin Katjuscha Belowa, hatte mehr Bewußtsein. „Ach, so ist das!" sagte sie.

Na, Sie können sich denken, was sie sagte.

„Ich", sagte sie, „höre sofort auf, mit dir zu leben. Jetzt gleich", sagte sie, „pack ich meine Siebensachen, dann kannst du deine Nachbarn mit Wasserhähnen beschmeißen. Mir reicht's."

Er sagte: „Ach", sagte er, „da jagst du mir ja einen fürchterlichen Schrecken ein. Bitte schön", sagte er. „Dann wird die Luft hier reiner."

Daraufhin flackerte das Gefecht zwischen ihnen wieder ein wenig auf, wurde sozusagen zu einem Scharmützel familiären Charakters. Dann packte Katja ihre Siebensachen zusammen. Wickelte sie in ein Laken. Spuckte nach ihrem rechtmäßigen Halunken. Und ging.

Sie ging zu ihrer leiblichen Mutter. Zu ihrer Mama. Ihre Mama aber war von ihrer Ankunft nicht allzusehr erbaut.

Kurz, sie vollführte keine Freudentänze rund um die Tochter.

„So und so", sagte sie, „ich wohne ja selber nur zur Aftermiete, und", sagte sie, „du weißt, daß ich keine Zimmer in Reserve habe."

Katja sagte: „Ich möchte ja nur ein paar Tage hierbleiben, bis ich ein Zimmer gefunden habe."

Für die Alte gab es jedoch in dieser Frage keinerlei ideologische Schwankungen.

„Das kennt man", sagte sie. „Manche", sagte sie, „suchen sechzig Jahre lang nach einem Zimmer und finden keins, und du", sagte sie, „machst keinen sehr vergnügten Eindruck."

Nun, die Tochter sah, daß ihre Mama sich dem Zank ergab, legte ihr Bündel in die Ecke und ging zu ihrer Freundin. Sie hatte nämlich eine Freundin — Tossja.

Tossja sagte: „Ich habe", sagte sie, „großes Mitleid mit dir. Du kannst", sagte sie, „auf meine moralische Unterstützung rechnen, aber", sagte sie, „ich habe ja mit meinem Mann selber nur ein kleines Zimmer, so daß alle Erörterungen sich erübrigen."

Katjuschka lief noch zu einer anderen bekannten Dame, aber auch da hatte sie kein Glück.

Schon wurde es Abend. Sie mußte irgendwo bleiben. Man war ja nicht im Süden.

Katja lief noch zu einer Stelle. Dann ging sie in das ehemalige Hotel „Modern". Im „Modern" sagte man ihr: „Also, bei uns dürfen nur Durchreisende wohnen. Sonst würde", sagte man ihr, „die Unzucht blühen. Wenn Sie", sagte man ihr, „zum Beispiel aus Moskau kämen, dann", sagte man ihr, „würden wir Sie als Durchreisende gern aufnehmen, doch so", sagte man ihr, „müssen wir uns entschuldigen."

Da wanderte Katjuschka noch ein wenig durch die Straßen und kehrte dann mit leisen Schritten zu ihrem erloschenen Familienherd zurück.

Ihr rechtmäßiger Gatte sagte: „Ach, da bist du ja wieder! Hast du dir“, sagte er, „entschuldige bitte, auch keine nassen Füße geholt, als du durch die Straßen gesockt bist?“

Sie zankten sich noch ein Weilchen, aßen dann zu Abend und legten sich schlafen.

Katjuschka träumte, daß jemand ihr sagte, wo ein Zimmer zu vermieten sei.

Allgemein kann man feststellen, daß die Wohnungsfrage zweifelsohne das Familienleben stärkt.

Einige Genossen behaupten, die Grundfesten der Familie seien ins Wanken geraten, die Scheidungen nähmen zu und so weiter. Nein, das stimmt nicht!

Unsere Ehen sind heute ziemlich stabil. Sehr stabil sogar.

1930

Man soll nicht spekulieren

Während Sie und ich verschiedene verantwortungsvolle Probleme bezüglich der Kolchosen und des Industriefinanzplans lösen, geht das Leben seinen Gang. Die Menschen richten sich ihr Schicksal ein, verehelichen sich, sorgen für ihr persönliches kleines Glück, und manche verüben sogar Gaunereien oder spekulieren.

Natürlich ist das Spekulieren in der heutigen Zeit ziemlich schwierig. Aber es finden sich Bürger, die sich auf diesem Gebiet etwas Frisches einfallen lassen.

Von einer solchen Spekulation möchte ich Ihnen erzählen. Zumal es eine ziemlich spaßige Geschichte ist. Und zumal sie sich wirklich ereignet hat. Ein Verwandter von mir aus der Provinz hat mich besucht und mir diese Neuigkeit mitgeteilt.

Eine Einwohnerin von Simferopol, die Zahnärztin O., der Herkunft nach Witwe, entschloß sich zu heiraten.

Nun, einen Mann zu kriegen ist in der heutigen Zeit nicht so ganz einfach. Zumal, wenn die Dame intelligent ist und Lust hat, ein ebenfalls intelligentes, mit ihr harmonisierendes Subjekt neben sich zu haben.

In unserm proletarischen Land steht die Frage der Intelligenzler noch ziemlich scharf. Das Kaderproblem ist noch nicht in positivem Sinne gelöst und schon gar nicht, Entschuldigung, bezüglich der Freier. Klarer Fall, heutzutage gibt's nicht eben viele intelligente Freier. Das heißt, es gibt natürlich welche, aber sie haben alle irgendwas – entweder sind sie schon verheiratet, oder sie haben schon zwei bis drei Familien, oder sie sind entrechtete ehemalige Ausbeuter, was natürlich für das Eheleben auch nicht grade Zucker ist.

In dieser Situation also lebt in Simferopol eine Witwe, die

im Vorjahr den Mann verloren hat. Er ist ihr an Tuberkulose gestorben.

Es ist ihr also der Mann gestorben. In der ersten Zeit hat sie dieses Ereignis sicherlich auf die leichte Schulter genommen. Ach, mag sie gedacht haben, halb so schlimm! Nachher aber sieht sie, es ist keineswegs halb so schlimm, denn die Freier laufen nicht haufenweise in der Welt herum. Das hat sie natürlich traurig gestimmt. Nun trauert sie also schon ungefähr seit einem Jahr und teilt der Milchfrau ihren Kummer mit. Die Milchfrau kam immer zu ihr und brachte ihr die Milch. Sintemal ihr Mann an der Tuberkulose gestorben ist, hat sie angefangen, sich zu pflegen und sich reichlich zu ernähren. Nun trinkt sie also schon seit einem Jahr Milch, pflegt sich und hat unter anderm ein gutbürgerliches Damengespräch mit ihrer Milchfrau.

Man weiß nicht, womit das angefangen hat. Gewiß ist sie in die Küche gekommen und hat sich festgeschwatzt. Daß die Lebensmittel immer teurer werden. Daß die Milch immer dünner wird, und überhaupt, daß es keine Freier gibt.

Die Milchfrau sagt: „Ja, ohne Zweifel, wenn irgendwas knapp ist, dann die Freier."

Die Zahnärztin sagt: „Ich verdiene entsprechend. Ich habe alles – Wohnung, Einrichtung, Geld. Und ich selber", sagt sie, „bin auch nicht der letzte Dreck. Und trotzdem, sehen Sie, bin ich buchstäblich nicht in der Lage, zum zweitenmal zu heiraten. Man möchte schon fast eine Anzeige in der Zeitung veröffentlichen."

Die Milchfrau sagt: „Nun", sagt sie, „das mit der Zeitung kommt nicht in Frage. Aber irgendwas in der Art müssen wir uns natürlich ausdenken."

Die Zahnärztin antwortet: „Im äußersten Falle würde es mir", sagt sie, „auch auf Geld nicht ankommen. Wer mich im Sinne einer Eheschließung mit wem bekannt macht, dem würde ich Geld geben."

Die Milchfrau fragt: „Würden Sie denn viel anlegen?"

„Ja", sagt die Zahnärztin, „je nachdem, was für einen Mann ich kriege. Wenn er natürlich zur Intelligenz gehört und mich heiratet, dann", sagt sie, „würd ich dreißig Rubel geben, ohne mit der Wimper zu zucken."

Die Milchfrau sagt: „Dreißig", sagt sie, „das ist zuwenig. Wenn Sie fünfzig ausgeben wollen, will ich mich Ihrer Sache annehmene Ich habe", sagt sie, „einen geeigneten Mann auf dem Kieker."

„Ja, aber vielleicht ist er nicht intelligent", sagt die Ärztin, „vielleicht ist er Lastträger?"

„Nein", sagt sie, „Lastträger ist er nicht. Er ist sehr intelligent. Er ist Elektriker. Die Siebenklassenschule hat er vollständig beendet."

Die Zahnärztin sagt: „Dann machen Sie mich mit ihm bekannt. Hier haben Sie einstweilen einen Zehner für Ihre Mühe."

Damit trennen sie sich.

Es muß allerdings gesagt werden, daß die Milchfrau überhaupt niemand auf dem Kieker hatte außer ihrem eigenen Mann.

Die riesige Summe jedoch erregte sie, und darum begann sie zu überlegen, wie sie der Zahnärztin das Geld möglichst einfach abluchsen könnte.

Sie kommt also nach Hause und sagt zu ihrem Mann: „Hör zu, Nikolascha, es liegt was an. Wir können", sagt sie, „fünfzig Rubel einsacken und ohne besondere Mühe fein leben."

Sie setzt ihm also das Wesen der Sache auseinander. So und so, wenn sie ihn absichtlich mit der steinreichen Zahnärztin bekannt macht und wenn die dumm genug ist, ihn zu nehmen, dann blättert sie fünfzig Rubel hin.

„Und", sagt sie, „schlimmstenfalls, wenn sie darauf besteht, könnt ihr ja auch zum Standesamt gehen. In der heutigen

Zeit macht das keine besondere Mühe. Heute läßt du dich trauen, und morgen oder übermorgen wird's rückgängig gemacht."

Der Mann dieser Milchfrau sieht soweit ziemlich schön aus, aber er ist ein Gaunertyp mit Schnurrbart und sagt zu ihr: „Sehr großartig. Bitte schön! Ich", sagt er, „bin immer ausgesprochen erfreut, wenn ich für nichts und wieder nichts fünfzig Rubel einstecken kann. Andere müssen für so eine Summe einen Monat arbeiten, und hier ist bloß die Kleinigkeit vonnöten, daß man sich trauen läßt."

Nun ja, ein paar Tage später stellt die Milchfrau ihren Mann der Zahnärztin vor.

Die Zahnärztin freut sich herzlich und zahlt der Milchfrau ohne überflüssige Worte und Wehklagen das Geld.

Jetzt entsteht folgende Situation: Der Mann der Milchfrau läßt sich schleunig mit der Zahnärztin trauen, übersiedelt zeitweilig in ihre Appartements und wohnt noch immer dort.

Erst wohnt er fünf Tage dort, dann eine Woche, dann zehn Tage. Da erscheint die Milchfrau.

„Was ist", sagt sie, „wie soll ich das verstehen?"

Der Elektriker sagt: „Ja, ich hab's mir überlegt. Ich bleibe bei dieser Zahnärztin wohnen. Mir ist es hier interessanter."

Für dieses sein schweinisches Verhalten hat er nun freilich ein paar in die Physiognomie verdient, aber seine Meinung hat er nicht geändert. Er blieb also bei der Zahnärztin wohnen. Als die Zahnärztin von alldem erfuhr, lachte sie sehr und sagte, da hier keine Gewalt im Spiele sei, sondern eine freie Wahl stattgefunden habe, sei der Vorfall für sie erledigt.

Zwar kam die Milchfrau noch ein paarmal in die Wohnung, spielte verrückt und forderte die Rückkehr ihres Mannes, jedoch dabei kam nichts Gutes heraus. Mehr noch, man wies ihr die Tür und hieß sie, keine Milch mehr zu bringen zwecks Vermeidung weiterer Dramen und Skandale.

So ging die geizige und habgierige Milchfrau für fünfzig Rubel ihres schönen und intelligenten Mannes verlustig.

1931

Spießertum

Über Spießertum hat Iwan Petrowitsch seine eigene Meinung. Äußerst scharf und böse pflegt er sich über diesen Bodensatz der NÖP zu äußern. Er mag ihn gar nicht, diesen Schimmel des Lebens.

„Für mich", sagt er, „gibt's nichts Schlimmeres als Spießertum. Denn im Spießertum zeigt sich der ganze Schmutz des Menschen. Neulich zum Beispiel hab ich schnell mal Wassjas Mantel angezogen. Bin zum Laden, Petroleum holen. Da bietet Wassja mir gleich Backpfeifen an. Schlagen wollt er sich mit mir. Ich hätt ihm, bitte schön, Petroleum auf den Mantel gekleckert.

‚Es stinkt', sagt er.

‚Hör auf', sag ich, ‚Wassja, mit deinen spießigen Reden! Nu, hab ich gekleckert, morgen kleckerst du. Ich mach mir da nichts draus. Und wenn es', sag ich, ‚stinkt, halt dir die Nase zu. Höchste Zeit', sag ich, ‚daß du solche Gerüche nicht mehr schnupperst. So was von Spießigkeit.'

Aber nein, es paßt ihm nicht, dem räudigen Satan. Er brummt sich was unter die Nase.

Oder meinetwegen die Wirtin. Die Wohnung ist ihre. Kaum ist der Erste, schon kommt sie ins Zimmer. Geld will sie, Miete für die Wohnfläche.

‚Sie haben wohl', sag ich, ‚was Schlechtes gegessen, Bürgerin? Meinen Sie', sag ich, ‚ich drucke Geld? Behalten Sie', sag ich, ‚Ihre spießigen Späße für sich. Lassen Sie mir', sag ich, ‚einen Monat Zeit.'

Aber nein, sie will das Geld für die Wohnfläche jetzt gleich. Wenn ein alter Schmarotzer in Spießigkeit versackt, mag das noch gehen. Wenn aber eine Jungsche sich spießig anstellt, das wurmt einen und tut weh.

Zum Beispiel Katjuscha aus der Flachsschwingerei. Ein liebes Fräulein, rundlich. Dem Aussehen nach würde man sie nie für eine Spießerin halten. Denn man sieht ihre Taten, ihre Ideologie liegt offen zutage, und die gemeinen Flüche beherrscht sie auch. Berührst du sie aber näher, ist sie eine Spießerin. Ein Rührmichnichtan.

Letzten Sonnabend, am Lohntag, hab ich einfach zu ihr gesagt wie ein teurer Genosse zu einem anderen teuren Genossen: ‚Besuchen Sie mich', sag ich, ‚Katjuscha, in meiner Wohnung. Wir können', sag ich, ‚bißchen am Ofen sitzen. Hinterher kucken wir uns einen Film an. Den Eintritt bezahl ich.'

Sie will nicht.

Ein Glück, die Jungs haben sie beschämt.

‚Hör doch auf', sagen sie, ‚mit deiner Spießigkeit, Katjuscha. Wir haben die freie Liebe.'

Sie sträubt sich. Trotzdem kommt sie eine Woche später zu mir. Kommt und heult beinah, die blöde Gans.

‚Ich kann', sagt sie, ‚Sie nicht besuchen. Ich empfinde', sagt sie, ‚keine Sympathie für Sie.'

‚Ach', sag ich, ‚Bürgerin, diese spießigen Späße kennen wir doch. Vielleicht', sag ich, ‚finden Sie Blonde effektvoller als Brünette? Höchste Zeit', sag ich, ‚sich diese spießigen Unterschiede abzugewöhnen.'

Sie schweigt. Weiß nichts zu sagen. ‚Und wennschon', sagt sie, ‚vielleicht ist das spießig, bloß ich kann Sie nicht besuchen. Ich geh mich bei der Gewerkschaft beschweren.'

Ich sag: ‚Ich geh selber zum Petrograder Stadtsowjet und zeig dich an wegen deiner spießigen Späße.'

Ich hab sie seitdem links liegenlassen. Ich seh ja, das Mädchen steckt bis an den Hals im Spießertum. Bei ner ollen Frau oder nem Schmarotzer, na ja, aber bei so ner Jungschen, Rundlichen, erst achtzehn, nein, da wurmt's einen."

1932

Das Fliegen

Das Neunte Vereinigte Heimarbeiterartel hat zwei Jahre lang Geld für ein Flugzeug gesammelt.

In den Zeitungen hat das Artel Aufrufe veröffentlicht, farbenprächtige Plakate hat es ausgehängt und eine freundschaftliche Provokation veranstaltet. Was hat es nicht alles gemacht! Allein an speziellen Versammlungen hat es mindestens ein Dutzend durchgeführt.

Dieser Aufschwung! Diese Träume! Diese Pläne! Wieviel Phantasie und Blut wurde allein für den Namen des Flugzeugs verausgabt!

Auf der Versammlung wurde der Vorsitzende des Artels mit Fragen buchstäblich zugeschüttet. Die Heimarbeiter wollten hauptsächlich wissen, ob das Flugzeug ganz der Gesellschaft für Zivilluftfahrt gehören oder ob es Eigentum des Artels sein würde. Und ob jeder Heimarbeiter, der eine gewisse Summe beigesteuert hatte, mit ihm durch die Luft würde fliegen können.

Der Vorsitzende, glücklich und aufgekratzt, sagte mit heiserer Stimme: „Genossen, er kann! Natürlich kann er! Fliegt, soviel es euch Spaß macht. Laßt uns bloß erst Geld sammeln, dann können wir fliegen. Ach, Schönheit, Weite . . ."

„Hauptsache, wir fliegen mit einem eigenen Flugzeug", riefen die Artelmitglieder begeistert. „Mit einem fremden Flugzeug zu fliegen ist langweilig . . ."

„Was ist das schon für ein Fliegen in einem fremden", bestätigten die Heimarbeiter. „Mit dem eigenen, Brüder, macht selbst der Tod Spaß."

Der Vorsitzende setzte den einzelnen Begeisterungsrufen ein Ende und bat, die Gefühle organisiert zum Ausdruck zu bringen.

Die Heimarbeiter, hingerissen von der neuen Idee sowie der Möglichkeit, durch die Luft zu fliegen, baten um die Wette ums Wort, malten die nächsten Möglichkeiten in hellen Farben aus und brandmarkten die Kleinmütigen, die noch nicht für das Flugzeug gespendet hatten, mit unabwaschbarer Schande. Sogar der Sekretär des Artels, ein etwas trübsinniges und melancholisches Subjekt, im zaristischen Krieg zweimal gasvergiftet, sagte auf die Aufforderung des Vorsitzenden, sich zum Wesentlichen zu äußern: „Ohne Flugzeug, Genossen, das ist wie ohne Hände. Womit soll man dann fliegen? Mit dem Tisch geht das nicht. Wenn man ein Flugzeug hat und man will irgendwohin fliegen, dann steigt man ein und fliegt los. Das ist alles."

Zwei Jahre lang sammelte das Artel mit Eifer und Leidenschaft Geld, und im dritten Jahr wurden die gesammelten Kapitalien gezählt.

Das Ergebnis – siebzehn Rubel und ein paar Kopeken.

Auf einer außerordentlichen Sondersitzung hielt der Vorsitzende eine kurze, aber energische Rede.

„Ausgehend davon", sagte der Vorsitzende, „daß ein Flugzeug unendlich viel teurer ist – was schlagen die geehrten Genossen vor, daß mit der obengenannten Summe geschehen soll? Der Gesellschaft für Zivilluftfahrt übergeben, oder habt ihr andere Vorschläge? Ich bitte die Frage mittels Handzeichen zu fixieren."

Die Stimmen waren geteilt.

Die einen schlugen vor, das Geld an die Gesellschaft für Zivilluftfahrt zu geben, andere wollten einen kleinen, aber dauerhaften Propeller aus karelischer Birke kaufen und ihn im Klub an die Wand hängen, über den Bildnissen der Führer. Die dritten empfahlen, ein gewisses Quantum Benzin zu kaufen und in Bereitschaft zu halten. Die vierten verwiesen auf die Notwendigkeit, die Küche zu renovieren.

Nur ganz wenige Kleinmütige verlangen ihr Geld zurück.

Sie erhielten sieben Rubel.

Die übrigen zehn Rubel samt Kopeken sollten der Gesellschaft für Zivilluftfahrt übergeben werden.

Allein, der Schatzmeister verfügte anderweitig darüber.

An einem scheußlichen Herbstabend verlor der Schatzmeister des Artels, Iwan Bobrikow, das Geld beim Kartenspiel.

Auf einer außerordentlichen Sondersitzung wurde dargelegt, daß der Hund von Schatzmeister verhaftet, sein Besitz konfisziert und das gerettete Geld mitsamt ausgezeichneten brieflichen Wünschen an die Gesellschaft für Zivilluftfahrt übergeben worden sei.

Der Artelvorsitzende sagte ein wenig verwundert: „Wozu brauchen wir eigentlich ein eigenes Flugzeug, Brüder? Wer hat uns überhaupt auf diesen Quatsch gebracht? Wohin sollten wir damit schon fliegen?"

„Ja, wirklich, wir haben nichts, wo wir hinfliegen könnten", stimmte das Artel zu.

„Das ist ja meine Rede", bestätigte der Vorsitzende, „wohin schon. Wir geben das Geld einer so mächtigen Organisation wie der Gesellschaft für Zivilluftfahrt. Eigene Flugzeuge brauchen wir nicht."

„Natürlich nicht", sagten die Heimarbeiter. „Man hat bloß Ärger mit diesen Flugzeugen."

„Ein Flugzeug ist kein Pferd", sagte der Sekretär trübsinnig, „bei einem Pferd steigst du auf und reitest los; versuch das mal mit einem Flugzeug. Da mußt du erst Benzin reinkippen, den Propeller ankurbeln ... Und wenn du das Benzin ins falsche Loch kippst, ist die Maschine futsch, zusammen mit dem volkseigenen Geld ..."

„Vor allem, Brüder, wo sollten wir schon hinfliegen", murmelte der Vorsitzende verwundert.

Nachdem die Frage der Luftflotte erledigt und das Geld an die Gesellschaft für Zivilluftfahrt zu übergeben beschlossen war, gingen die Heimarbeiter zur Erörterung der laufenden Angelegenheiten über.

Die Versammlung geriet in Erregung.

1932

Werthers Leiden

Eines Tages fuhr ich Rad.

Ich habe ein recht gutes Rad. Ein ordentliches Rad, mit dem ich manchmal Fahrten durchführe, um meine Nerven zu beruhigen und mein seelisches Gleichgewicht wiederzufinden.

Eines Tages fahre ich also Rad.

Kamennoostrowski-Prospekt. Der Boulevard. Ich biege in die Nebenallee ein, die sich längs des Boulevards hinzieht, und radle so vor mich hin.

Vor mir entfaltet sich die herbstliche Natur. Vergilbtes Gras. Ein Beet mit welken Blümchen. Gelbe Blätter auf dem Weg. Über mir ein weißdunstiger Himmel.

Vöglein zwitschern. Eine Krähe pickt im Kehricht. Vor einem Tor kläfft ein kleiner grauer Hund.

Ich betrachte dieses herbstliche Bild, und auf einmal wird mir das Herz weich, und ich mag an nichts Schlechtes denken. Ein herrliches Leben male ich mir aus. Gütige, verständnisvolle Menschen. Achtung vor dem andern. Freundliche Umgangsformen. Nächstenliebe. Kein Schimpfen mehr, keine Grobheit.

Von solchen Gedanken bekomme ich auf einmal Lust, alle zu umarmen, ihnen Angenehmes zu sagen. Ich möchte rufen: Brüder, die größten Schwierigkeiten liegen hinter uns. Bald werden wir leben wie die adligen Barone.

Da gellt plötzlich ein Pfiff.

„Es hat sich wer strafbar gemacht", spreche ich zu mir selber, „wahrscheinlich ist einer falsch übern Damm gelaufen. Künftig wird so was wohl nicht mehr vorkommen. Wir werden sie nicht mehr so oft hören, diese schrillen Pfiffe, die einen immer gleich an Strafen, Vergehen und Rechtsbrüche denken lassen."

Wieder höre ich ganz in meiner Nähe den beunruhigenden Pfiff, irgendwelches Geschrei und grobes Schimpfen.

So gräßlich werden die Leute dann wohl auch nicht mehr schreien, denke ich. Na, Geschrei wird's vielleicht noch geben, aber nicht mehr dieses grobe, beleidigende Geschimpf.

Hinter mir höre ich wen rennen. Eine heisere Stimme brüllt: „Wirst du wohl nicht türmen, du Hund, daß dich der Geier zwanzigmal fresse! Wirst du wohl sofort stehenbleiben?"

„Sie verfolgen jemand", spreche ich zu mir selber und radle langsam, doch frohgemut weiter.

„Ljoschka", schreit einer, „los, du Halunke, schneid ihm von links den Weg ab! Paß auf, daß er nicht entwischt!"

Links von mir läuft ein junger Bursche. Er schwenkt einen Knüppel und droht mit der Faust. Aber ich kann noch nicht erkennen, auf wen sich seine Drohungen beziehen.

Ich drehe mich um. Ein ehrwürdiger grauhaariger Wächter läuft den Weg entlang und brüllt aus vollem Halse: „Packt ihn, Leute, haltet ihn fest! Ljoschka, paß auf, daß er nicht entwischt!"

Ljoschka zielt auf mich und wirft mir den Knüppel in die Speichen. Jetzt dämmert mir, daß sie mich meinen. Ich schwinge mich vom Rad und bleibe abwartend stehen.

Da kommt auch schon der Wächter gerannt. Aus seiner Brust tönt ein Röcheln, und sein Atem stößt geräuschvoll nach außen.

„Haltet ihn!" schreit er.

Wohl ein Dutzend Hilfsbeflissener kommt auf mich zugelaufen und packt mich bei den Armen.

„Was ist denn mit euch los, Leute, ihr habt wohl nicht alle Tassen im Schrank!" sag ich. „Habt ihr gemeinsam mit diesem ältlichen Trottel den Verstand verloren?"

„Du kannst gleich paar in die Zähne kriegen", sagt der Wächter. „Mich hier bei der Ausübung meiner Dienstpflichten zu beleidigen! Haltet ihn ja fest, laßt ihn nicht entwischen!"

Um uns sammelt sich eine Menschenmenge. Einer fragt: „Was hat er denn gemacht?"

„Ich bin dreiundfünfzig", sagt der Wächter, „und wegen dem Hund hier muß ich mich abhetzen. Auf dem falschen Weg fährt er, wo das Radfahren verboten ist. Dabei steht groß und breit ein Schild. Aber er fährt wie 'n Verrückter. Ich pfeife ihm, er strampelt weiter. Ein Glück, daß mein Helfer ihn gestoppt hat."

Ljoschka drängt sich durch die Menge, krallt seine Klauen in meinen Arm und sagt: „Ich wollt ihm den Arm brechen, dem Strolch, damit er nicht weiterfahren kann."

„Leute, ich hab nicht gewußt, daß man hier nicht radfahren darf", sag ich. „Ich wollte nicht abhauen."

„Er wollte nicht abhauen!" ruft der Wächter keuchend. „Dabei habt ihr alle seine frechen Reden gesehen. Bringt ihn zur Miliz! Haltet ihn gut fest! Solche türmen bei mir immer."

„Leute, ich zahl meine Strafe", sag ich. „Ich sträube mich ja gar nicht. Ihr braucht mir nicht die Arme umzudrehen."

Einer sagt: „Soll er seine Dokumente zeigen, und dann nehmen Sie ihm ne Strafe ab. Wozu ihn umsonst zur Miliz schleppen? So groß ist sein Vergehen ja nun wieder nicht."

Der Wächter und ein paar von den Hilfsbeflissenen haben nicht übel Lust, mich zur Miliz zu schleppen, aber unter dem Druck des übrigen Publikums knöpft mir der Wächter gräßlich fluchend eine Strafgebühr ab und läßt mich dann mit sichtlichem Bedauern wieder laufen.

Taumelnd schiebe ich mein Rad weiter. In meinem Schädel dröhnt es, vor meinen Augen flimmern Punkte und Kreise. Mit zerfleddertem Gemüt schleiche ich dahin.

Unterwegs entfährt mir versehentlich der Ausruf: „Du lieber Gott!" Ich massiere mir die Arme und spreche „Pfui!" ins Leere.

Als ich den Kai erreiche, setze ich mich wieder auf meine Maschine und sage: „Na wennschon. So 'n adliger Baron bin ich wieder nicht, daß mir vom Armeumdrehen ein Zacken aus der Krone fällt."

Langsam radle ich den Kai entlang. Dabei vergesse ich allmählich die unfeine Szene. Anmutige Bilder der nahen Zukunft umgaukeln mich.

So radle ich, angenommen, wieder mal und biege in diese unglückselige Nebenallee ein. Da hör ich wen lachen. Ich sehe den Wächter kommen, er trägt einen weichen Hut und Tuchhosen. In der Hand hält er ein Blümchen, ein Vergißmeinnicht oder so eine Herbsttulpe. Er zwirbelt das Blümchen am Stiel und sagt lachend: „Na, Freundchen, wo fährst du denn lang? Bist wohl aus Dummheit hierhergeraten? Du kleiner zerstreuter Professor du! Komm, troll dich zurück, sonst kriegst du zur Strafe nicht das Blümchen."

Mit leisem Lachen reicht er mir das Vergißmeinnicht. Nachdem wir uns verliebt betrachtet haben, trennen wir uns.

Diese stille Szene gießt Balsam in mein leidendes Herz. Munter radle ich dahin, lasse die Pedale kreisen und spreche zu mir selber: „Halb so schlimm. Die Seele wird's überstehen. Ich bin jung. Ich will gerne warten."

Wieder ist mein Herz erfüllt von Freude und von Liebe zu den Menschen.

Wieder möchte ich ihnen Angenehmes sagen oder ihnen zurufen: Genossen, wir bauen ein neues Leben, wir haben gesiegt, wir haben gewaltige Schwierigkeiten bezwungen – laßt uns Achtung haben voreinander!

1933

Ärztliche Kunst und Psychologie

I

Gestern bin ich ins Ambulatorium gegangen.

Unheimlich voll dort. Fast wie in der Straßenbahn.

Und vor allem, interessant zu sehen — die längste Schlange steht beim Nervenarzt, wegen nervlichen Erkrankungen. Beim Chirurgen zum Beispiel steht bloß ein Mann mit ausgerenktem Maul, mit verschiedenen Schnittwunden und Quetschungen. Beim Gynäkologen warten zwei Frauen und ein Mann. Bei den Nerven aber sind es an die dreißig.

Ich sag zu meinem Nachbarn: „Ich kann bloß staunen, wie viele nervlich erkrankt sind. Was für eine verdrehte Proportion."

Ein ziemlich dicker Bürger, bestimmt ein ehemaliger Markthändler oder weiß der Teufel was, der sagt: „Kunststück! Ist doch klar. Die Menschheit will handeln, aber nun kucken Sie sich denen ihren Handel an. Da muß man ja krank werden. Klar ..."

Ein anderer, gelblich und mager, in einer Joppe, der meint: „Na, nun laßt mal eure Gedanken nicht so frei rumlaufen. Sonst geh ich und ruf die richtige Stelle an. Dann werden sie's euch schon zeigen, von wegen Menschheit. Was für ein Pack hier zur Behandlung kommt ..."

Ein Mann mit grauem Schnurrbart, ein richtiger Tattergreis um die fünfzig, kuckt nach allen Seiten.

„Was fallen Sie so über die Leute her? Die sind doch bloß in die Irre gelaufen. Sie reden so, weil sie die Natur vergessen haben. Die nervlichen Erkrankungen entstehen aus viel tieferen Gründen. Die Menschheit geht den falschen Weg — Zivilisation, Großstadt, Straßenbahn, Schwitzbad. Das ist der Grund für das Entstehen von Nervenkrankheiten. Unsere Vorfahren in der Steinzeit, die haben gesoffen und so was alles, aber von Nerven haben sie nichts gewußt. Ich glaub, sie hatten nicht mal Ärzte."

Der ehemalige Händler sagt spöttisch: „Sie waren wohl dabei oder hatten dort Bekannte? Graue Haare, aber schwindeln ..."

Der Alte sagt: „Sie reden dummes Zeug. Ich wende mich gegen die Zivilisation, und Sie schwatzen Weibertratsch. Weiß der Köter, womit Ihr Gehirn vollgestopft ist."

Der Gelbliche in der Joppe sagt: „Ach, die Zivilisation gefällt euch nicht, der Aufbau ... Hört sich sehr nett an in einer sowjetischen Institution. Schieben Sie mir", sagt er, „ja keine bürgerliche Basis unter die Wissenschaft. Als ob Sie nicht wüßten, was einem dafür blüht."

Der Alte dreht sich eingeschüchtert weg und macht bis zum Ende der Sprechstunde seinen fauligen Mund nicht mehr auf.

Eine sowjetische Madame mit Sommerhut meint seufzend: „Vor allem, wohlgemerkt, immer mehr Proletarier kommen zur Behandlung. Die Klasse ist sehr zerrüttet."

Der Gelbliche in der Joppe antwortet: „Wissen Sie, gleich geh ich telefonieren, wahrhaftig. Man weiß ja gar nicht, was für eine kranke Zwischenschicht sich hier versammelt. So was von niedrigem Niveau! Die Klasse ist sehr gesund, und wenn einzelne Einheiten nervlich erkranken, so bietet das noch lange kein Krankheitsbild."

Ich sag: „So wie ich das sehe, werden die einzelnen Einheiten wegen des früheren Lebens nervlich krank – Krieg, Revolution, Ernährung ... Die Psychik hält das vergröberte Leben sozusagen nicht aus."

Der Gelbliche fängt an zu reden: „Na wissen Sie, jetzt ist meine Geduld zu Ende ..."

Aber in diesem Moment ruft der Arzt: „Der nächste."

Der Gelbliche in der Joppe spricht nicht zu Ende und geht eilig hinter den Wandschirm.

2

Bald fängt er dort an zu kichern und „huch“ zu sagen. Der Arzt horcht ihn mit dem Hörrohr ab, und das kitzelt.

Wir hören den Patienten hinterm Wandschirm sagen: „Ich bin soweit gesund, aber ich leide an Schlaflosigkeit. Ich schlafe ganz schlecht. Geben Sie mir irgendwelche Tropfen oder Pillen.“

Der Arzt antwortet: „Pillen geb ich Ihnen nicht, die bringen bloß Schaden. Ich halte mich an die neueste Heilmethode. Ich suche die Ursache und bekämpfe sie. Zum Beispiel sehe ich, Ihr Nervensystem ist zerrüttet. Ich stell Ihnen eine Frage: Haben Sie eine Erschütterung erlebt? Denken Sie nach.“

Der Patient versteht erst mal nicht, wovon die Rede ist. Dann sagt er irgendwelchen Quatsch und fügt schließlich entschlossen hinzu, daß er keine Erschütterung erlebt hat.

„Denken Sie nach“, sagt der Arzt, „es ist sehr wichtig, daß Sie sich an die Ursache erinnern. Wenn wir sie gefunden haben, nehmen wir ihr den Nimbus, und Sie werden vielleicht wieder gesund.“

Der Patient sagt: „Nein, ich hatte keine Erschütterungen.“

Der Arzt sagt: „Na, vielleicht haben Sie sich über irgendwas aufgeregt. Irgendeine starke Erregung oder Erschütterung?“

Der Patient sagt: „Eine Erregung gab’s, aber das ist lange her. Vielleicht zehn Jahre.“

„Na los, erzählen Sie“, sagt der Arzt, „das wird Sie erleichtern. Also haben Sie sich zehn Jahre lang gequält, und nach der Relativitätstheorie sind Sie verpflichtet, diese Qual zu erzählen, dann wird Ihnen wieder leicht, und Sie werden schlafen wollen.“

Der Kranke brummelt was, denkt nach und fängt schließlich an zu erzählen.

3

„Ich bin damals von der Front gekommen. Na klar, Bürgerkrieg. Ein halbes Jahr war ich nicht zu Hause. Na, wie ich in die Wohnung komm ... Ja. Ich steig die Treppe rauf und merk, mir bleibt das Herz in der Brust stehn. Mein Herz hat damals Dummheiten gemacht, ich war im zaristischen Krieg zweimal gasvergiftet, und seitdem hat es Dummheiten gemacht.

Ich steig also die Treppe rauf. Angezogen war ich natürlich sehr nachlässig. Alter Uniformmantel. Alte Hose. Die Läuse, Verzeihung, sind auf mir rumgekrochen.

In diesem Aufzug geh ich also zu meiner Gattin, die ich ein halbes Jahr nicht gesehn hab.

Schweinerei.

Ich komm auf den Treppenabsatz.

Ich denk noch, scheußlich, in solch einem Aufzug zu erscheinen. Die Visage uninteressant. Die Vorderzähne fehlen. Die grünen Banditen haben sie mir ausgeschlagen. Ich war damals bei denen in Gefangenschaft geraten. Na, zuerst wollten sie mich überm Lagerfeuer braten, aber dann haben sie mir eins in die Zähne gehauen und mich weggeschickt.

Also, ich steig die Treppe rauf in solch gräßlichem Aufzug und merk, die Beine wollen nicht weiter. Der Körper und die Gedanken streben weiter, aber die Beine wollen nicht. Na klar, ich hatt grade erst den Typhus und war noch nicht wieder auf dem Posten.

Mit Müh und Not komm ich in die Wohnung. Und ich seh: da steht der Tisch. Auf dem Tisch was zu trinken und ein Hering. Und am Tisch sitzt mein Neffe Mischka und hält mit seiner Pranke meine Gattin am Hals.

Nein, das hat mich nicht aufgeregt. Nein, ich hab mir gedacht, sie ist ne junge Frau, warum soll sie nicht einer am Hals halten. Dieses Gefühl erschüttert mich nicht.

Da sehen sie mich. Mischka nimmt die Wodkaflasche und stellt sie flink unter den Tisch. Und meine Gattin sagt: ‚Ach, guten Tag.'

Das erregt mich nicht, und ich will grad auch ‚Guten Tag' sagen. Statt dessen antworte ich ihnen ‚te-te'. Ich hab damals bißchen gestottert, denn ich war verschüttet und konnte nicht alle Wörter richtig aussprechen. Die Verschüttung kam von einer schweren Granate, und da konnte ich natürlich nicht alle Wörter aussprechen.

Ich kuck Mischka an und seh, er steckt in meiner Militärjoppe. Nein, ein Spießer bin ich nie gewesen. Nein, um das Tuch oder Material tut's mir nicht leid. Aber die Einstellung wurmt mich.

Da flammt Kummer in mir auf, und die Erschütterung zerreißt mich.

Mischka sagt: ‚Ihre Joppe hab ich angezogen wie für einen Maskenball. Spaßeshalber.'

Ich sag: ‚Du Misthaken, zieh die Joppe aus!'

Mischka sagt: ‚In Gegenwart der Dame soll ich die Joppe ausziehn?'

Ich sag: ‚Und wenn hier sechs Damen sitzen, zieh die Joppe aus, du Misthaken.'

Mischka nimmt die Flasche und haut sie mir plötzlich über die Birne."

4

Der Arzt unterbricht die Erzählung. Er sagt: „Soso, nun ist alles klar. Jetzt wissen wir die Ursache. Also seit damals leiden Sie an Schlaflosigkeit? Und schlafen schlecht?"

„Nein", sagt der Patient, „seit damals schlaf ich ganz prima. Grade seit damals hab ich sehr gut geschlafen."

Der Arzt sagt: „Aha! Aber wenn Sie sich an die Beleidigung erinnern, dann können Sie nicht schlafen? Ich seh doch, die Erinnerung regt Sie auf."

Der Patient antwortet: „Na ja, jetzt. Aber sonst denk ich überhaupt nicht mehr daran. Seit ich von meiner Gattin geschieden bin, hab ich mich überhaupt nicht mehr an den Fall erinnert."

„Ach, geschieden sind Sie ..."

„Bin ich. Hab eine andere geheiratet. Dann eine dritte, dann eine vierte. Und immer hab ich gut geschlafen. Aber seit meine Schwester vom Dorf gekommen ist und sich in meinem Zimmer einquartiert hat samt den Kindern, seitdem schlaf ich schlecht. Manchmal komm ich vom Dienst, leg mich hin und kann nicht schlafen. Die Kinderchen laufen rum, spielen, fassen mich an die Nase. Dann merk ich, ich kann nicht schlafen."

„Erlauben Sie mal", sagt der Arzt, „die Kinder stören Sie beim Schlafen?"

„Natürlich stören sie mich, und ich kann nicht schlafen. Das Zimmer ist klein und ein Durchgangszimmer. Man arbeitet viel. Da wird man müde. Und die Ernährung ist mäßig. Und wenn man sich hinlegt, kann man nicht schlafen."

„Na, und wenn es still ist? Angenommen, im Zimmer ist es still?"

„Dann kann ich auch nicht schlafen. Über die Feiertage ist meine Schwester mit den Kindern nach Gatschina gefahren. Aber wie ich am Einschlafen bin, kommt die Nachbarin mit dem Ascheimer durchs Zimmer. Sie stolpert und verschüttet Kohlenglut. Ich will schlafen und merk, ich kann nicht einschlafen, weil die Zudecke glimmt. Und nebenan spielt einer Mandoline. Und mir ist heiß um die Beine."

„Hören Sie mal", sagt der Arzt, „warum zum Donnerwetter sind Sie zu mir gekommen? Ziehen Sie sich an. Na schön, ich geb Ihnen Tabletten."

Hinterm Wandschirm Seufzen, Gähnen, und bald kommt der Patient mit dem gelben Gesicht heraus.

„Der nächste", sagt der Arzt.

Der dicke Kerl, der sich um den Handel sorgt, flitzt hinter den Schirm.

Im Gehen winkt er und sagt: „Nein, der Arzt ist nicht doll. Zu oberflächlich. Ich merk schon, mir hilft der auch nicht."

Ich seh sein dümmliches Gesicht und weiß, er hat recht, die Medizin kann ihm nicht helfen.

1933

Was ich für Berufe hatte

Ich weiß nicht, wie viele verschiedene Berufe es gibt. Ein Bekannter von mir, Intelligenzler, hat mir gesagt, auf dem Erdball gibt es dreihundertneunzig Berufe.

Na, damit hat er natürlich zu dick aufgetragen, aber an die hundert Berufe gibt's bestimmt.

Nein, alle hundert hab ich nicht durchgemacht, aber an die fünfzig werden's wohl gewesen sein.

Sie sehen also in mir einen Mann, der an sich selbst fünfzig Berufe ausprobiert hat.

Interessant, was ich alles nicht war.

Natürlich war ich nie Ökonom, Chemiker oder Pyrotechniker, Bildhauer und so weiter. Ich war kein Akademiemitglied, kein Professor für Anatomie, Algebra oder französische Sprache. Ich will Ihnen auch nicht verhehlen, daß ich keine Intelligenzlerposten innehatte, daß ich nicht durch Fernrohre nach verschiedenen Himmelserscheinungen, Planeten und Kometen gekuckt habe, daß ich nicht mit so einem Röhrchen, wissen Sie, auf einem Dreibein die Chaussee entlanggetrottet bin, um die Höhe der Oberfläche zu messen. Ich habe keine Brücken oder Botschaftsgebäude gebaut. Und ich habe meinen Verstand nicht getrübt durch mathematische Zählung der weißen Blutkörperchen.

Ja, diese Berufe, das will ich Ihnen nicht verhehlen, hab ich nicht durchgemacht. Dafür hat mir die ganze Höhe der Bildung und Fremdsprachenkenntnis gefehlt. Zumal ich vor der Revolution ein wenig gebildeter Herr gewesen bin. Lesen konnte ich, aber Schreiben, das hab ich mich nicht immer getraut.

Demzufolge kann ich Ihnen natürlich bedauerlicherweise nichts erzählen von solchen gehobenen Berufen, die sich auf die Wissenschaft oder die Technik oder die Medizin gründen.

Obwohl ich Ihnen sagen muß, mit der Medizin hatte ich schon zu tun, und eine Zeitlang war ich sogar Arzt. Auf diesen Posten hatten mich meine Regimentskameraden kurz nach der Februarrevolution gewählt.

Ich diente damals in der zaristischen Armee als ganz gewöhnlicher Gefreiter.

Und nach der Revolution haben die Jungs zu mir gesagt: „Unser Regimentsarzt, der ist, entschuldigen Sie, so ein Misthaken, daß er beinah keinem den Entlassungsschein gibt, trotzdem wir die Februarrevolution hatten. Wir möchten ihn sehr gern ablösen. Und da wär's doch", sagen sie, „ganz gut, wenn du dich für dieses Amt bereit findest. Um so mehr", sagen sie, „sämtliche Ämter sind Wahlfunktionen – wir würden dich glatt wählen."

Ich sag: „Warum nicht? Klar, wählt mich. Ich", sag ich, „bin ein Mensch, der die Naturerscheinungen begreift. Ich begreife, daß die Jungs nach der Revolution sich nach Hause verpfeifen möchten, um nachzusehen, was Sache ist. Kerenski", sag ich, „dieser Artist auf dem Thron, trödelt das hin bis zum siegreichen Ende. Und der Regimentsarzt, der tanzt nach seiner Pfeife und läßt unsereins nicht gehen. Wenn ihr mich zum Arzt wählt, ich entlasse euch fast alle."

Bald danach wird der Regimentskommandeur abgelöst, desgleichen die Offiziere und unser berüchtigter Medikus. Und ich werd durch Befehl auf seinen Posten gesetzt.

Die Arbeit ist natürlich schwer und vor allem sinnlos.

Kaum horchst du einen Kranken durch das Rohr ab, schon jammert er dir was vor und will nach Hause. Und wenn du ihn nicht läßt, geht er heftig auf den Arzt los und packt ihn nachgerade an der Gurgel.

Es ist ein ganz blöder Beruf und nicht ungefährlich für das Weiterleben.

Wenn du einem Kranken ein Pülverchen gibst, will er's nicht futtern, sondern schmeißt es dem Arzt ins Gesicht und verlangt einen Entlassungswisch.

Na, der Form halber fragst du ihn, was er für eine Krankheit hat. Na, er selbst kann sie dir natürlich nicht angeben, und damit treibt er den Arzt in die Sackgasse, denn ein Arzt kann auch nicht sämtliche Krankheiten auswendig, und er kann auch nicht auf jeden Entlassungsschein Bauchtyphus oder Blähbauch schreiben.

Manche, die sagen natürlich: „Schreib, was du willst, bloß laß mich gehen, mir tut die Seele weh, ich möcht meine Leute sehen."

Na, dann schreibst du ihm eine seelische Krankheit auf, und mit dieser Diät läßt du ihn ziehen.

Aber es dauert nicht lange, da hängt mir dieser idiotische Beruf zum Halse heraus. Da schreib ich mir selber eine Bescheinigung mit der Diagnose: seelische Krankheit erster Kategorie. Ich fahre also von der Front weg, und damit ist mein Beruf beendet.

Hiernach hat mich das Schicksal dahin und dorthin geworfen wie eine, entschuldigen Sie den Vergleich, Nußschale in stürmischer See. Ich wurde Milizionär. Dann Schlosser, Schuster, Schmied. Ich behufe ausschlagende Pferde, melke Kühe, dressiere böse und bissige Hunde. Ich spiele Theater. Ich ziehe Vorhänge hoch. Und so weiter und so fort.

Dann bin ich abermals ein Jahr an der Front, in der Roten Armee, und verteidige die Revolution gegen zahlreiche Feinde.

Wieder bin ich entlassen, diesmal endgültig. Ich bekleide den Posten eines Instrukteurs für Kaninchenzucht und Hühnerhaltung. Ich werde Agent der Kriminalmiliz. Ich arbeite als Kraftfahrer. Von Zeit zu Zeit schreibe ich kritische Artikel und scharfe Diskussionsbeiträge über Theater und Literatur.

Sie sehen also in mir einen Mann, der in seinem Leben fünfzig, vielleicht sogar noch mehr Berufe hatte.

Ein paar von meinen Berufen waren merkwürdig und sonderbar.

Vor der Revolution hatte ich mal einen ganz ulkigen Beruf.

Ich war damals auf der Krim. Diente auf einem Gut. Dort gab es vierhundert Kühe. Eine Masse Ziegen, viele Hühner und eine Unmenge Schafe. All das bereitete den Boden für die Entwicklung des Landwirtschaftswesens.

Und hier bin ich als Verkoster angeheuert worden.

Mit einem Wort, es war meine Pflicht, die Güte von Butter und Käse zu probieren.

Butter und Käse wurden mit einem Dampfer ins Ausland verfrachtet. Und alles mußte verkostet werden, damit die Weltbourgeoisie nicht infolge minderwertiger Ware erkrankte.

Wenn man Ihnen Butter oder Käse zu kosten gibt, schlagen Sie's bestimmt nicht ab. Wenn Sie aber, wollen mal sagen, diese Produktion von früh bis spät probieren müssen und das jeden Tag und ein ganzes Jahr lang, dann heulen Sie wie ein Wolf, und die lichte Welt verdüstert sich vor Ihren Augen.

Nein, ein Fachmann auf diesem Gebiet war ich nicht. Und an den Beruf bin ich ganz zufällig geraten.

Ich war damals dreiundzwanzig. Alles war mir schnurz, egal und schnuppe. Ich trieb mich auf den Straßen der Krim herum, in der Hoffnung, irgendwo Arbeit zu finden.

Eines Tages geh ich so die Chaussee entlang, da merk ich, es riecht nach Milchwirtschaft. Um so mehr, ich hatte schon zwei Tage nichts gegessen. Da bin ich diesem deftigen Geruch nachgegangen. Ich dachte mir, vielleicht kann ich einer Kuh auflauern, ihr bißchen was abmelken und somit meine geschwächten Kräfte stärken.

Ich seh, hinter einem Zaun steht ein Stall. Da sind bestimmt Kühe drin, denk ich. Und rüber über den Zaun. Rein in den Stall. Ich seh, da sind keine Kühe, da liegen Käselaibe. Eben will ich mir ein Stück Käse stibitzen, da kommt auf einmal der Obermacher.

„Bist du", sagt er, „einer von unsern Arbeitern?"

Nein, ich bin nicht besonders erschrocken. Ich denk mir, die Kurve kratzen kann ich immer noch. Zumal keine Leute zu sehen sind und es nicht weit ist bis zum Zaun. Darum antworte ich sogar ein bißchen dreist: „Nein, kein Arbeiter, aber ich träume von so was Ähnlichem."

Er sagt: „Warum hast du zum Beispiel Käse in die Hand genommen?"

Ich sag nicht ohne Dreistigkeit: „Wissen Sie, ich wollte den Käse kosten, mir scheint, er schmeckt bißchen sauer. Sie verstehen das nicht richtig, lassen Sie lieber die Finger davon."

Ich seh, der Obermacher wird ganz verlegen von meinen Worten. Man merkt sogar, er kriegt nicht mit, was Sache ist.

Er sagt: „Wie denn? Wieso bißchen sauer? Bist du Kanaille etwa Spezialist für Milchwirtschaft?"

Ich denk mir, er macht Späße, um sich in Wut zu bringen, damit er mich hinterher um so besser verbleuen kann. Da sag ich: „Sie haben's erraten. In Milchwirtschaft bin ich der erste Spezialist der Stadt Moskau. Deshalb kann ich an diesen Milchprodukten nicht vorbeigehen, ohne sie zu probieren."

Da lächelt der Obermacher, drückt mir die Hände und sagt: „Mein Bester!"

Er sagt: „Mein Bester, wenn du Spezialist bist, geb ich dir ein riesiges Gehalt, bloß tu mir die Güte und fang gleich an mit der Arbeit. In den nächsten Tagen kommt ein ausländischer Dampfer, ich muß die Fracht abschicken, und ich hab keinen, der die Ware sortiert und verkostet. Wenn die ausländische Bourgeoisie zuviel minderwertige Produkte schluckt, dann gibt's Unannehmlichkeiten. Ausgerechnet jetzt ist mir ein Spezialist an Cholera erkrankt und weigert sich strikt, irgendwas zu verkosten."

Ich sag: „Von mir aus. Was muß ich tun?"

Er sagt: „Du mußt sechshundertzwanzig Faß Butter und tausend Käselaibe probieren."

Mein Magen fängt an zu zittern vor Hunger und Verwunderung, und ich antworte: „Von mir aus. Keine große Sache. Bringen Sie mir einen Kanten Brot, und schon geh ich mit riesiger Freude ans Werk. Ich", sag ich, „träum schon lange davon, so einen Beruf zu finden, wo ich dies und jenes probieren muß."

Im stillen denk ich mir, wirst dich vollfressen, hinterher sollen sie meinetwegen Eierkuchen aus dir machen. Und wenn sie's nicht machen, lauf ich mit meinen satten Beinen davon. „Los", sag ich, „her mit dem Kanten, ich bin sehr flink bei der Arbeit. Wenn's mich erst mal gepackt hat, will ich immer gleich ran an den Speck. Holen Sie Brot, ich war schon ganz schwermütig ohne meinen Beruf."

Ich seh, der Obermacher kuckt mich mißtrauisch an.

Er sagt: „Dann zweifle ich, daß du der beste Spezialist für Milchwirtschaft auf der Welt bist. Milchprodukte werden ohne Brot und ohne gar nichts verkostet, sonst kannst du nicht rauskriegen, welche Sorte das ist und welcher Geschmack."

Da seh ich, ich hab einen Bock geschossen, aber ich sag: „Das weiß ich selber. Und Sie sind ein dickbäuchiger Esel, wenn Sie das nicht begreifen. Ich will das Brot ja nicht zum Essen benutzen, ich muß die beiden Produkte in Berührung bringen, dadurch seh ich die Säuerung und kann mich nachher beim Verkosten nicht irren in der Berechnung, welcher Verderbnisgrad vorliegt. Das", sag ich, „ist die allerneueste ausländische Methode. Ich", sag ich, „kann mich bloß wundern über Ihre Unwissenheit und Ihre Zurückgebliebenheit hinter Europa."

Nun werde ich feierlich dahin und dorthin geführt. Ich werde in die Liste geschrieben. Dann krieg ich einen weißen Kittel, und es heißt: „Gehen wir zu den Fässern."

Mir sitzt vor Angst das Herz in der Hose, und meine Beine bewegen sich kaum.

Wir also zu den Fässern, da wird zu meinem Glück der Obermacher in einer eiligen Sache abgerufen. Mir fällt ein Stein vom Herzen.

Ich sag zu den Arbeitern: „Helft mir aus der Patsche, Jungs, ich hab doch keinen Dunst von diesem Geschäft. Zeigt mir wenigstens schnell, womit man die Butter probiert, mit dem Finger oder mit einem Hölzchen."

Die Arbeiter lachen sich natürlich halbtot über mich, aber dann erzählen sie mir, was ich tun und, vor allem, was ich sagen muß.

Wie der Obermacher wiederkommt, hab ich ihm fein die Augen verkleistert. Ich spreche fachkundige Sätze und verkoste auch richtig. Ich seh, der Mann blüht gradezu auf, so hoch ist meine Qualifikation.

Am Abend, vollgefressen bis zum Gehtnichtmehr, beschloß ich, diese nahrhafte Stätte nicht zu verlassen. Ich blieb.

Der Beruf war blöd und sinnlos. Die Butter wurde mit einem zierlichen Löffelchen probiert. Sie mußte aus der Tiefe des Fasses gepolkt und dann verkostet werden. Und bei dem kleinsten Makel oder wenn was nicht stimmte oder wenn eine überflüssige Fliege drin war oder zuviel Salz, kam sie in den Ausschuß, um nicht die Unzufriedenheit der Weltbourgeoisie zu erregen.

Natürlich kapierte ich den Unterschied nicht auf Anhieb, mir schmeckte jede Butter über die Maßen, aber dann lernte ich einiges dazu und schnauzte manchmal schon den Obermacher an, der über die Maßen zufrieden war, mich gefunden zu haben. Er schrieb sogar an seinen Eigentümer einen

Brief, in dem er mancherlei Geschichten über sich selbst zusammenspann und um bessere Löhnung bat oder um irgendeinen Arbeitsorden für ausgezeichnete Tätigkeit.

Also, in den ersten Tagen gefiel mir der Beruf sehr gut. Du schnappst dir so ein Stück Käse und schmierst Butter drauf – eine bessere Arbeit, so dachte ich, gibt's nicht auf dem Erdball. Aber dann seh ich, es ist nicht ganz das.

Nach zwei Wochen fing ich an zu leiden, zu seufzen und träumte schon, davonzugehen.

Denn wenn du den ganzen Tag Fette verkostest, nehmen deine Augen nichts mehr wahr. Du möchtest was essen, aber die Seele akzeptiert's nicht. Innen drin ist dir irgendwie übel, fettig. Keine Nahrung interessiert dich mehr, und das Leben kommt dir langweilig und sinnlos vor.

Dabei war es streng verboten zu trinken. Keinerlei Wein oder Wodka durfte man in den Mund nehmen. Denn Alkohol lähmt den Geschmack, und dadurch kann man gemeine Unordnung anrichten und die Qualitäten durcheinanderbringen.

Kürzer ausgedrückt, nach zwei Wochen legte ich mich nach der Arbeit bauchoben unbeweglich in die Sonne, denn ich kalkulierte, die heiße Himmelsleuchte würde das überflüssige Fett aus mir herausschmelzen und ich würde wieder Lust kriegen zu laufen, spazierenzugehen, Borstsch und Buletten zu essen und so weiter.

Ich hatte aber in dieser Gegend einen Freund. Einen prächtigen Georgier. Einen gewissen Mischa. Er war ein sehr wunderbarer Mensch und ein feiner Kumpel. Er war auch Degustator, Verkoster. Aber auf einem anderen Gebiet. Er verkostete Wein.

Dort auf der Krim gab es Weinkeller bei der Immobilienverwaltung. Dort war er am Verkosten.

Sein Beruf, über die Maßen sinnlos, war noch schlimmer als meiner. Er durfte nicht mal was essen. Von früh bis spät verkostete er Wein, und erst am Abend hatte er das Recht, was zu essen.

Mir war blümerant von all dem Fett, und ich mochte nichts in den Mund nehmen. Und einen heben durfte ich nicht. Und Appetit hatte ich keinen.

Bei ihm war's genau umgekehrt. Er platzte fast vom Wein. Von morgens an süffelte er verschiedene Krimweine und konnte kaum laufen, und die ganze Welt war ihm von Ekel.

Manchmal trafen wir uns am Abend, ich satt, er besoffen. Und wir sahen, unsere Freundschaft führte zu nichts. Über nichts mochte man reden. Er wollte essen, ich dagegen trinken. Kaum gemeinsame Interessen, scheußlicher Geschmack im Mund. Da saßen wir wie verblödet und glotzten in die Steppe. Aber in der Steppe war nichts. Überm Kopf der Himmel und die Sterne. Und irgendwo lief vielleicht das Leben, voll von Freude und Heiterkeit ...

Eines Tages sag ich zu ihm: „Wir müssen abhauen", sag ich. „Ich hab zwar einen Kontrakt bis zum Herbst, aber das halt ich auf keinen Fall aus. Ich weigere mich, Butter zu essen. Das erniedrigt meine Menschwürde. Ich wickle die Angelschnur auf, klau mir einen Laib Käse, und dann kann mich der dickbäuchige Obermacher mal suchen."

Er sagt: „Vor dem Herbst abhauen hat keinen Sinn. Jetzt findet man keine Arbeit. Wir müssen uns was Originelles einfallen lassen. Gib mir bißchen Zeit, ich überleg mir was. Not ist ein guter Ratgeber."

Und eines Tages sagt er zu mir: „Weißt du was, wir tauschen zeitweilig den Beruf. Ich verkoste Butter, und du kannst zeitweilig Wein verkosten. Eine Woche oder zwei arbeiten wir so, dann tauschen wir wieder. Und dann noch mal. So kriegen wir die Sache irgendwie ins Gleichgewicht. Und vor allem, wir spannen bißchen aus, wenn die Halunken uns schon keinen Urlaub geben, sondern uns pausenlos fressen und saufen lassen."

Ich freute mich sehr über seine Worte, aber dann äußerte ich Zweifel, ob unsere Obermacher damit einverstanden wären.

Er sagt: „Das bring ich in Ordnung."

Und dann nimmt er mich bei der Hand und führt mich zu seinem Weinobermacher.

„Da", sagt er, „dieser kleine erfahrene Herr kann mich ohne weiteres zwei Wochen lang vertreten. Meine Tante aus Tiflis ist gekommen, und ich bin interessiert, mich mit ihr zu treffen. Er wird statt meiner verkosten und Ihre Interessen wahrnehmen."

Der Obermacher sagt: „Schön. Zeigen Sie ihm, was für Wein wir hier haben und was zu tun ist. Und in zwei Wochen sind Sie wieder da. Sonst richten wir hier noch Unheil an. Statt Tafelwein schicken wir ‚Alikote' nach Moskau. Das wär eine Schweinerei."

Danach nehm ich meinerseits den Mischa bei der Hand und bring ihn zu meinem dickbäuchigen Obermacher.

„Da", sag ich, „dieser große erfahrene Herr kann mich ohne weiteres zwei Wochen lang vertreten. Meine Tante aus Tiflis ist gekommen, und ich bin interessiert, mich mit ihr zu treffen. Und über Verschiedenes mit ihr zu kakeln."

Der Obermacher sagt: „Schön. Zeigen Sie ihm, was anliegt, und in zwei Wochen sind Sie wieder hier. Sonst reißt noch Unordnung ein. Statt Rahmbutter schicken wir saure Sahne nach Persien. Dann sind die Perser beleidigt und wollen sie nicht essen."

So fingen wir mit unserer neuen Arbeit an.

Ich verkostete Wein, Mischa verkostete Butter.

Aber es kam zu Blödsinn und Durcheinander.

Gleich am ersten Tag überfraß sich Mischa dermaßen an Butter und Käse, daß er Krämpfe kriegte. Und ich, ans Trinken nicht gewöhnt, war von den ersten zwanzig Schlucken dermaßen blau, daß ich mit Mischas Obermacher eine Schlägerei anfing. Ich wollte ihn in ein Weinfaß tunken, weil er schlecht von meinem Freund sprach.

Tags darauf kriegte ich eins auf den Hut und wurde rausgeschmissen. Auch Mischa bekam sein restliches Geld und wurde rausgeschmissen. Wir trafen uns und lachten. Wir dachten, ist was drauf gepfiffen. Wir haben ein paar Tage ausgespannt und gehen jetzt wieder unserm Handwerk nach.

Nun geschah es aber, daß unsere beiden Obermacher sich anfreundeten und unseren Schwindel rauskriegten, was es auf sich hatte mit den zwei Wochen und mit der Tante aus Tiflis und mit unserer Berufserfahrung.

Da ließen sie uns kommen, schnauzten uns fürchterlich an und schickten uns zum Teufel.

Nein, besonders traurig waren wir nicht. Ich nahm einen Laib Käse mit, Mischa versorgte sich mit Wein. Wir gingen die Chaussee entlang und sangen Lieder. Dann fanden wir eine andere Arbeit.

Bald aber brach der Krieg aus. Dann kam die Revolution. Ich verlor meinen Freund aus den Augen.

Kürzlich habe ich erfahren, daß er im Kaukasus lebt und einen sehr schönen, wunderbaren Kommandoposten innehat.

Seitdem träum ich davon, ihn zu besuchen. Ich träum davon, wie ich ihn treffe, mit ihm rede und zu ihm sage: „Alter Junge!"

Oh, er freut sich bestimmt, mich zu sehen! Vielleicht sagt er auch „Alter Junge!" zu mir. Und läßt mir das beste Schaschlik vorsetzen.

Dann hocken wir beisammen, schmausen und erinnern uns, wie das damals war und was aus uns geworden ist.

1934/35

Wasserspiele

Die Technik hat bei uns eine sehr große Höhe erschritten.

Die technischen Errungenschaften können das Publikum nicht mehr verwundern.

Es kommt jedoch gelegentlich vor, daß bestimmte Tatsachen durch ihre Größe Eindruck machen. Und sie machen Eindruck, weil sie so unerwartet kommen.

Kurzum, jüngst hat sich folgendes zugetragen.

Ein Moskauer Filmmann kam in dienstlichen Angelegenheiten nach Leningrad.

Er stieg im Hotel „Europa" ab.

Ein schönes, gemütliches Zimmer. Zwei Betten. Eine Badewanne. Teppiche. Bilder. All das machte unsern Ankömmling sozusagen geneigt, Menschen um sich zu sehen und die Zeit angenehm zu verbringen.

Es besuchten ihn denn auch Freunde und Bekannte.

Und wie das so ist, einige seiner Freunde nahmen erst mal ein Bad. Schließlich hausen viele Menschen in Wohnungen ohne Badezimmer. Ins öffentliche Bad aber geht nicht jeder gern, und so gerät diese Alltagsprozedur bisweilen in Vergessenheit. Da nimmt man die günstige Gelegenheit wahr: Man kommt zum Freund, schwatzt, philosophiert ein bißchen und badet dann. Zumal es hier heißes Wasser gibt. Und ein staatliches Laken.

Darum wird es von vielen gutgeheißen, zugereiste Freunde zu haben.

Kurzum, nach fünf Tagen war unser zugereister Moskauer dieser unbeugsamen Linie seiner Freunde schon ein wenig überdrüssig.

Aber natürlich nahm er sich bis zum letzten Moment der Katastrophe zusammen.

Eines Abends kamen sage und schreibe sechs Bekannte beinahe gleichzeitig zu ihm.

So weit, so gut. Doch die Gäste bildeten vor der Badezimmertür sogleich eine mittlere Schlange.

Drei von ihnen hatten sich rasch gereinigt und waren, nachdem sie Tee getrunken, wieder gegangen.

Der vierte aber war eine alte Dame. Eine Verwandte des zugereisten Moskauers. Sie wusch sich außerordentlich lange. Es scheint sogar, als habe sie auch dieses und jenes Stück ihrer Garderobe gereinigt.

So lange machte sie sich zu schaffen, daß der Moskauer und die Wartenden in Schwermut verfielen. Eineinviertel Stunden kam sie nicht aus dem Badezimmer.

Sintemal sie aber eine leibliche Tante unseres Moskauers war, versagte dieser seinen Freunden die Erlaubnis, irgendwelche Exzesse gegen sie durchzuführen.

Kurzum, als sie herauskam, war es schon weit über Mitternacht.

Einer der Freunde hatte nicht länger gewartet und war gegangen. Der andere aber, erstaunlich hartnäckig und unverschämt, wünschte trotz allem, koste es, was es wolle, unbedingt heute sich zu waschen, um morgen für irgendwas sauber zu sein.

Er wartete also, bis die Tante herauskam. Säuberte die Wanne. Ließ heißes Wasser ein. Derweil legte er sich auf den Diwan und wartete, daß die Wanne vollaufe.

Da geschah es aber, daß er vor starker Übermüdung einschlief. Der Moskauer schlummerte auch schon auf seinem Diwan.

Das Wasser füllte die Wanne, lief über den Rand, ließ in kurzer Zeit das Zimmer absaufen und floß sogar in die untere Etage. Da hier aber die Gaststube lag, in der niemand mehr war, wurde die Katastrophe nicht sofort wahrgenommen.

Kurzum, unsere beiden Freunde erwachten von starker Wärme und vom Dampf.

Der Moskauer versicherte später, er habe geträumt, in Gagra zu sein.

Als er jedoch erwachte, sah er, daß das Zimmer unter Wasser stand. Obendrauf schwammen seine Latschen, Zeitungen und verschiedene hölzerne Erzeugnisse.

Das heiße Wasser machte es natürlich unmöglich, die Überschwemmung sofort zu stoppen, denn die beiden konnten sich nicht entschließen, zur Wanne zu laufen, um den Hahn zuzumachen. Sie saßen auf ihren Diwanen und wagten nicht, ihre Füße ins Wasser zu stecken, von dem Dampf aufstieg.

Dann aber schob der von heftiger Angst gepackte Freund des Moskauers Stühle zurecht, gelangte, von einem zum andern hüpfend, zur Wanne und schloß den Hahn.

Kaum hatten sie den Hahn geschlossen und kaum war das Wasser irgendwohin abgelaufen, als auch schon die Hotelleitung mit kreidebleichen Gesichtern ins Zimmer gerannt kam.

Nachdem die Hotelleitung die Wanne und die untere Etage besichtigt hatte, begann sie zusammen mit einem eingetroffenen Ingenieur über irgend etwas zu beraten.

Zwischen unseren Freunden aber brach ein heftiger Streit aus, wer schuld sei und wer den Schaden bezahlen müsse.

Der Freund des Moskauers, der vor Angst kaum noch Luft bekam, sagte, er könne irgendwie vierzig Rubel dreingeben, doch alles, was darüber liege, müsse der Inhaber des Zimmers bezahlen, der leichtsinnig Fremden gestattet habe, hier zu baden.

Es brach also zwischen ihnen ein Streit aus, der traurig hätte enden können, wäre die Hotelleitung nicht zugegen gewesen.

Der Moskauer erkundigte sich mit zitternder Stimme bei der Hotelleitung: „Sagen Sie, was für eine Summe kann der Schaden ausmachen?"

Der Hoteldirektor antwortete ausweichend: „Sehen Sie, unten in der Gaststube hat das Wasser die Stuckzierden heruntergewaschen: eine große antike Figur und drei Cherubinen. Das erhöht die Ausgaben beträchtlich."

Als der Freund des Moskauers von den Stuckzierden und den Cherubinen hörte, fing er buchstäblich an zu zittern.

Der Moskauer blickte die Hotelleitung schwermütig an und flüsterte: „Auf was für eine Summe stellen sich diese Cherubinen?"

Der Ingenieur sagte: „Die Reparatur wird wohl so ihre acht Tausender kosten."

Diese Summe raubte dem Moskauer sämtlichen Lebensmut. Er streckte sich auf dem Diwan aus und konnte kaum noch einen Gedanken fassen.

Sein Freund aber zeigte sich von der unguten Seite. Er handelte wie ein Schuft, versuchte zu fliehen und sich zu verstecken. Er wurde jedoch von der schwachen, aber ehrlichen Hand des Moskauers zurückgehalten.

Der Moskauer, der kaum noch seine Zunge bewegen konnte, bat den Direktor: „Geht's nicht für zwei Tausender? Vielleicht brauch ich diese Cherubinen nicht mehr anbringen zu lassen. Es ist doch heute gar nicht die Zeit, so was in Gaststuben zu haben."

Der Direktor sagte: „Es ist ganz überflüssig, daß Sie feilschen und sich ereifern. Wir werden Sie, glaube ich, nicht für den Schaden haftbar machen."

Als der Freund des Moskauers diese Worte hörte, schloß er die Augen und wähnte zu träumen.

Aber da fügte der Direktor hinzu: „Wir werden Ihnen keinerlei Schuld geben. Das Ganze ist eine Folge unserer mangelhaften technischen Überwachung. Wir haben die Leckage des Wassers falsch berechnet, und das ist unsere technische Schwäche."

Der Ingenieur gab sogleich eine wissenschaftliche Erläuterung. Er wies auf die Wanne und sagte: „Sehen Sie, hier oben in der Wanne ist ein Loch, durch welches das Wasser nach dem Vollaufen der Wanne abfließen muß. Bei wissenschaftlich richtiger Berechnung darf das Wasser nie über den Rand der Wanne laufen. Aber wir haben hier eine gewisse technische Schwäche an den Tag gelegt, und das Loch hat, wie Sie sich überzeugen konnten, die überlaufende Flüssigkeit nicht abgeführt. Darum bitten wir Sie um Entschuldigung für die Ihnen entstandene Unruhe. Es wird nicht wieder vorkommen. Wir werden das abstellen. Das sind technische Mängel, für die in unserer ruhmreichen Gegenwart kein Platz ist."

Als der Freund des Moskauers diese Worte hörte, hätte er auf die Knie fallen mögen, um der Hotelleitung und dem technischen Fortschritt zu danken, aber der Moskauer untersagte es ihm.

Er antwortete dem Ingenieur: „Natürlich, es konnte ja auch nicht anders sein. Aber sagen Sie, wer ersetzt mir jetzt meine Schäden? Meine neuen Pantoffeln sind verdorben, und der Koffer ist durchnäßt, und vielleicht ist noch etwas vermurkst infolge Ihrer technischen Schwäche."

Die Hotelleitung sagte: „Geben Sie uns eine Aufstellung, dann ersetzen wir Ihnen den Schaden."

Am nächsten Tag kassierte der Moskauer sechsundvierzig Rubel für den durchnäßten Koffer.

Sein Freund wollte ebenfalls die Gelegenheit benutzen, um auf Kosten der Technik eine kleine Summe herauszuschinden, aber daraus wurde nichts, denn er hatte nicht das Recht, sich nachts in einem fremden Hotelzimmer aufzuhalten.

Aus diesem Grunde ließ der Freund des Moskauers seinen durchnäßten Anzug auf eigene Kosten bügeln.

Im frisch gebügelten Anzug erschien er tags darauf wieder im Hotel und nahm dort ein Bad, ungeachtet dessen, daß der Moskauer darüber äußerst unzufrieden und sogar verärgert war.

1935

Schlaf schneller

Ehrlich gesagt, ich reise nicht gern. Was mich davon abhält, ist die Übernachtungsfrage. Von hundert Fällen ist es mir nur in zweien gelungen, ein Hotelzimmer zu erwischen.

Daß ich letztes Mal eins kriegte, war teilweise purer Zufall. Sie haben mich falsch eingeschätzt. Am nächsten Tag haben sie das natürlich rausgefunden und mir nahegelegt, das Zimmer zu räumen, aber ich mußte sowieso weiter.

Anfangs hat mich die Liebenswürdigkeit von denen überrascht.

Der Portier schnuppert an einer Rose und sagt: „Bloß ich erkühne mich, Ihnen mitzuteilen, Ihr Zimmer hat 'n Defekt. Die Fensterscheibe ist zerschlagen. Und wenn zum Beispiel in der Nacht ne Katze zu Ihnen reinspringt, kriegen Sie keinen Schreck."

Ich sag: „Wieso sollte 'ne Katze zu mir reinspringen? Ich muß mich sehr über Sie wundern."

Der Portier sagt: „Schauen Sie, wir haben dort akkurat in gleicher Höhe mit dem Fenster ne Müllgrube, so daß die Tiere nicht genau wissen, was wo ist, darum springen sie rein, denn sie denken, das ist genau dasselbe."

Wie ich in mein Zimmer komm, geht mir natürlich die Psychologie der Katzen allseitig auf. Sie haben's wahrlich schwer, sich in der Wirklichkeit zurechtzufinden.

Global betrachtet, brauch ich kein Luxusappartement, aber dieses Dreckloch mit dem wackligen Stuhl stimmt mich doch bißchen traurig.

Was mich am meisten wundert, in dem Zimmer steht eine Pfütze.

Ich fang an, nach jemand zu rufen, der sie wegwischt, kommt aber keiner. Da stell ich den Portier zur Rede.

Er sagt: „Wenn Sie da ne Pfütze haben, dann hat dort wahrscheinlich, denk ich mir, einer Wasser verschüttet. Heute hab ich kein Personal frei, aber morgen laß ich die Pfütze wegwischen, zumal sie bis dann wahrscheinlich von selber weggetrocknet ist. Wir haben hier ein warmes Klima."

Ich sag: „Außerdem ist das Zimmer auch so schon sehr grauslich. Stockfinster, und an Möbeln bloß ein Stuhl, ein Bett und eine Art Kiste. Natürlich", sag ich, „Hotels gibt's verschiedene. Kürzlich", sag ich, „war ich im Donbass, in Konstantinowka, da hab ich mich müssen mit ner Tischdecke zudecken . . ."

„So weit sind wir hier noch nicht", sagt der Portier, „aber statt der Überschlaglaken haben wir wirklich nur schmale Stoffstreifen. Und was die Dunkelheit betrifft, so wollen Sie ja schließlich dort keine Bauzeichnungen machen. Schlafen Sie schneller, Bürger, und behelligen Sie die Administration nicht mit Ihrem überflüssigen Geschwätz."

Ich habe nicht mit ihm gestritten, um nicht erst in Fahrt zu kommen, sondern bin in mein Zimmer gegangen, hab mich ausgezogen und bin ins Bett geschlüpft.

Im ersten Moment weiß ich gar nicht, wie mir geschieht. Wie einen Berg hinunter fahre ich abwärts.

Ich will mich hochrappeln, um nachzusehen, was das für ein Bett ist, daß man so bequem darin runterrutscht. Aber meine Füße verheddern sich in dem Laken, das lauter Löcher hat. Wie ich mich rausgearbeitet hab, mach ich Licht und untersuche das, worauf ich liege.

Es stellt sich raus, der durchgelegene Federboden führt vom Kopfende an abwärts, so daß ein schlafender Mensch tatsächlich keine Möglichkeit hat, sich in horizontaler Lage zu halten.

Da pack ich das Kopfkissen ans Fußende, schieb meinen Koffer darunter und leg mich auf diese Weise verkehrt rum hin.

Aber nun stellt sich raus, daß ich nicht liege, sondern sitze.

Daraufhin stopf ich Mantel und Aktentasche in die Mitte. Und leg mich auf dieses Gebäude mit dem festen Vorsatz, wie man so sagt, an der Matratze zu lauschen.

Eben bin ich am Eindösen, da fangen plötzlich die Wanzen an zu beißen.

Na ja, Stücker zwei oder drei hätten mich nicht weiter erschreckt, aber hier dringt, wie man so sagt, ein gewaltiger Heerbann auf mich ein, der mit hüpfender Kavallerie zusammenwirkt.

Ich gerate in Panik, doch dann nehm ich planmäßig den Kampf auf.

Aber wie der Kampf auf dem Höhepunkt ist, geht plötzlich das Licht aus.

In völliger Schutzlosigkeit lauf ich nervös im Zimmer auf und ab, jammernd und wehklagend, da donnert plötzlich jemand an die Bretterwand, und eine grobe Frauenstimme spricht: „Verdammt, was laufen Sie denn dort im Zimmer rum wie unnormal!"

Im ersten Moment erstarre ich, aber dann beginne ich mit meiner Nachbarin ein Wortgefecht, das sich hier peinlicherweise nicht wiedergeben läßt, denn im Kampfeseifer und in der nervösen Stimmung sagen wir einander einen ganzen Haufen erzbeleidigender Worte.

„Wenn ich Sie, verdammt noch mal, irgendwann treffe", sagt sie mir zum Schluß, „dann hau ich Ihnen eine hinter die Kiemen, merken Sie sich das."

Mir kommen beinah die Tränen, so gern hätt ich ihr irgendwie widersprochen, doch ich schweige wohlweislich und schmeiß bloß die Kiste gegen die Wand, damit sie denkt, daß ich auf sie schieße. Danach verstummt sie.

Ich aber rück das Bett von der Wand ab, nehm die Wasserkaraffe und gieß rund um das Bett einen Wasserring, damit

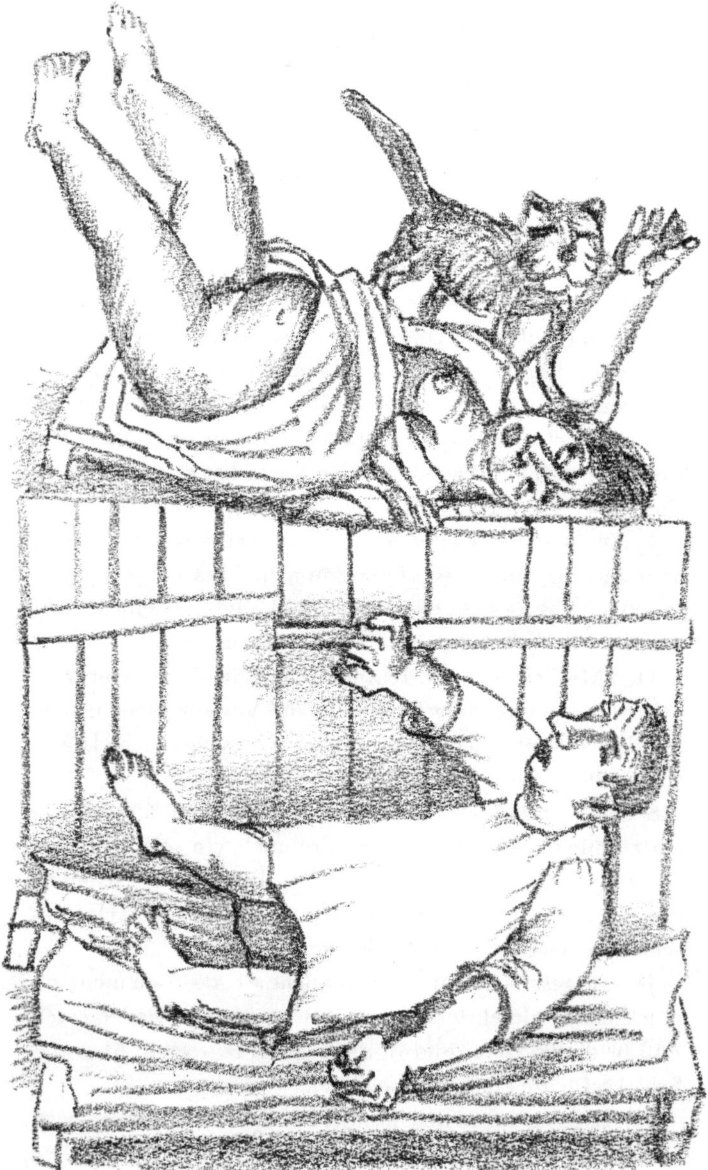

die unbefugten Wanzen nicht mehr zu mir kriechen können. Sodann leg ich mich wieder hin und überantworte meinen, wie man so sagt, vergänglichen Leib dem Willen Gottes.

Unter höllischen Stichen bin ich eben wieder am Einschlummern, da ertönt plötzlich hinter der Wand ein entsetzlicher Frauenschrei.

Ich brülle meiner Nachbarin zu: „Wenn Sie hier absichtlich rumschreien, um mich zu wecken, werden Sie mir morgen diese rowdyhafte Handlungsweise verantworten."

Wieder erhebt sich ein Wortgefecht, aus dem hervorgeht, daß vom Hof her eine Katze zu ihr ins Bett gesprungen ist, was sie erschreckt hat. Der Dummkopf von Portier hat das wohl durcheinandergebracht. Die Katze hat er mir versprochen, doch mein Fenster ist heil, ihr's aber nicht.

Je nun, ich döse wieder ein. In meiner nervösen Stimmung aber zuck ich immer wieder zusammen. Und bei jedem Zusammenzucken weckt mich der Federboden, der ein bösartiges Klirren, Quietschen und Kreischen ausstößt.

Der Morgen beginnt. Ich nehm den Strohsack vom Bett und breite ihn auf dem Fußboden aus. Vollkommene Glückseligkeit ergreift mich, als ich mich auf diese herrliche Lagerstatt bette.

„Schlaf schneller, der nächste wartet auf dein Kissen", sag ich zu mir selber, denn ich erinnre mich, ein solches Plakat voriges Jahr im „Haus des Bauern" zu Feodossija gesehen zu haben. Genau in diesem Moment ertönt auf dem Hof das schrille Kreischen einer Kreissäge.

Je nun, geschwächt und grüngesichtig verließ ich mein unglückseliges Hotel. Ich hatte beschlossen, nie wieder einen Fuß in dieses Hotel und in diese Stadt zu setzen. Aber das Schicksal hatte anders entschieden.

Im Zug, nachdem ich hundert Kilometer gefahren war, entdeckte ich, daß man mir einen falschen Paß gegeben hatte. Da es ein Damenpaß war, konnte ich unmöglich weiterreisen.

Am nächsten Tag kehrte ich in das Hotel zurück.

Natürlich war es mir höllisch peinlich, mit meiner Nachbarin zusammenzutreffen, die, wie sich herausstellte, ebenfalls abgereist war und jetzt mit meinem Paß zurückkehrte.

Sie war ein bildschönes Mädchen, Schwimmlehrerin. Wir beide haben dann sehr nett Bekanntschaft geschlossen und das nächtliche Drama vergessen. So daß der Hotelaufenthalt doch noch was für sich hatte. In diesem Sinne bringen Reisen manchmal amüsante Begegnungen mit sich.

1935–1937

Eine Krankheitsgeschichte

Offen gestanden, ich ziehe es vor, zu Hause zu erkranken.

Natürlich, nichts gegen zu sagen, im Krankenhaus ist es vielleicht heller und kultivierter. Auch der Kaloriengehalt der Nahrung ist bei denen vielleicht besser durchdacht. Aber, wie es so schön heißt, zu Haus ist auch eine Maus ein Schmaus.

Ich wurde mit Bauchtyphus ins Krankenhaus gebracht. Meine Leute gedachten so meine unermeßlichen Leiden zu lindern.

Dies Ziel aber erreichten sie mitnichten, denn ich geriet in ein ganz besonderes Krankenhaus, wo mir nicht alles gut gefiel.

Denn kaum wird so ein Kranker dort abgeliefert und ins Buch eingetragen, da liest er plötzlich an der Wand ein Plakat: „Die Ausgabe der Leichen erfolgt täglich von 15 bis 16 Uhr."

Ich weiß nicht, wie es anderen Kranken geht, aber ich taumelte förmlich auf meinen Beinen, als ich diesen Aufruf las. Schließlich hatte ich hohes Fieber, und überhaupt hing das Leben in meinem Organismus vielleicht am seidenen Faden, und dann plötzlich so was lesen müssen!

Ich sag zu dem Mann, der mich einträgt: „Wie kommen Sie dazu", sag ich, „Genosse Feldscher, solch abgeschmackte Inschrift auszuhängen? Immerhin", sag ich, „ist es für einen kranken Menschen nicht sehr amüsant, so was zu lesen."

Der Feldscher oder wie er sich sonst schimpft, Heilgehilfe vielleicht, staunt, daß ich so zu ihm spreche, und sagt: „Nun seh sich das einer an: ein Kranker, kann kaum laufen, und aus seinem Mund qualmt's beinah, so hoch ist sein Fieber, und trotzdem", sagt er, „will er hier gegen alles Selbstkritik anbringen. Wenn Sie", sagt er, „wieder gesund werden, was ich bezweifle, dann können Sie hier meckern, ansonsten werden wir Sie tatsächlich von drei bis vier in der Form ausgeben, wie dort geschrieben steht, dann werden Sie schon sehen."

Ich will mich mit diesem Heilgehilfen anlegen, aber da ich hohe Temperatur hab, 39,8, mag ich nicht streiten. Ich sag bloß zu ihm: „Wart nur, du medizinische Pfeife, sobald ich gesund bin, wirst du mir deine Frechheit verantworten. Kann ein Kranker", sag ich, „etwa solche Reden anhören? Das sägt ihm ja", sag ich, „die letzten moralischen Kräfte weg."

Der Feldscher staunt, daß sich ein Schwerkranker dermaßen frei mit ihm auseinandersetzt, und wechselt das Thema. Und da kommt auch schon ein Schwesterchen angehüpft.

„Vorwärts, Patient", sagt sie, „wir gehen zum Schwemmpunkt."

Aber von diesen Worten zieht es mich wieder krumm.

„Warum nennen Sie das", sag ich, „Schwemmpunkt und nicht einfach Badezimmer? Das", sag ich, „klingt schöner und erhebt den Kranken. Außerdem", sag ich, „bin ich kein Pferd, daß man mich schwemmt."

Die Schwester sagt: „Der Mann ist krank", sagt sie, „aber er bemerkt sämtliche Feinheiten. Bestimmt", sagt sie, „werden Sie nie wieder gesund, wenn Sie überall Ihre Nase reinstecken."

Dann führt sie mich ins Badezimmer und befiehlt mir, mich auszuziehen.

Ich fang also an, mich auszuziehen, da seh ich plötzlich, in der Wanne ragt aus dem Badewasser ein Kopf. Und plötzlich seh ich, da sitzt, scheint's, eine alte Frau in der Wanne, wahrscheinlich eine Patientin.

Ich sag zu der Schwester: „Wo habt ihr Hunde mich hingebracht, ins Damenbad? Dort", sag ich, „badet doch schon wer."

Die Schwester sagt: „Das ist bloß ne kranke alte Frau, die da sitzt. Achten Sie nicht drauf. Sie hat hohes Fieber und reagiert auf nichts. Ziehen Sie sich also ohne Verlegenheit aus. Inzwischen nehmen wir die Alte raus aus der Wanne und schmeißen für Sie neues Wasser rein."

Ich sag: „Die Alte reagiert nicht, aber ich reagier vielleicht noch. Und mir", sag ich, „ist es ausgesprochen unangenehm, das zu sehen, was da bei euch in der Wanne schwimmt."

Plötzlich kommt wieder der Heilgehilfe.

„Ich", sagt er, „hab noch nie einen so nörglerischen Patienten gesehen. Dies gefällt ihm nicht, dem Frechling, und jenes ist ihm nicht recht. Eine sterbende alte Frau badet, und er will hier Töne spucken. Dabei hat sie vielleicht vierzig Fieber, kriegt nichts mehr mit und sieht alles wie durch ein Sieb. In jedem Falle wird Ihr Anblick sie keine fünf Minuten zusätzlich auf dieser Welt zurückhalten. Nein", sagt er, „mir ist es lieber, wenn die Patienten in bewußtlosem Zustand zu uns kommen. Zumindest ist ihnen dann alles recht, sie sind mit allem zufrieden und verwickeln uns nicht in wissenschaftliche Auseinandersetzungen."

In diesem Moment erhebt die Alte ihre Stimme: „Nehmt mich", sagt sie, „raus aus dem Wasser, oder", sagt sie, „ich komm selber raus und mach Knochenmehl aus euch."

Da nehmen sie sich der Alten an, und ich muß mich ausziehen.

Während ich mich auszieh, lassen sie sofort heißes Wasser ein und befehlen mir, da reinzusteigen.

Und da sie nun meinen Charakter kennen, lassen sie sich auf keinen Streit mehr ein und geben sich Mühe, es mir in allem recht zu machen. Bloß nach dem Bad krieg ich von ihnen riesige Wäsche, die mir nicht paßt. Ich denk schon, sie hätten mir aus Bosheit absichtlich so eine unpassende Garnitur zugeschmissen, doch dann seh ich, dies ist bei ihnen eine ganz normale Erscheinung. Die kleinen Patienten tra-

gen in der Regel zu große Hemden, die großen Patienten zu kleine.

Meine Garnitur ist sogar schöner als die anderen. Der Krankenhausstempel sitzt bei meinem Hemd auf dem Ärmel, wo er den Gesamteindruck nicht verdirbt, während er bei den anderen Patienten auf dem Rücken oder auf der Brust ist und somit ihre menschliche Würde erniedrigt.

Da jedoch mein Fieber immer höher steigt, fang ich deswegen keinen Streit an.

Sie legen mich in ein kleines Krankenzimmer mit höchstens dreißig Patienten verschiedener Sorte. Einige sind sichtlich schwerkrank. Andere sind im Gegenteil auf dem Wege der Genesung. Einige pfeifen. Andere spielen Schach. Noch andere strolchen von Zimmer zu Zimmer und lesen, was über den Kopfenden geschrieben steht.

Ich sag zu der Schwester: „Vielleicht bin ich in ein Spital für Geisteskranke geraten, dann sagen Sie's. Ich", sag ich, „lieg jedes Jahr in Krankenhäusern, aber so was hab ich noch nie gesehen. Überall Stille und Ordnung, und hier so ein Rummel."

Sie sagt: „Vielleicht möchten Sie noch, daß wir Sie in ein Einzelzimmer legen und einen Posten an Ihr Bett stellen, der Ihnen die Fliegen und Flöhe verjagt?"

Ich erheb Geschrei, damit der Chefarzt kommt, aber statt dessen erscheint wieder der Feldscher. Ich bin schon in geschwächter Verfassung. Bei seinem Anblick verlier ich vollends das Bewußtsein.

Ich glaub, ich bin erst nach drei Tagen wieder zu mir gekommen. Die Schwester sagt: „Na", sagt sie, „Sie haben wirklich einen doppellebigen Organismus. Sie", sagt sie, „sind durch alle Prüfungen hindurchgegangen. Wir haben Sie sogar versehentlich ans offene Fenster gelegt, und trotzdem geht's Ihnen überraschenderweise besser. Und jetzt", sagt sie, „wenn Sie sich nicht noch bei Ihren Nachbarpatienten anstecken, dann", sagt sie, „kann man Ihnen aufrichtig zur Genesung gratulieren."

Aber mein Organismus erliegt keinen weiteren Leiden, bloß kurz vor der Entlassung hol ich mir noch eine Kinderkrankheit, den Keuchhusten.

Die Schwester sagt: „Die Ansteckung kommt bestimmt aus dem Nachbarflügel. Dort ist die Kinderabteilung. Wahrscheinlich haben Sie unvorsichtigerweise aus einem Geschirr gegessen, aus dem vorher ein Keuchhustenkind gegessen hat. Und davon sind Sie krank geworden."

Je nun, mein Organismus nimmt sich bald sein Recht, und es geht mir wieder besser. Aber wie ich kurz vor der Entlassung steh, komm ich wieder zu Schaden und erkranke abermals, diesmal an einer Nervensache. Auf nervöser Basis bringt meine Haut kleine Pickel hervor, eine Art Ausschlag. Der Arzt gibt mir den Rat: „Seien Sie nicht mehr nervös, dann geht das mit der Zeit von selber weg."

Nervös aber bin ich deshalb, weil sie mich nicht entlassen. Mal vergessen Sie's, dann fehlt irgendwas, oder jemand, der die Eintragungen machen muß, ist nicht da. Und schließlich beginnt der Ansturm der Ehefrauen, und das ganze Personal ist durcheinander. Der Feldscher sagt: „Wir sind dermaßen überfüllt, daß wir mit der Entlassung der Patienten nicht nachkommen. Sie sind man bloß acht Tage über die Zeit hier und schlagen schon Krach. Ein paar Genesene liegen drei Wochen zu lange bei uns und kommen nicht raus, und die sind still."

Bald danach werd ich doch noch entlassen und kehr nach Hause zurück.

Meine Gattin sagt: „Weißt du, Petja, vor einer Woche dachten wir, du wärst ins Jenseits eingegangen, denn aus dem Krankenhaus kam eine Benachrichtigung, in der es hieß: ‚Mit Erhalt dieses wollen Sie sich umgehend einfinden, um die Leiche Ihres Gatten abzuholen.'"

Da lief meine Frau ins Krankenhaus, wo man sich für den Irrtum entschuldigte, der in der Buchhaltung passiert war. Ein anderer war verstorben, und da hatten sie an mich gedacht. Dabei war ich zu dieser Zeit schon gesund und nur noch mit den nervösen Pickeln behaftet. Aus irgendwelchen Gründen war mir dieser Vorfall unangenehm, und ich wollte schon ins Krankenhaus rennen, um die dort auszuschimpfen, aber wie ich daran dachte, wie es dort so zuging, wissen Sie, da habe ich's gelassen.

Und wenn ich jetzt krank werd, bleibe ich zu Hause.

1936

Gefährliche Verbindungen

Die junge Frau von heute mag es nicht, wenn man ihr verkleinernde Wörter sagt. Sie mag es nicht, wenn man „Mündchen“, „Händchen“ oder „Füßchen“ sagt.

Sie ärgert sich darüber. Und ich denke mir, es kann dadurch sogar zum Bruch kommen.

Eine hat so zu mir gesagt: „Verdammt, wieso Füßchen? Ich“, sagt sie, „hab Schuhgröße einundvierzig, und Sie reden so was. Ein Halunke sind Sie“, sagt sie, „und kein Mensch. Sie versauen mir das Leben mit Ihrer dämlichen Empfindsamkeit.“

Ich sag's Ihnen ehrlich, ich war ganz bestürzt von dieser Rede.

Sie sagt: „In früheren Zeiten“, sagt sie, „da haben sich verwöhnte Damen oder so Gräfinnen in ihren Boudoirs solche Sentimentalitäten geleistet. Ich aber“, sagt sie, „ich spucke auf Männer wie Sie.“

„Guten Morgen“, sag ich, „das Ding ist gut. Wie soll ich Ihre Worte verstehen?“

Aber wie soll ich sie schon verstehen, wenn sie mich seitdem kein einziges Mal angerufen hat und mich auf der Straße nicht mal grüßt?

Stimmt ja auch: Die jungen Frauen von heute lieben das Kühne, Heroische. Mir ist aufgefallen, aus dem Gewöhnlichen machen sie sich nichts. Sie haben es gern, wenn ein Mann unbedingt Pilot ist oder zumindest Bordmechaniker. Dann blühen sie auf, dann sind sie nicht wiederzuerkennen.

Dabei möcht man sie mal fragen dürfen: Was denn, sollen vielleicht alle Männer Flieger und Bordmechaniker werden?

Ich will ja gar nichts sagen, der Beruf des Bordmechanikers ist bis zu einem gewissen Grade erstaunlich und ruft bei den Zuschauern verschiedene Emotionen hervor. Aber wie man so sagt, es ist ganz unmöglich, daß alle ohne Ausnahme zum Himmel fliegen.

Ein paar Leute müssen ja auch bescheidenere irdische Posten in Kanzleien und so weiter ausüben.

Außerdem haben sie eine Schwäche für Kameramänner. Und das ist, wie man so sagt, völlig unbegreiflich. Solch einer dreht seine Kurbel und hält sich für Napoleon.

Des weiteren wird die Liebe der Frauen von denen geweckt, die aus der Arktis zurückkehren. Na schön, da gibt's Eis. Schnee, Nordlicht. Auch was Großes!

Und überhaupt, ich war viermal verheiratet, und nie ist so recht was bei rausgekommen. Na, meine ersten beiden Frauen schwärmten für Bordmechaniker. Die dritte tat sich mit einem Kameramann zusammen. Na, wie man so sagt, das kommt vor. Aber meine vierte Ehe, die hat mich durch ihre Ungewöhnlichkeit überrascht. Als ein Mann, der das durchgemacht hat, möchte ich die übrigen Männer vor derlei Eheschließungen warnen.

Ich hatte eine Person kennengelernt. Und wir beschlossen zu heiraten. Vorher hab ich sie ehrlich gewarnt: „Aber haben Sie bitte im Auge", sag ich, „ich flattere nicht zum Himmel und werd auch kaum jemals zu Ihrem Vergnügen mit dem Fallschirm vom Dach springen. Wenn Sie also für die himmlischen Berufe schwärmen, dann hab ich, wie man so sagt, keine weiteren Fragen an Sie. Dann lassen Sie uns die Frage der Ehe abschließen."

Sie sagt: „Der Beruf spielt keine Rolle. Und Piloten sind mir gleichgültig. Für mich ist nur wichtig, daß unser Bund bis zu einem gewissen Grade frei sein muß. Ich mag keine Einengung der Persönlichkeit. Ich", sagt sie, „war vor Ihnen sieben Jahre lang verheiratet, und mein Mann ließ mich nicht mal mit einem andern ins Theater gehen. Mit Ihnen möcht ich jetzt eine Ehe haben, die sich auf kameradschaftliche Bedingungen gründet. Wenn Sie zum Beispiel für eine andere Feuer fangen, sag ich gar nichts dazu. Und wenn ich einen kennenlerne, dürfen Sie mir erst recht nicht widersprechen. Dann wird unsere Ehe bestimmt von längerer Dauer sein, denn dann stützt sie sich auf ein vernünftiges Verständnis für zwei liebende Herzen. Wenn der Mann nur einen unbedeutenden Beruf hat, ist das sogar besser. Zumindest kennt er dann seinen Platz und verlangt nichts Unmögliches von mir."

Ich sag zu ihr: „Ich heirate zum viertenmal, und mir", sag ich, „ist schon ganz wirr im Kopf von allen möglichen Begriffen. Die eine", sag ich, „verbietet mir, verkleinernde Wörter zu sagen. Die andere tut sich mit einem Kameramann zusammen. Und Sie", sag ich, „machen mir solch ein Angebot. Aber", sag ich, „da mein Herz von Ihnen besetzt ist, soll es so sein, wie Sie wollen."

Wir haben also geheiratet und leben in getrennten Wohnungen. Und alles läuft gut und freundschaftlich. Plötzlich aber, nach einer Woche, verknallt sie sich in einen Bekannten, der grade aus der Arktis zurückkommt.

Entsprechend unserer Abmachung sagt sie zu mir: „Wenn Sie wollen, trennen wir uns. Aber wenn Sie noch ein paar Gefühle für mich nähren, wollen wir uns an unsere Bedingungen halten, zumal mein Bekannter in Kürze wieder auf Expedition geht, dann kann mit uns beiden durchaus wieder was Gutes zustande kommen."

Ich warte also wie ein Idiot einen Monat und noch einen auf seine Abreise. Endlich sagt meine Zimmernachbarin zu mir: „Hat keinen Zweck, daß Sie auf sie warten. Ihre Angelegenheit ist erledigt, sie kommt nie wieder zu Ihnen zurück."

Aber es verging noch ein Monat, und plötzlich kam meine Gattin mit den Worten zurück: „Ich hab ihn endgültig abgehalftert, zumal er wieder in den Norden gereist ist."

Ich sag: „Jetzt sind auf meiner Seite Hindernisse entstanden, denn ich hab mich", sag ich, „in meine Nachbarin verliebt. Aber wenn Sie noch Gefühle für mich haben, dann", sag ich, „bin ich bereit, mich von ihr zu trennen."

Ich hab also angefangen, mich von meiner Nachbarin zu trennen. Kaum hatten wir uns getrennt, da seh ich, wie meine Gattin sich nach einem Monat ruhigen Lebens in den Freund und Reisegefährten jenes Mannes verknallt, der in die Arktis gereist ist. Dieser Polarmann ist aus irgendwelchen Gründen dageblieben. Und sie hat sich in ihn verknallt. Und hat angefangen, mit ihm zu leben.

Nun warte ich entsprechend der Bedingung ein paar Monate, und plötzlich erfahr ich, sie kriegt von ihm ein Kind.

Ich sag zu ihr: „Eine interessante Ehe ist das mit uns beiden. Diese Polarmänner, Bordmechaniker und Kameraleute machen mich buchstäblich fertig."

Sie sagt: „Wenn Sie wollen, warten Sie, bis er mich nicht mehr liebt oder bis das Kind bißchen größer geworden ist. Dann können wir unsere Bedingungen fortsetzen. Wenn Sie nicht wollen – wie Sie wollen. Im übrigen", sagt sie, „hängen Sie mir allmählich zum Halse heraus mit Ihrem ewigen Genörgel und Unzufriedensein. Ich", sagt sie, „bin nicht mein eigener Herr. Mein Herz sagt mir, welche modernen Männer ich lieben und welche ich hassen soll. Sie haben ja nicht mal", sagt sie, „das Abzeichen ‚Bereit zur Arbeit und Verteidigung', aber Sie sollten wenigstens spaßeshalber einen Sanitätskursus mitmachen. Ich verlang ja gar nicht, daß Sie Woroschilow-Schütze werden oder irgendwo in den Norden fahren. Nicht diese Berufe machen Sie fertig, sondern Sie haben", sagt sie, „einfach einen uninteressanten Charakter, fern von der Gegenwart. Heute gibt's keine reichen Männer mehr, und man braucht seine Armseligkeit nicht mehr mit Kapital zuzudecken, also muß man seine Persönlichkeit verbessern, um die Liebe einer Frau zu verdienen."

Ich sag: „Die eine verbietet die verkleinernden Wörter, die andere schleppt mir Gören an. Und hält mir obendrein noch Vorträge."

Plötzlich öffnet sie die Tür ins Nebenzimmer und ruft verkleinernde Wörter: „Wanetschka, dieser Typ macht mir schon wieder eine Szene. Obwohl er mein Mann ist, schmeiß ihn raus. Ich", sagt sie, „ich spüre, daß ich durch ihn noch hysterisch werde."

Und plötzlich kommt der Freund von dem Arktisreisenden ins Zimmer. Ein kräftiger Mann, von der Luft des Nordens gestählt. Außerdem Fallschirmspringer, mit Abzeichen.

„Junger Mann", sagt er, „worüber ereifern Sie sich hier?"

Ich verabschiedete mich von den beiden und ging mit der

Absicht, das Ganze zu beschreiben, damit andere Nichtpiloten sich hüten, in solch eine, wie man so sagt, wasserdichte Situation zu geraten.

Ich bin gegen diese freien Ehen. Ich bin mehr für dauerhafte Ehen, die auf gegenseitigem Gefühl beruhen. Bloß wo soll dieses Gefühl herkommen, wenn ich noch nie einen Fallschirm gesehen hab? Und weiter nördlich als Ligowo bin ich noch nie gekommen.

Man muß schon fast ein Held werden, um mit der übrigen Bevölkerung gleichzuziehen.

1936

Die Lichter der großen Stadt

Bei einem Mieter unserer Kommunalwohnung kam sein Vater aus dem Dorf zu Besuch.

Natürlich kam er anläßlich der Erkrankung seines Sohnes. Ohne diese hätte er wohl Leningrad bis ans Ende seiner Tage nicht zu sehen gekriegt. Da jedoch sein Sohn krank wurde, kam er ihn besuchen.

Dieser Sohn war Mieter in unserer Wohnung. Er diente in einem Restaurant als Kellner. Dort trug er die Portionen aus und stand sich nicht schlecht.

Und vielleicht gab er sich immer mehr Mühe, denn eines Tages trat er, von der nächtlichen Arbeit erhitzt, auf die Straße, um nach Hause zu gehen, so daß er sich sozusagen auf seinem kulinarischen Posten erkältete. Zuerst kriegte er den Schnupfen und nieste sieben Tage lang. Dann aber schlug sich die Erkältung auf die Brust, und die Temperatur stieg schlagartig auf plus vierzig Grad über Null.

Außerdem hatte er sich schon vorher, als er seinen freien Tag kultiviert verbringen wollte und nach Pawlowsk fuhr, um die Paläste zu besichtigen, ein wenig verhoben, indem er seiner Gattin in den Waggon half.

All dies zusammengenommen ergab das traurige Bild der Erkrankung eines Menschen in der vollen Blüte seiner Kraft.

Von Natur aus furchtbar ängstlich, war unser armer Kellner überzeugt, er werde sich nicht mehr erholen und nicht mehr, wie man so sagt, an die Ausübung seiner direkten Pflichten zurückkehren.

Demzufolge lud er seinen Vater nach Leningrad ein, um ihm ein letztes „Lebewohl“ zu sagen.

Nicht daß er sein Väterchen heiß geliebt hätte und nun in der Abendröte seines Lebens ihn um jeden Preis hätte sehen wollen, im Gegenteil, er hatte sich vierzig Jahre lang nicht um ihn gekümmert und verhielt sich völlig teilnahmslos zu der Tatsache seiner Existenz. Aber seine Gattin, die bei ihrem Manne eine unmöglich hohe Temperatur sah, schickte seinem Vater eher aus Eitelkeit, damit es bei ihnen zuginge wie bei anderen auch, ein Telegramm, als wie, kommen Sie nach Leningrad, Ihr Sohn ist krank.

Und als der Sohn schon auf dem Wege der Besserung war, traf zum allgemeinen Erstaunen sein Väterchen aus einer äußerst fernen Gegend in Leningrad ein, in Bastschuhen, einen Sack auf dem Rücken, einen Stock in der Hand. Später stellte sich freilich heraus, der Alte hatte Stiefel im Sack, aber die trug er prinzipiell nicht, denn er sagte: „Ein Reicher hütet seinen Rachen, ein Armer seine Sachen."

Natürlich schätzten alle, darunter auch der Sohn, da werde ein bescheidener, teilweise sogar religiöser Greis um die siebzig eintreffen, langweilige Reden halten und vor allem und jedem erschrecken.

Aber, wie man so sagt, im Gegenteil.

Es stellte sich heraus, der Alte war ein Nörgler, Radaubruder, Grobian und Aufschneider, wie man ihn selten findet. Überdies war er, wenn nicht ein Konterrevolutionär, so doch höchst rückständig im politischen Sinne.

Im Hof des Hauses legte er sich sogleich mit dem Hausmeister an und zog einem Halbwüchsigen die Ohren lang, der seinen Onkel, der schon zwölf Jahre hier wohnte, besuchen gekommen war.

Danach führte er in unserer Wohnungsgenossenschaft mit dem Vorsitzenden ein scharfes Gespräch, daß der nur so staunte, was es so für Ansichten über die Gegenwart gab, und darüber sogar an den Wohnsitz des Alten Mitteilung machen wollte.

Als Krönung des Ganzen erschreckte der zugereiste Vater seinen Sohn damit, daß er stehenden Fußes im Hauskontor

Auskunft einholte, ob er nicht Wohnraum kriegen könne, um seinen ständigen Wohnsitz in Leningrad zu nehmen.

Zwar war der Alte gewiß vergleichsweise sonderbar, aber die Mieter erwiesen sich vom ersten Tag an fast alle nicht auf der Höhe der Kultur. Sie fingen an, ihn zu veräppeln, trieben ihre Späße mit ihm wie mit einem Dummkopf und lachten über seine dörflichen Provinzmanieren. Um die Wette erzählten sie ihm irgendwelchen Blödsinn, so ungefähr wie der Hausmeister, der ihn bei jeder Begegnung ankrähte: „Aus welchem Kolchos kommen Sie doch gleich, junger Mann?"

Auch sein Sohn, der Kellner Gawrilow, blieb nicht hinter der allgemeinen Stimmung zurück und sagte dem Alten, vor Lachen erstickend, mit einem Blick in die Zeitung: „Heute, Väterchen, gehen Sie lieber nicht auf die Straße, es gibt eine Razzia auf Grauköpfe und Rothaarige."

Natürlich geschah das alles liebevoll und ohne Bosheit, gleichwohl war das, wie man so sagt, bestimmt nicht sehr angenehm für den zugereisten Greis, der schon zweiundsiebzig Jahre auf dem Buckel hatte und sicherlich gescheiter war als sie alle zusammen. Sie aber hielten ihn für einen Einfaltspinsel, Dummkopf und rückständigen Bauern, darum taten sie das.

Das hatte natürlich eine negative Reaktion auf sein Benehmen.

So viele Tage er hier lebte, so viele Skandale fanden statt. Es gab Geschrei, grobe Szenen und so weiter.

Als Krönung des Ganzen ließ er sich am siebten Tag seines Aufenthalts in einer Bierkneipe vollaufen und begann zu randalieren. Sie wollten ihn sogar der Miliz überantworten. Aber er entwischte ihnen und trottete durch die Straßen.

Da geht er so die Straße entlang und singt Lieder. Dabei ist er uralt, grauhaarig, dörflich gekleidet, im höchsten Maße primitiv. Er geht also die Straße entlang, und auf einmal sieht er, er hat sich verirrt.

Natürlich ist es absurd, sich hier zu verirren. Zumal er die Adresse weiß. Aber blau, wie er ist, erschrickt er und wird sogar nüchtern. Er fragt einen Passanten, wie er gehen muß. Aber der Passant weiß nicht Bescheid und heißt ihn, sich an die Milizorgane zu wenden.

Natürlich traut sich unser Alterchen nicht gleich zu dem auf Posten stehenden Milizionär und geht vor Aufregung noch zwei, drei Häuserblöcke weiter.

Aber dann tritt er furchtsam an den Posten heran und denkt, der wird ihn anpfeifen und anschreien. Der aber, entsprechend seiner internen Instruktion, salutiert, indem er die Hand im weißen Handschuh an den Mützenschirm legt.

Des Skandals gewärtig und an Skandal gewöhnt, gerät der Alte vor Überraschung in einige Verwirrung und stammelt Wörter, die nicht zur Sache gehören.

Der Posten fragt, in welche Straße er muß, zeigt ihm den Weg, salutiert abermals und wendet sich wieder seinen Geschäften zu.

Aber diese kleine Geste der Ehrerbietung und Höflichkeit, die früher nur Generälen und Baronen zukam, macht größten Eindruck auf unsern zugereisten Opa.

Er erzitterte förmlich, als der Posten vor ihm zum zweitenmal salutiert und damit wohl zeigt, daß es kein Irrtum war, sondern das, was ihm zustand.

Daraufhin trat der Alte, wie später herauskam, an einen anderen Milizionär heran und empfing wieder den Gruß, der seine schwache Seele mit noch größerer Kraft traf.

Ich weiß natürlich nicht, ob es sein kann, daß sich dies sogleich auf seinen Charakter auswirkte, aber alle bemerkten, daß der Alte äußerst gefaßt nach Hause kam und, als er am Hausmeister vorbeiging, sich mit ihm nicht auf die üblichen Auseinandersetzungen einließ, sondern ihm schweigend salutierte und in sein Zimmer ging.

Ich weiß nicht, ob es sein kann, daß eine solche Kleinigkeit, ja, eigentlich Lappalie eine gewisse Rolle bei der Umschmiedung eines Charakters spielen kann, doch alle merkten, daß mit Väterchen Gawrilow etwas höchst Originelles passiert war.

Der eine und andere hatte beobachtet, wie er an der Ecke seines Hauses ein paarmal zu dem Milizionär trat und sich höflich mit ihm unterhielt.

Und viele, die von grober Sinnesart waren, schrieben die offensichtliche Veränderung der Angst des Alten zu, als sie ihn zur Miliz schleppen wollten. Aber manche verstanden das anders.

Ein zuckerkranker Intelligenzler aus unserer Wohnung sagte zu diesem Vorfall: „Ich habe schon immer den Standpunkt vertreten, daß Achtung vor der Persönlichkeit, Anerkennung und Ehrerbietung außerordentliche Resultate bringen. Viele Charaktere entfalten sich davon buchstäblich wie Rosen am Morgen."

Die Mehrheit war anderer Meinung, und es kam sogar in unserer Wohnung zu einer ergebnislosen Diskussion.

Drei Tage später eröffnete Väterchen Gawrilow seinem Sohn, dringende Geschäfte verlangten seine Abreise ins Dorf.

Einige Mieter unserer Wohnung wollten ihre plumpen Scherze bei dem Alten wiedergutmachen und geleiteten ihn auf den Bahnhof. Und als sich der Zug in Bewegung setzte, stand der Vater in der offenen Tür und salutierte allen, die mitgekommen waren.

Alle lachten, auch der Vater lachte und fuhr zurück in seine Heimat.

Dort bringt er gewiß einige Liebenswürdigkeit in seine menschlichen Beziehungen. Das wird sein Leben noch heller und angenehmer machen.

1936

Über die Achtung vor den Menschen

Folgender Vorfall hat sich in Leningrad zugetragen.

Genauer gesagt, nicht einmal in Leningrad, sondern außerhalb der Stadt. Auf der Zwischenstation Luftfahrtspark.

Nach dem Namen zu urteilen, werden dort Aeroplane fliegen, Piloten spazierengehen, Propeller summen. Gewiß steigen die Fahrgäste auf dieser Station mit dem Gefühl großer moralischer Genugtuung aus.

Aber diese Genugtuung zerflattert alsbald wie Rauch. Steigt man nämlich dort aus, so kann man nirgendwohin gehen. Feld und Sumpf. Im Sommer ist's nicht mal schlimm, aber im Frühjahr – Sie können sich vorstellen, was dann dort los ist.

So kommt es, daß die Fahrgäste die häßliche Gewohnheit angenommen haben, den Bahndamm entlangzugehen. Dafür werden sie natürlich mit Geldstrafen belegt. Aber sie geben nicht klein bei und gehen weiter auf dem Bahndamm.

Darum wurden zwei Mitarbeiter in den Kampf gegen dieses Übel geworfen. Ein Wächter und ein Schriftführer. Der Schriftführer sitzt im Büdchen und reißt Quittungen ab. Der Wächter, dazu beamtet, geht um das Büdchen herum, und wenn etwas ist, bemerkt er's sofort. Das heißt, wer über die Gleise gelaufen kommt, den greift er sich und bringt ihn ins Büdchen. Im Büdchen wird ihm eine Geldstrafe abgeknöpft. Ein Rubel pro Nase. Dafür wird eine Quittung ausgestellt. Alles läuft sozusagen ausgezeichnet, dem Gesetz nach, und so muß es auch sein. Wenn man auf die Feinheiten betreffs des Sumpfes nicht eingeht.

Leider hat der Schriftführer nur Quittungen, die auf einen größeren Betrag lauten als die Geldstrafe.

Er nimmt jeweils einen Rubel Strafe, aber seine Quittungen lauten auf drei Rubel. Mach was dagegen.

Jedoch sind er und der Wächter darüber nicht sonderlich traurig. Sie haben einen Ausweg gefunden. Sie warten, bis im Büdchen drei Fahrgäste versammelt sind. Diese Mannschaft wird dann en bloc abgestraft. So kommt alles arithmetisch richtig heraus. Jedem einzelnen wird ein Rubel abgenommen, dann erhalten sie eine gemeinsame Quittung, die sozusagen die Herzen der drei auf dem Boden gemeinsamen Unglücks eint.

Alles läßt sich hübsch und großartig an. Zumal Frühling ist. Vielleicht scheint die liebe Sonne. Die Natur entfaltet sich. Der Sumpf wird grün. Liebe zu den Menschen glüht sozusagen in den Herzen auf. Achtung vor der menschlichen Würde füllt die Brust.

Die Quittungen aber, nichts zu machen, sind auf drei Rubel ausgestellt. Vielleicht sind sie von den Straßenbahnaufspringern übriggeblieben, und man muß sie irgendwie verwerten.

Natürlich erschweren diese Quittungen gelegentlich die Operation. So haben sich zum Beispiel zwei Straffällige eingefunden, doch der dritte fehlt. Natürlich wird er mit dem nächsten Zug kommen. Aber man muß warten.

Hauptsache, die Gesamtzahl der festgenommenen Fahrgäste ist durch drei teilbar. Dann geht's. Dann stimmt die Rechnung. Ist sie aber nicht durch drei teilbar, dann gute Nacht, Arithmetik.

Eines Tages war die Zahl der festgenommenen Fahrgäste nicht durch drei teilbar.

Seit dem frühen Morgen war es in dem Büdchen wie verhext. Zwei Fahrgäste sitzen und warten, der dritte fehlt. Dann kommt der dritte, aber er hat den vierten bei sich. Nun sitzt der vierte und wartet. Die beiden übrigen fehlen. Einer kommt. Dann kommen wieder zwei. Und so geht es den ganzen Tag. Selbst die beiden Angestellten lassen den Kopf hängen und werden ein bißchen nervös. Das Banner ihrer Produktion lassen sie jedoch bis zum Abend nicht sinken.

Jetzt sind zwei aus dem Zug gestiegen. Beide arbeiten im Kraftwerk. Es sind der Agronom T. vom werkeigenen Sowchos und die Angestellte A.

Da gehen sie nun die Gleise entlang und ahnen nichts von den Mißlichkeiten dieses Tages. Natürlich rennen sie dem Wächter in die Arme. Er führt sie ins Büdchen.

Im Büdchen war man über ihren Anblick sehr erfreut. Es saßen nämlich zwei da und warteten. Diese beiden suchten sich sofort den Agronomen aus. Damit war das erforderliche Dreieck komplett.

Der Schriftführer sagte: „Jetzt kassiere ich Sie ab, jetzt können Sie gehen."

Die Angestellte sagte: „Und was wird mit mir?"

„Sie", sagte er, „müssen ein bißchen warten. Wenn noch zwei dazukommen, kann ich Sie auch gehen lassen. Iwanytsch", sagte er, „geh rasch die Gleise ab und sieh zu, daß du wen findest. Wir wollen unser Fräulein nicht aufhalten."

Aber wie sich der Wächter auch abstrampelte, diesmal hatte er kein Glück.

Dann brachte er immerhin einen Verirrten an. Nun warten zwei. Der dritte fehlte. Und vielleicht brach schon die Dämmerung an.

Der Wächter verfiel im Vorgefühl der Arithmetik in eine gelinde Panik. Er lief hinaus zum Bahndamm, fand aber wieder keinen.

Der Schriftführer, mit dem Wächter unzufrieden, ging selber Luft schöpfen und wollte nebenbei nachsehen, ob da niemand die Gleise entlangkam.

Aber dieser Tag, wir wiederholen es, war wie verhext. Sosehr sie sich abrackerten, sie fanden keinen dritten.

Da sagte der Schriftführer Sumarokow seufzend: „Wir werden zwei Protokolle aufsetzen müssen. Zahlen Sie je einen Rubel, und legen Sie Ihren Ausweis vor."

Die beiden unterschrieben die Protokolle. Der Agronom aber, der noch nicht gegangen war, sondern auf seine Kollegin wartete, sagte zu ihr: „Erwähnen Sie im Protokoll die Dreirubelquittung."

Seine Kollegin tat, was er ihr riet.

Aber aus irgendwelchen Gründen kränkte das den Schriftführer. Es rührte empfindliche Saiten in ihm an. Und er sagte: „Ich dulde bei der Eisenbahn keinerlei überflüssige Propaganda und keinerlei Scherze."

Mit diesen Worten schloß er das Büdchen zu und rief telefonisch die Miliz an. Er bat, man möge ihm einen Milizionär schicken. Da dieser aber lange nicht kam, brachte der Schriftführer die Leute unter Geleitschutz des Wächters zur Bahnstation.

Auf der Station protestierten die Leute. Nachdem der Schriftführer ein neues Protokoll aufgenommen hatte, entließ er sie.

Einige Zeit später erhielt der Agronom eine Vorladung von der Miliz in Detskoje Selo. Er habe dort zu erscheinen. Der Agronom, der stark in Anspruch genommen war, erschien mit Verspätung. Er traf den Abschnittsinspektor nicht mehr an.

Daraufhin schrieb der Inspektor einen wesentlich energischeren Brief.

„Wenn Sie", schrieb er, „nicht an dem und dem Tag erscheinen, lasse ich Sie vorführen."

Der Agronom jedoch konnte wie zum Schabernack nicht erscheinen, denn man hatte ihn nach Gdowskije Slanzy zur Aussaat geschickt. Nun hatte er richtig Angst, von dort ins Unbekannte zurückzukehren.

Tatsächlich, irgendwie war das Ganze für beide Seiten unerfreulich. Beide Seiten waren grob und beleidigend gewesen.

Man sollte vor allem die Quittungen über drei Rubel schleunigst abschaffen, und sei es nur aus Achtung vor der menschlichen Würde.

Es taugt nichts, sich derart blind dem Papier zu unterwerfen, Leute zu sammeln, bis die nötige Summe beisammen ist! Gewöhnlich ist es umgekehrt. So aber ist es geradezu bestürzend.

Was die beiden Mitarbeiter anbelangt, denen der Kampf gegen das Über-die-Gleise-Laufen oblag, so hätten sie statt des Administrierens mit dem Papierkram in der Zwischenzeit getrost einen Weg über den Sumpf bauen können. Das hätte sowohl die seelischen Bedürfnisse der Fahrgäste wie auch ihre eigenen wesentlich befriedigt.

Und dann hätte es kein Geschrei, keine Tränen, keine Beleidigungen und Unannehmlichkeiten gegeben.

1936

Puschkins hundertster Todestag

Erste Rede über Puschkin

Voller Stolz möchte ich hervorheben, daß unser Haus in diesen Tagen nicht am Schwanz der Ereignisse trottet.

Erstens wurde für 6,50 Rubel eine einbändige Puschkin-Gesamtausgabe zur allgemeinen Benutzung angeschafft. Zweitens wurde eine Gipsbüste des großen Dichters im Büro der Wohnungsgenossenschaft aufgestellt, was seinerseits säumige Zahler an die unterlassene Mietzahlung erinnern möge.

Außerdem wurde von uns an der Haustür ein künstlerisches Porträt Puschkins aufgehängt, von Tannenzweigen umrahmt.

Schließlich und letztlich spricht unsere heutige Hausversammlung für sich selbst.

Vielleicht ist das alles ein bißchen wenig, aber, offen gestanden, unsere Wohnungsgenossenschaft hat nicht erwartet, daß es ein solches Trara geben würde. Wir dachten, na ja, die Presse wird wie gewöhnlich schreiben, als wie genialer Dichter, lebte in der rauhen Nikolaus-Epoche. Na ja, vielleicht werden auch auf der Estrade künstlerische Lesungen von Auszügen stattfinden, oder man wird was aus dem „Eugen Onegin" vorsingen.

Was sich aber in unseren Tagen abspielt, das, offen gestanden, zwingt unsere Wohnungsgenossenschaft, aufzumerken und ihre Positionen auf dem Gebiet der schöngeistigen Literatur neu zu überdenken, damit man uns hinterher nicht vorwirft, wir unterschätzen Gedichte und so weiter.

Wissen Sie, es ist ja ganz schön, daß unser Haus von Dichtern, wie man so sagt, verschont geblieben ist. Zwar haben wir einen Mieter, Zaplin, der Gedichte pinselt, aber der ist Buchhalter und obendrein ein derartiger Rüpel, daß ich gar nicht weiß, wie ich während der Puschkin-Tage von ihm reden soll. Kommt der doch vorgestern zu uns ins Büro und bedroht uns und so weiter.

„Ich", schreit er, „bring dich ins Grab, du langschlaksiger Satan, wenn du mir nicht bis zu den Puschkin-Tagen den Ofen umsetzen läßt. Ich", sagt er, „vergifte mich noch an dem Ofen und kann keine Gedichte schreiben."

Ich sag zu ihm: „Bei aller feinfühligen Einstellung zu den Dichtern kann ich dir derzeit nicht den Ofen umsetzen, weil unser Töpfer gesoffen hat."

Aber er schreit. Läuft mir nach.

Ein Glück noch, daß es in unserm Personalbestand an Mietern keinerlei Schriftstellerkader und all so was gibt. Sonst würden sie bestimmt auch alle 'n Ofen verlangen wie dieser Zaplin.

Als ob das wunder was wär, daß er Gedichte schreibt. Dann könnte ja, Verzeihung, auch mein siebenjähriger Kolja Ansprüche an die Genossenschaft stellen, denn er schreibt auch welche. Von ihm stammen die gar nicht so üblen Verse:

Wir Kinder lieben die Zeit, wo die Vögel im Käfig sind.
Wir lieben nicht, wer dem Fünfjahrplan feindlich gesinnt.

Sieben Jahre ist der Knirps alt und schreibt schon so flott! Aber das bedeutet noch nicht, daß ich ihn mit Puschkin vergleichen will. Puschkin ist eine Sache, der gasvergiftete Mieter Zaplin eine andere. Dieser Spitzbube! Vor allem, meine Frau kommt mir entgegen, und er läuft mir nach.

„Ich", schreit er, „steck dich gleich mit dem Kopf voran in meinen Ofen."

Was soll denn das? Wir haben Puschkin-Tage, und er nervt mich dermaßen.

Puschkin schreibt so, daß jede Zeile von ihm mehr als vollkommen ist. Einem solch genialen Mieter würden wir noch im Herbst den Ofen neu setzen. Daß wir ihn aber diesem Zaplin neu setzen sollen, da kann ich mich bloß wundern.

Hundert Jahre vergehen, und die Gedichte von Puschkin wecken Erstaunen. Was aber wird, Entschuldigung, in hundert Jahren mit diesem Zaplin sein? So was von Rüpel! Oder wenn der vor hundert Jahren gelebt hätte. Ich mal mir aus, was dann mit ihm wäre und in welcher Form er bis in unsere Tage überdauert hätte!

Offen gestanden, ich anstelle von d'Anthès hätte diesen Zaplin regelrecht durchsiebt. Und wenn der Sekundant zehnmal sagt: „Schießen Sie nur einmal auf ihn“, ich hätt trotzdem alle fünf Kugeln abgefeuert, denn ich kann Rüpel nicht ausstehen.

Die großen und genialen Dichter sterben so früh, aber dieser Rüpel Zaplin, der lebt, er spult einem sogar irgendwie die Nerven auf.

(Zwischenrufe: Erzählen Sie von Puschkin.)

Ich red ja von Puschkin und nicht von Lermontow. Die Gedichte von Puschkin, das sag ich doch, wecken Erstaunen. Jede Zeile populär. Sogar wer ihn nicht gelesen hat, kennt ihn.

Mir persönlich gefallen seine lyrischen Verse aus „Eugen Onegin“: „Warum tanzest du nicht, Lenski“ und aus der „Pique Dame“: „Wär ich doch ein kleines Zweiglein“.

(Zwischenrufe: Das ist das Opernlibretto. Nicht von Puschkin.)

Was, nicht von Puschkin? Wollen Sie mich verklapsen? Obgleich, da blätter ich in unserm Puschkin-Band und seh, in der „Pique Dame“ sind wirklich keine Verse. Na, wenn die Verse „Könnten doch die netten Mädel auch so fliegen wie die Vögel“ nicht von Puschkin sind, dann weiß ich gar nicht, was ich von diesem Jubiläum halten soll. Kurz und gut, Zaplin kriegt den Ofen nicht neu gesetzt.

Puschkin ist eine Sache, Zaplin eine ganz andere. Dieser Rüpel!

Zweite Rede über Puschkin

Ich, teure Genossen, bin natürlich kein Literaturhistoriker. Ich erlaube mir, an dieses große Datum, den hundertsten Todestag, einfach, wie man so sagt, menschlich heranzugehen.

Ein solch treuherziges Herangehen wird uns, so meine ich, die Gestalt des großen Dichters noch näherbringen.

Also, hundert Jahre trennen uns von ihm! Die Zeit läuft tatsächlich unglaublich rasch!

Der Weltkrieg hat bekanntlich vor dreiundzwanzig Jahren angefangen. Das heißt, als er anfing, waren es zurück zu Puschkin keine hundert Jahre, sondern bloß siebenundsiebzig.

Ich aber, stellen Sie sich vor, bin 1879 geboren. Das heißt, ich war noch näher an dem großen Dichter dran. Nicht daß ich ihn hätte sehen können, aber uns trennten, wie man so sagt, nur gute vierzig Jahre.

Meine Großmutter aber, das ist noch schärfer, die ist 1836 geboren. Das heißt, Puschkin hätte sie sehen und sogar auf die Arme nehmen können. Womöglich hätte er sie gewiegt, und sie hätte in seinen Armen geplärrt, denn sie wußte ja nicht, wer sie da wiegt. Na ja, so ohne weiteres hätte Puschkin sie nicht wiegen können, zumal sie in Kaluga gelebt hat, und da ist Puschkin meines Wissens nie hingekommen, trotzdem kann man ja diese aufregende Möglichkeit bedenken, zumal er ja hätte nach Kaluga fahren können, um Bekannte zu besuchen.

Mein Vater wiederum ist 1850 geboren. Aber Puschkin war da leider nicht mehr, sonst hätt er womöglich auch meinen Vater wiegen können.

Meine Urgroßmutter aber, die hätte er ganz bestimmt in die Arme nehmen können. Stellen Sie sich vor, die ist 1763 geboren, so daß der große Dichter ganz einfach hätte hingehen können zu ihren Eltern und verlangen, daß man sie ihm gibt zum Halten und Wiegen.

Allerdings war sie 1837 schon um die sechzig und ein paar Zerquetschte, so daß ich offen gestanden gar nicht weiß, wie das war bei denen und wie sie damit zurechtgekommen sind ... Vielleicht hätte sie ihn sogar gewiegt ... Aber was für uns in die Finsternis des Nichtwissens gehüllt ist, das hat denen bestimmt überhaupt keine Mühe bereitet, und sie wußten genau Bescheid, wer wen wiegt und wer wen schaukelt. Und wenn die Alte um diese Zeit wirklich schon um die sechzig war, ist es natürlich komisch, sich vorzustellen, daß einer sie gewiegt hat. Also wird sie wohl selber irgendwen gewiegt haben.

Und wenn sie ihn gewiegt und ihm dabei lyrische Liedchen vorgesungen hat, dann hat sie vielleicht, ohne es zu wissen, poetische Gefühle in ihm aufgeweckt und ihn vielleicht zusammen mit seiner berüchtigten Amme Arina Rodionowna zum Verfassen von einigen wenigen Gedichten angeregt.

Was Gogol und Turgenjew betrifft, die hätten von fast allen meinen Verwandten gewiegt werden können, dieweil noch weniger Zeit sie von ihnen trennt. Überhaupt will ich mal so sagen: Die Kinder verschönern unser Leben, und eine glückliche Kindheit ist, wie man so sagt, ein ganz sehr wichtiges Problem, das in unsern Tagen gelöst wird. Kinderkrippen, Kindergärten, die Zimmer für Mutter und Kind auf den Bahnhöfen – all das sind würdige Merkmale ein und derselben Angelegenheit ... Aber wie komm ich jetzt darauf?

(Zwischenruf: Von Puschkin ...)

Ach ja ... Ich sag ja, Puschkin, hundertster Todestag.

Aber gar nicht mehr lange, dann kommen auch die anderen berühmten Jubiläen – Turgenjew, Lermontow, Tolstoi, Maikow und so weiter und so fort. Man wird sich tummeln müssen. Überhaupt, unter uns gesagt, manchmal wundert man sich gradezu, wo diese Einstellung zu den Dichtern herkommt. Von den Sängern zum Beispiel würd ich nicht sagen, daß man bei uns eine schlechte Einstellung zu ihnen hätte, aber soviel Sums wie um die Dichter wird um sie nicht gemacht. Dabei sind das auch, wie man so sagt, Talente. Packen einen bei der Seele. Emotionalität. Und und und ...

Ich will natürlich nicht streiten, Puschkin ist ein großer Genius, und jede Zeile von ihm ist für uns von gewissem Interesse. Manche mögen Puschkin zum Beispiel sogar wegen seiner kleinen Gedichte.

Aber das würd ich persönlich nicht sagen. Ein kleines Gedicht, das ist, wie man so sagt, ein kleines und nicht besonders großes Werk.

Nicht, daß jeder so was verfassen könnte, aber, wie man so sagt, du kuckst es an, und da ist überhaupt nichts, na ja, Originelles und Künstlerisches.

Stellen Sie sich zum Beispiel folgende Ansammlung von solch, ich will mal sagen, simplen und wenig hochkünstlerischen Wörtern vor:

> Im Hofe fährt des Hausknechts Sohn
> den Hund im Schlitten fein spazieren,
> erfroren ist sein Finger schon ...

(Zwischenruf: Das ist aus „Eugen Onegin" ... Das ist kein kleines Gedicht.)

Wirklich nicht? Wir haben das in der Kindheit als Einzelgedicht durchgenommen. Na, um so besser, freut mich sehr. „Eugen Onegin" ist wirklich eine geniale Epopöe. Aber natürlich kann es in jedem Werk einzelne künstlerische Mängel geben. Überhaupt, ich will mal so sagen: Für Kinder ist das ein sehr interessanter Dichter. Vielleicht war er sogar ursprünglich nichts weiter als ein Kinderdichter. Auf uns ist er vielleicht ein bißchen anders überkommen. Zumal unsere Kinder, wissen Sie, die sind schon ziemlich groß. Die kann man nicht mehr zufriedenstellen mit so einem Kindergedicht:

> Lokmotive —schuk-schuk-schuk,
> Räderrattern – tuk-tuk-tuk,
> dem Verlag ein hipp-hurra,
> Bargeld ist nun wieder da ...

Wissen Sie, ich erinner mich, in der Schule mußten wir so ein kleines, blödsinniges Gedicht von Puschkin auswendig lernen. Darin war von Reiserbesen oder von einem Vögel-

chen oder, ich glaube, von einem Zweig die Rede. Als wie, der Zweig wächst, und der Dichter sagt künstlerisch zu ihm:

„Sag mir, Zweig von Palästina ..."

(Zwischenruf: Das ist von Lermontow.)

Wirklich? Wissen Sie, die beiden verwechsel ich immer. Puschkin und Lermontow, das ist für mich wie ein Ganzes. Ich mach da keinen Unterschied.

(Lärm im Saal. Stimmen: Erzählen Sie lieber von Puschkins Schaffen.)

Das will ich ja grade, Genossen! Puschkins Schaffen weckt Erstaunen. Für eine einzige Gedichtzeile kriegte er einen Goldrubel bezahlt. Außerdem hatte er dauernd Nachauflagen. Trotzdem hat er immerzu bloß geschrieben und geschrieben. Da war kein Halten.

Natürlich hat ihn das höfische Leben sehr gestört beim Dichten. Andauernd Bälle und alles so was. Wie der Dichter selbst sagt:

Woher der Lärm, das rasende Geschrei?
Wen rufen Tympanum und Trommeln?

Tympanum! Was die Leute nicht alles in den Mund nehmen ...

Wir wollen natürlich nicht lange bei den biographischen Daten des Dichters verweilen, die kennt schließlich jeder. Aber na ja, wie man so sagt, einerseits das persönliche Leben, Sieben-Zimmer-Wohnung, Equipage, andererseits Nikolaus der Knüppelzar, höfisches Leben, Lyzeum, d'Anthès und alles so was. Und dann, unter uns, Tamara hat ihm natürlich Hörner aufgesetzt ...

(Lärm im Saal, Rufe: Natalja, nicht Tamara.)

Wirklich? Ach richtig, Natalja. Tamara, das ist die von Lermontow. Ich sag's ja. Und Nikolaus der Knüppelzar, der hat natürlich keine Gedichte geschrieben. Ob er wollte oder nicht, das hat ihn gequält, und er war neidisch auf den Dichter ...

(Lärm im Saal. Einzelne Rufe, die immer lauter werden: Genug! Weg mit dem Redner!)

Also, ich komme zum Schluß, Genossen. Puschkins Einfluß auf uns ist gewaltig. Das war ein großer, genialer Dichter. Man möchte bedauern, daß er nicht unter uns lebt. Wir würden ihn auf Händen tragen und ihm ein märchenhaftes Leben einrichten, natürlich nur, wenn wir wüßten, daß wirklich ein Puschkin aus ihm wird. Es kommt ja vor, daß die Zeitgenossen auf jemand hoffen, ihm ein anständiges Leben einrichten, ihm Autos und Wohnungen geben, und nachher stellt sich raus, er ist nicht Fisch noch Fleisch. Sondern, wie man so sagt, nichts von ihm zu holen. Überhaupt, Dichter ist ein finsterer Beruf, der und jener soll ihn da- und dorthin schaffen. Bei Sängern hat man viel mehr Freude. Die singen, und man sieht gleich, was die für ne Stimme haben.

Also, ich schließe meinen Vortrag über den genialen Dichter und möchte noch bemerken, daß jetzt ein künstlerisches Konzert folgt.

(Beifall. Alle stehen auf und gehen in den Erfrischungsraum.)

1937

Frohes neues Jahr

Gestatten Sie, Ihnen zum neuen Jahr zu gratulieren, verehrte Bürger. Wir wünschen Ihnen sozusagen alles Gute. Und wir danken Ihnen inständig für die Wünsche, die Sie in Gedanken an unsere Adresse gerichtet haben.

Und gestatten Sie, Ihnen anläßlich des Jahreswechsels eine lehrreiche Geschichte zu erzählen.

Wir haben dieses Geschichtchen nicht ohne Hintergedanken bis Neujahr aufgehoben.

Der Wunsch, die geehrten Bürger im angebrochenen Jahr vor derlei Vorfällen zu bewahren, bewegt uns bei unserer Absicht, an Neujahr von diesem Faktum zu erzählen.

Kurz und gut, eine Behörde bekam plötzlich einen neuen Direktor.

Der frühere Leiter war in Urlaub gefahren. Und dann irgendwo in eigenen Angelegenheiten aufgehalten worden.

Da gab's natürlich Gerede in der Behörde, so als wie, wo steckt er nur, hat man ihm womöglich einen niedrigeren Posten gegeben, oder was ist mit ihm los?

Der neue Leiter kam also in die Behörde.

Nun fand eine Vollversammlung statt, auf der das Publikum seine Gedanken, Gefühle und Erwartungen äußerte.

Einer der Angestellten ging ans Pult und redete auch, äußerte seine Hoffnungen.

Und im Eifer seiner Rede warf er der früheren Leitung vor, sie habe nicht gut gearbeitet, sich nicht darauf verstanden, vieles verpfuscht.

Bei diesen seinen Worten bohrte der Redner seine Blicke ins Gesicht des neuen Direktors, um dort zu lesen, ob er womöglich schieflag, wenn er so was sagte, ob das womöglich Anschwärzerei war.

Aber da sah er, wie der Direktor ihm bestätigend zunickte, als wollte er sagen: Recht so, tüchtig, du weißt, was zu sagen ist, die andern haben ja bloß dummes Zeug geredet.

Angesichts solchen Wohlwollens des Natschalniks schürfte der Redner immer tiefer und baute seinen Gedanken aus.

Er baute ihn also aus und sah, daß der Direktor ihm immer wieder zunickte, als wollte er sagen: Tüchtig, du Hund, du sitzt auf dem richtigen Gaul.

Angesichts solch vielsagender Zeichen erblühte unser Redner gradezu vor Stolz, wie man so sagt, und ließ sich von den Flügeln seiner Phantasie in himmlische Fernen tragen, indem er sagte, solche Leute wie der frühere Direktor verdienten nicht nur Prügel, sondern gehörten ins Gefängnis und so weiter.

Sodann gingen zwei weitere Redner ans Pult, blickten zum Direktor, der traurig und bestätigend nickte, und machten noch mehr Dampf, indem sie sagten, nur die neue Leitung sei befähigt, die Behörde aus dem Sumpf zu ziehen, in die der frühere Natschalnik sie gebracht habe.

Doch nun trat der Direktor ans Pult und brachte seine Empörung über die Ansprachen seiner drei Vorredner zum Ausdruck. Er sagte, der frühere Direktor sei im Gegenteil voll auf der Höhe gewesen, gerade er habe in der Behörde Nägel mit Köpfen gemacht und bekleide gegenwärtig einen noch schwierigeren und höheren Posten. Und werde dort nicht minder erfolgreich mit seiner Arbeit fertig.

Da starrten alle den Direktor entgeistert an. Und sie sahen, daß er unentwegt mit dem Kopf nickte. Und da ging ihnen auf, daß er so was wie einen Nerventick hatte.

Wenn er ruhig war, zuckte er selten mit dem Kopf, doch je nervöser er wurde, desto öfter nickte er.

Der Arzt dieser Behörde, der im Saal war, gab seine wissenschaftlichen Erläuterungen leise an die Nachbarn weiter.

Die Nachbarn flüsterten die ärztliche Diagnose herum, und bald wußte der ganze Saal, was los war.

Die drei Vorredner blickten den Direktor wehmütig an.

Einer von ihnen versuchte vom Platz aus eine Rede zu halten und rief, er wäre mißverstanden worden.

Aber der Direktor schloß die Versammlung.

1939

Ein nächtlicher Vorfall

Neulich ging ich nachts die Straße entlang. Ich hatte Bekannte besucht.

Die Straße menschenleer. Schwül. Irgendwo donnert's.

Ich geh die Straße entlang. Trag die Mütze in der Hand. Nächtlicher Zephir umweht meinen Kopf.

Ich weiß nicht, wie's Ihnen geht, geehrte Bürger, aber ich bummle gern nachts durch die Straßen. Man fühlt sich irgendwie besonders frei. Man kann die Arme schwenken. Keiner rempelt einen an. Man geht ohne Sorgen.

Ich geh also die Straße entlang, und plötzlich hör ich eine Art Stöhnen. Vielleicht auch kein Stöhnen, sondern einen gedämpften Ruf.

Ich schau nach rechts und links, keiner zu sehen.

Ich horche, wieder tönt das Stöhnen.

Und plötzlich hör ich wie unter der Erde hervor rufen: „Guter Mann, guter Mann!"

Komische Geschichte. Ich kuck zu den Fenstern. Vielleicht eine häusliche Szene? denk ich. Was gibt's nicht alles! Vielleicht ist ein besoffener Mann über seine Frau hergefallen, oder im Gegenteil, sie sägt ihm die Beine ab.

Ich kuck nach sämtlichen Etagen, nichts zu sehen.

Plötzlich hör ich jemand mit den Fingern an eine Scheibe trommeln.

Ich kuck: ein Laden. Und zwischen den beiden Türen dieses Ladens, im Windfang, sitzt auf einem Wiener Stuhl ein uralter Mann. Der Nachtwächter wohl. Er bewacht den Laden.

Ich trete näher. Und frag: „Was willst du, Opa?"

Der Nachtwächter sagt mit dumpfer Stimme: „Guter Mann, wie spät?"

„Vier“, sag ich.

„Ach“, sagt er, „muß ich noch zwei Stunden sitzen. Willst du mir nicht“, sagt er, „bißchen Wasser holen? Du drehst den Wasserhahn im Keller auf und füllst den Becher. Ich hab solchen Durst. Bei der Hitze!“

Durch die zerschlagene obere Scheibe gibt er mir den Becher. Ich erfüll ihm seine Bitte.

Dann frag ich: „Was ist, bist du krank, daß du's dir nicht selber holst?“

Der Nachtwächter sagt: „Ich würd's ja gern tun. Auch ein Stückchen gehn, mir die Beine vertreten. Aber ich kann hier nicht raus: Die Tür zur Straße ist versperrt."

„Wer hat dich denn eingeschlossen?" frag ich. „Du bist doch der Wächter. Wozu schließen sie dich ein?"

Der Wächter sagt: „Ich weiß nicht. Sie schließen mich immer ein. Sie haben Angst, daß ich vom Laden weggeh und irgendwo ein Nickerchen mach, und inzwischen plündert ein Dieb den Laden aus. Wenn ich zwischen den Türen sitz, kann ich zwar einschlafen, aber ein Dieb kommt nicht an mir vorbei. Wenn er auf mich stößt, schlag ich Lärm. Das ist so eine Regel bei uns, die ganze Nacht zwischen den beiden Türen zu sitzen."

Ich sag: „Blöde Regel. Es ist doch kränkend, hinter verschlossener Tür zu sitzen."

Der Nachtwächter sagt: „Ich hab mich nicht zu kränken. Ist ja auch ganz bequem, daß sie mich vor den Dieben einschließen. Die fürcht ich wie das Feuer. Wenn ich eingeschlossen bin, brauch ich keine Angst haben. Dann bin ich ruhig."

„Wenn's so ist", sag ich, „geh doch in den Laden, Opa, und vertritt dir dort die Beine. Statt wie eine Vogelscheuche die ganze Nacht auf dem Stuhl zu sitzen. Das sieht ja schlimm aus."

Er sagt: „Ich bitte dich, guter Mann! Wie soll ich das machen? Ich würd ja gern reingehn, aber an der inneren Tür hängen zwei Schlösser, damit ich nicht reingeh."

„Du sitzt also", sag ich, „zwischen zwei verschlossenen Türen und bewachst den Laden, Opa?"

Der Nachtwächter sagt: „Genauso ist es. Ich weiß gar nicht, warum du mir so zusetzt. Du hast mir Wasser gegeben, nun geh mit Gott. Störst mich beim Schlafen. Quasselst wie eine Elster."

Der Nachtwächter trank sein Wasser aus, wischte sich den

Mund mit dem Ärmel und schloß die Augen, um mir zu zeigen, daß die Audienz beendet war.

Ich schlenderte weiter. Und betrachtete neugierig die anderen Ladentüren. Aber einen Nachtwächter wie diesen bekam ich nicht mehr zu sehen.

Es war spät, als ich nach Hause kam. Lange wälzte ich mich im Bett. Konnte nicht einschlafen. Dauernd dachte ich: Kann man nicht ein elektrisches Gerät erfinden, das laut klingelt, wenn einer in den Laden eindringt? Einen lebendigen Menschen zwischen zwei verschlossene Türen zu sperren, das ist doch ärgerlich und beleidigend. Immerhin ein Mensch, sozusagen die Krönung der Schöpfung. Immerhin sonderbar, ihn als Falle in solch ein Loch zu stopfen.

Dann überlegte ich, daß solche elektrischen Geräte bestimmt schon erfunden sind. Wollen mal sagen, du trittst mit dem Fuß auf die Schwelle, und plötzlich donnert's, und eine Klingel schrillt. Aber das hat sich wohl noch nicht eingebürgert, ist vielleicht auch zu teuer oder sonstwas, technische Schwierigkeiten, wenn man eine lebendige Arbeitskraft dazu nimmt.

Dann gerieten meine Gedanken durcheinander, und ich schlief ein. Und hatte einen Traum: Dieser Nachtwächter kommt zu mir und klopft mir mit dem Becher auf die Schulter. Und sagt: „Na, was setzt du den Nachtwächtern zu? Wir leben still und friedlich. Wir passen auf. Und dann kommst du mit deinen Ambitionen. Verdirbst uns die ruhige Greisenkarriere."

Als ich am Morgen aufwachte, beschloß ich trotzdem, dieses Feuilleton zu schreiben, ohne jemandem die Karriere verderben zu wollen.

1940

Bienen und Menschen

In einen Kolchos kam ein Rotarmist zu Besuch.

Als Geschenk brachte er seinen Verwandten ein Glas Blütenhonig mit.

Der Honig schmeckte allen so gut, daß die Kolchosbauern beschlossen, bei sich eine Bienenzucht einzurichten.

Im ganzen Umkreis aber befaßte sich niemand mit Bienenzucht.

Die Bauern mußten ganz von vorn anfangen, Bienenstöcke bauen und Bienen aus dem Wald in die neuen Wohnungen umsiedeln.

Als sie sahen, daß das eine so langwierige Sache war, wollten sie schier verzagen.

„Das", sagten sie, „ist ja eine langwierige Geschichte! Bis das alles fertig ist, ist der Sommer vorbei. Dann kriegen wir bis zum nächsten Jahr keinen Honig zu sehen. Wir brauchen ihn aber jetzt."

Unter den Bauern lebte jedoch ein braver Mann, ein gewisser Iwan Panfilytsch, zweiundsiebzig Jahre alt. In jungen Jahren hatte er sich mit Bienenzucht beschäftigt.

Er sagte jetzt: „Damit wir noch in diesem Jahr Tee mit Honig trinken können, muß man irgendwohin fahren, wo Bienenzucht betrieben wird, und dort alles kaufen, was wir gern haben möchten."

Die Bauern sagten: „Unser Kolchos ist Millionär. Er scheut vor Ausgaben nicht zurück. Laßt uns einen kompletten Bienenstand kaufen! Dann haben wir gleich Bienen in den Stöcken. Wenn wir erst welche aus dem Wald holen müssen, dann taugen sie vielleicht nichts. Vielleicht fertigen sie einen unheimlichen Honig an, irgend so ein Zeug aus Lindenblüten. Wir wollen aber Blütenhonig haben."

Sie gaben Iwan Panfilytsch Geld und schickten ihn in die Stadt Tambow.

Er kam also in Tambow an. Hier sagte man ihm: „Das haben Sie recht gemacht, daß Sie zu uns gekommen sind. Bei uns sind drei Dörfer in den Fernen Osten umgesiedelt worden. Dadurch ist eine Bienenzucht übriggeblieben. Diese Bienenzucht können Sie fast geschenkt haben. Für uns ist nur die Frage, wie Sie die Bienen transportieren wollen. Es ist, kann man sagen, Schüttgut, geflügelte Ware. Passiert was, dann fliegt sie nach allen Seiten auseinander. Und wir haben Angst, daß Sie nur die Bienenhäuschen und die Larven nach Hause bringen."

Panfilytsch sagte: „Irgendwie werd ich sie schon transportieren. Ich kenne die Bienen. Ich hab mein Leben lang mit ihnen zu tun gehabt."

Auf zwei Fuhrwerken brachte Panfilytsch seine sechzehn Bienenstöcke zur Bahn.

Auf der Station ergatterte er mit Mühe einen Flachwagen. Er stellte seine Bienenstöcke darauf und deckte sie mit einer Persenning zu.

Bald darauf setzte sich der Güterzug in Bewegung. Auch unser Flachwagen rollte los.

Panfilytsch stand feierlich auf der Plattform und plauderte mit den Bienen.

„Keine Angst, Kinderchens", sprach er zu ihnen, „wir kommen schon hin! Haltet's ein Weilchen im Dunkeln aus. Dort laß ich euch wieder zu den Blumen. Ich denke, ihr werdet euch dort schon euer Teil holen. Macht euch vor allem keine Sorgen, daß ich euch im Dunkeln transportiere. Ich hab euch absichtlich mit der Persenning zugedeckt, damit ihr während der Fahrt nicht aus lauter Dummheit davonfliegt. Dann würdet ihr nämlich den Zug nicht mehr einholen."

Der Zug fuhr einen Tag. Und er fuhr einen zweiten Tag.

Am dritten Tag wurde Panfilytsch ein bißchen unruhig.

Der Zug fuhr langsam. Auf jeder Station hielt er. Stand lange still. Unbekannt war, wann er seinen Bestimmungsort erreichen würde.

Auf der Station „Polja“ stieg Panfilytsch von seinem Flachwagen, trat auf den Stationsvorsteher zu und fragte: „Sagen Sie, Verehrtester, halten wir lange auf Ihrer Station?“

Der Stationsvorsteher antwortete: „Tja, genau weiß ich's nicht, vielleicht stehen wir bis zum Abend.“

Panfilytsch sagte: „Wenn wir bis zum Abend hier stehen, nehm ich die Persenning ab und laß meine Bienen auf eure Felder. Die sind ja ganz erschöpft von der Fahrt. Seit drei Tagen sitzen sie unter der Persenning. Richtig ausgehungert sind sie schon. Sie trinken nichts, sie essen nichts und füttern auch ihre Larven nicht.“

Der Stationsvorsteher sagte: „Machen Sie, was Sie wollen! Was gehen mich Ihre geflügelten Passagiere an? Ich hab auch so genug zu tun. Da werd ich mich grade um Ihre Larven kümmern. Das fehlte mir noch!“

Panfilytsch kehrte zu seinem Flachwagen zurück und nahm die Persenning ab.

Das Wetter war prächtig. Blauer Himmel. Die Julisonne strahlte. Ringsum Felder. Blumen wuchsen. Ein Kastanienhain blühte.

Panfilytsch nahm also von seinem Flachwagen die Persenning ab. Alsbald erhob sich eine ganze Bienenarmee gen Himmel.

Die Bienen flogen im Kreise, schauten sich um und nahmen dann Kurs auf die Felder und Wälder.

Die Fahrgäste umstanden den Flachwagen. Panfilytsch hielt ihnen vom Flachwagen herab einen Vortrag über die Nützlichkeit der Bienen.

Noch während des Vortrags aber kommt der Bahnhofsvorsteher auf den Perron und will dem Lokführer das Zeichen zur Abfahrt geben.

Panfilytsch schreit auf, als er das sieht. Voller Unruhe sagt er zum Bahnhofsvorsteher: „Geehrter Herr, lassen Sie den Zug noch nicht abfahren! Alle meine Bienen sind unterwegs."

Der Stationsvorsteher sagt: „Dann pfeifen Sie ihnen doch, damit sie schleunigst wieder einsteigen! Länger als drei Minuten kann ich den Zug nicht zurückhalten."

Panfilytsch sagt: „Ich flehe Sie an, halten Sie den Zug bis zum Sonnenuntergang zurück! Bei Sonnenuntergang kommen die Bienen wieder auf ihre Plätze. Schlimmstenfalls hängen Sie meinen Flachwagen ab! Ich kann nicht ohne die Bienen fahren. Es sind höchstens tausend zurückgeblieben, und fünfzehntausend sind auf den Feldern. Versetzen Sie sich in meine Lage! Bleiben Sie solcher Not gegenüber nicht gleichgültig!"

Der Stationsvorsteher sagt: „Wir haben hier keinen Bienenkurort, sondern eine Eisenbahn. Du lieber Gott, die Bienen sind weggeflogen! Beim nächsten Zug heißt es dann, die Fliegen sind weggeflogen. Oder man sagt mir, die Flöhe sind aus dem Polsterwagen gesprungen. Soll ich deshalb die Züge aufhalten? Machen Sie sich doch nicht lächerlich!"

Damit gibt der Stationsvorsteher dem Lokführer das Abfahrtssignal.

Nun setzt sich der Zug in Bewegung.

Panfilytsch steht kreidebleich auf seinem Flachwagen. Er breitet die Arme aus. Blickt nach allen Seiten. Und zittert vor Betrübnis.

Der Zug fährt.

Nun ja, eine gewisse Anzahl von Bienen hat es noch geschafft, während der Fahrt aufzuspringen. Der größte Teil aber ist auf den Feldern und in dem Hain zurückgeblieben.

Nun ist der Zug den Blicken entschwunden.

Der Stationsvorsteher kehrt ins Gebäude zurück. Geht an die Arbeit.

Er trägt etwas in eine Liste ein. Trinkt Tee mit Zitrone dazu. Plötzlich hört er draußen auf dem Perron verworrenen Lärm.

Der Stationsvorsteher öffnet das Fenster, um nachzuschauen, was es gibt. Er sieht, daß unter den wartenden Fahrgästen Gelaufe, Gehaste und Gerenne entstanden ist.

Der Stationsvorsteher fragt: „Was ist passiert?"

Man antwortet ihm: „Da sind drei Fahrgäste von Bienen gestochen worden. Jetzt stürzen sich die Bienen auf die übrigen. Der Himmel ist schwarz von ihnen."

Da sieht der Stationsvorsteher, daß eine ganze Bienenwolke seine Station umkreist.

Sie suchen natürlich ihren Flachwagen. Der Flachwagen ist nicht da. Er ist weggefahren. Nun stürzen sie sich auf die Menschen und alles, was ihnen sonst in die Quere kommt.

Der Stationsvorsteher wollte vom Fenster weg, um auf den Perron hinauszugehen, da flogen viele erbitterte Bienen zum Fenster herein.

Der Stationsvorsteher ergriff ein Handtuch, um die Bienen aus dem Zimmer zu wedeln.

Aber das war offensichtlich sein Verderben.

Zwei Bienen stachen ihn in den Hals. Die dritte stach ihn ins Ohr. Die vierte bohrte ihren Stachel in seine Stirn.

In sein Handtuch gewickelt, legte sich der Stationsvorsteher auf den Diwan und stieß klägliche Stöhnlaute aus.

Alsbald kommt sein Gehilfe angelaufen und sagt: „Außer Ihnen haben die Bienen auch den Telegrafisten in die Wange gestochen. Jetzt weigert er sich zu arbeiten."

Der Stationsvorsteher sagt vom Diwan her: „O weh, was sollen wir tun?"

Ein weiterer Angestellter kommt gelaufen und sagt zum Stationsvorsteher: „Die Fahrkartenverkäuferin, was Ihre Gattin ist, Klawdija Iwanowna, die ist soeben in die Nase gestochen worden. Damit ist ihr Äußeres endgültig verdorben."

Der Stationsvorsteher stöhnt noch stärker und sagt: „Wir müssen so schnell wie möglich den Flachwagen mit diesem verrückten Bienenzüchter zurückholen."

Er sprang vom Diwan hoch und begann zu telefonieren. Von der nächsten Station erhielt er die Antwort: „In Ordnung. Wir koppeln den Flachwagen sofort ab. Aber wir haben keine Lok, um ihn zu euch zu bringen."

Der Stationsvorsteher schreit: „Eine Lok schicken wir euch. Hängt sofort den Flachwagen ab. Die Bienen haben schon meine Ehefrau gestochen. Meine Station ‚Polja' ist verödet. Alle Fahrgäste haben sich im Schuppen versteckt. Nur die Bienen schwirren durch die Luft. Ich selbst weigere mich hinauszugehen, und wenn ein Unglück geschieht!"

Alsbald wurde der Flachwagen zurückgeholt.

Jedermann atmete erleichtert auf, als der Flachwagen, auf dem Panfilytsch stand, in Sicht kam. Panfilytsch befahl, den Flachwagen an dieselbe Stelle zu schieben, wo er vorher gestanden hatte.

Als die Bienen den Flachwagen erblickten, flogen sie sofort zu ihm hin.

Der Bienen waren so viele, und sie hatten es so eilig, ihre Plätze einzunehmen, daß es zwischen ihnen zu Drängeleien kam. Es erhob sich ein derartiges Gesumm und Gebrumm, daß ein Hund losheulte und die Tauben zum Himmel aufschwirrten.

Panfilytsch stand auf dem Flachwagen und sprach gütlich auf die Bienen ein: „Ruhig, Kinderchens, nicht drängen! Ihr habt Zeit. Nehmt die Plätze entsprechend euern Platzkarten ein!"

Nach zehn Minuten wurde es still.

Nachdem sich Panfilytsch überzeugt hatte, daß alles in Ordnung war, stieg er von seinem Flachwagen hinunter.

Die Leute auf dem Perron klatschten ihm Beifall. Panfilytsch machte ihnen wie ein Schauspieler eine Verbeugung. Dann sagte er: „Ihr könnt eure Kragen herunterklappen! Macht die Gesichter frei! Hört auf, um euer Schicksal zu zittern – es werden sich keine Stiche mehr ereignen."

Dies gesagt, begab sich Panfilytsch zum Stationsvorsteher.

Der Stationsvorsteher lag, in sein Handtuch gewickelt, noch immer auf dem Diwan. Er ächzte und stöhnte. Sein Stöhnen verstärkte sich, als Panfilytsch ins Zimmer trat.

Panfilytsch sagte: „Es tut mir sehr leid, geehrter Herr, daß meine Bienen Sie gestochen haben. Aber daran sind Sie selber schuld. Man darf zu andern nicht so gleichgültig sein, egal, ob ihre Angelegenheit klein ist oder groß. Die Bienen ertragen so etwas nicht. Für so etwas stechen sie zu, ohne groß zu fragen."

Der Stationsvorsteher stöhnte noch lauter, und Panfilytsch fuhr fort: „Die Bienen können Bürokratie und Gleichgültigkeit gegenüber ihrem Schicksal nicht ausstehen. Sie sind mit ihnen umgegangen, wie Sie es wahrscheinlich auch mit den Menschen tun, und haben dafür den Lohn erhalten."

Panfilytsch blickte zum Fenster hinaus und fügte hinzu: „Die Sonne ist untergegangen. Meine Reisebegleiter haben ihre Plätze eingenommen. Habe die Ehre! Wir fahren weiter."

Der Stationsvorsteher nickte schwach, was soviel heißen sollte wie: Fahren Sie schleunigst ab!

„Haben Sie alle Bienen beisammen?" flüsterte er. „Sehen Sie zu, daß keine hierbleibt!"

Panfilytsch sagte: „Wenn zwei oder drei Bienen hierbleiben, wird es Ihnen zum Nutzen gereichen. Das Gesumm wird Sie an die letzten Ereignisse erinnern."

Mit diesen Worten verließ Panfilytsch den Raum.

Am nächsten Abend traf unser ruhmreicher Panfilytsch mit seiner lebenden Ware am Bestimmungsort ein.

Die Kolchosbauern empfingen ihn mit Musik.

1941

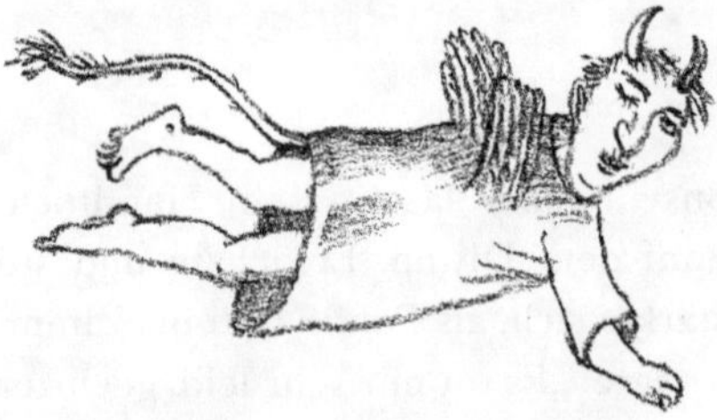

Das Foto

In diesem Jahr brauchte ich ein Foto für den Ausweis. Ich weiß nicht, wie es in anderen Städten ist, aber in unserm Krähwinkel ist die Anfertigung eines Fotos keine ganz einfache, gewöhnliche Angelegenheit.

Bei uns gibt es eine künstlerische Fotografieranstalt. Aber sie nimmt nicht nur einzelne Bürger auf, sondern auch Gruppen und Veranstaltungen. Vielleicht muß man deshalb so lange auf seine Bestellung warten.

Da ich eher eine Einzelperson bin als eine Gruppe oder eine Veranstaltung, sorgte ich rechtzeitig vor und ließ mich zwei Monate vor dem Termin fotografieren.

Als ich dann meine Fotos abholte, staunte ich sehr, wie unähnlich ich geraten war. Das Bild zeigte einen uralten Knakker von gänzlich uninteressantem Aussehen.

Ich sag zu der, die mir die Fotos gegeben hat: „Weshalb fotografieren Sie die Leute so scheußlich? Sehen Sie mal, hier sind lauter Streifen und Runzeln quer übers Gesicht."

Sie sagt: „Das ist ganz normal fotografiert. Sie müssen bedenken, unser Retuscheur ist krank geschrieben. Wir haben keinen, der die Defekte Ihres unfotogenen Aussehens übermalt."

Der Fotograf, der sich hinter einer Portiere befindet, sagt: „Womit ist er denn unzufrieden, der Frechling?"

Ich sag: „Sie haben mich nicht gut aufgenommen, Verehrtester. Verunstaltet haben Sie mich. Seh ich etwa so aus?"

Der Fotograf sagt: „Ich fotografiere Operettenkünstler, die erregen sich nicht so. Aber da kommt so ein Frechling daher und findet, er hat zuviel Runzeln. Das Objektiv nimmt sehr scharf auf, reliefplastisch ... Keine Ahnung von der Technik, aber hier rumkritisieren."

Ich sag: „Was soll ich denn mit dem Relief in meinem Gesicht, versetzen Sie sich mal in meine Lage. Ich möchte", sag ich, „einfach so geknipst werden, wie ich ausseh. Damit was da ist zum Ankucken."

Der Fotograf sagt: „Ach, zum Ankucken will er was. Läßt sich aufnehmen und will's dann auch noch ankucken. Launen hat er, und das in unserer Zeit. Defekte sieht er ... Nein, jetzt tut's mir richtig leid, daß ich Sie so anständig geknipst hab. Das nächstemal mach ich von Ihnen ein Bild, daß Sie's nur stöhnend ankucken werden."

Nein, es hat keinen Zweck zu streiten. Ist ja auch unwichtig, denk ich mir, was für ein Foto im Ausweis klebt. Merken ja sowieso alle, wie ich ausseh.

Mit solchen Gedanken geh ich ins Revier. Der Milizsergeant fängt an, das Foto in meinen Ausweis zu kleben. Dann sagt er: „Ich glaub, das sind nicht Sie auf dem Foto."

„Aber woher", sag ich, „ich versichere Ihnen, ich bin's. Fragen Sie den Fotografen. Der wird's bestätigen."

Der Sergeant sagt: „Wenn ich jedesmal erst den Fotografen fragen soll, würd ich weit kommen. Nein, ich will auf dem Foto die jeweilige Person erkennen, ohne den Fotografen vorzuladen. Hier aber beobachte ich ganz was anderes. Einen Typhuskranken. Der hat ja gar keine Wangen. Lassen Sie sich neu knipsen."

„Genosse Natschalnik", sag ich, „versetzen Sie sich in meine Lage ..."

„Nein, nein", sagt er, „ich will nichts hören. Lassen Sie sich neu knipsen."

Ich zurück in die Fotografieranstalt. Und sag zum Fotografen: „Da sehen Sie's, wie schwach Sie fotografieren. Man will mir Ihre Produktion nicht reinkleben."

Der Fotograf sagt: „Die Produktion ist ganz normal. Sie müssen bedenken, daß wir für Sie nicht gleich die volle Illumination angemacht haben. Wir haben Sie mit bloß einer

Birne geknipst. Dadurch fallen Schatten auf ihr Gesicht, machen es dunkel. Aber wieder nicht so dunkel, daß nichts zu sehen wär. Da, die Ohren sind doch ganz gut getroffen."

„Nun schön", sag ich, „die Ohren. Aber wo", sag ich, „sind die Wangen? Schließlich sind die Wangen", sag ich, „ein wichtiges Zubehör des menschlichen Gesichts."

Der Fotograf sagt: „Was weiß ich. Ihre Wangen haben wir nicht angerührt. Haben selber welche."

„Wo", sag ich, „sind sie dann, meine Wangen? Ich", sag ich, „war zwei Wochen im Erholungsheim. Vier Kilo hab ich zugenommen. Und Sie richten hier mit einem einzigen Foto sonstwas an."

Der Fotograf sagt: „Was denn, hab ich etwa Ihre Wangen geklaut? Ich sag Ihnen doch laut und deutlich, die Dunkelheit ist darauf gefallen. Darum sind sie nichts geworden."

Ich sag: „Und was mach ich ohne Wangen?"

„Was Sie wollen", sagt er, „neu aufnehmen tu ich Sie nicht. Wenn ich jeden neu aufnehmen soll, bin ich die Prämie los und erfüll nicht den Plan. Und mein Plan ist mir wichtiger als Ihr unfotogenes Aussehen."

Kunden sagen zu mir: „Machen Sie den Fotografen nicht nervös. Sonst knipst er die Leute noch schlechter."

Einer der Kunden sagt zu mir: „Laufen Sie auf den Markt, mein Bester. Dort ist ein Fotograf mit ner ‚Kanone'."

Ich zum Markt. Finde den Fotografen. Der sagt: „Nein, ich nehm bloß Leute auf, die eigenes Fotopapier mitbringen. Wenn Sie keins haben, kommen Sie lieber nicht zu mir, ich fotografier Sie ja doch nicht. Mit Papier ja. Oder wenn Sie ein Unterbett hätten, dann auch. Meine Tante aus Barnaul ist zu Besuch, ich hab für sie nichts zum drauf schlafen."

Ich will schon gehen, da hör ich, wie mich einer der Markthändler ruft.

„Komm zu mir", sagt er. „Ich hab fertige Produktion."

Ich seh, er hat auf einer Zeitung lauter fertige Fotos ausgebreitet. An die dreihundert Stück.

Der Händler sagt: „Such dir eins aus und mach damit, was du willst. Von mir aus kleb's dir auf die Stirn. Warte, ich helf dir. Willst du's nach der Größe oder nach der Ähnlichkeit?"

„Nach der Ähnlichkeit", sag ich. „Aber", sag ich, „such eins aus, wo Wangen mit drauf sind."

Er sagt: „Kannste haben. Aber mit Wangen kommt es fünf Rubel teurer. Da, nimm dies. Ein besseres findest du nicht. Wangen sind auch mit drauf, und man kann nicht sagen, daß rein gar keine Ähnlichkeit wär."

Ich zahl dreißig Rubel für zwei Fotos und geh zum Milizrevier.

Der Sergeant fängt an, das Foto einzukleben. Dann sagt er: „Aber das ist doch 'n Weib."

„Wo denn", sag ich, „das ist ein Mann im Jackett."

Der Sergeant sagt: „Wo zum Teufel soll das ein Mann sein, wenn er ne Brosche auf der Brust hat? Durch die Brosche merk ich ja, daß es 'n Weib ist."

Ich kuck auf das Foto – tatsächlich, ein Weib. Unterm Jakkett trägt sie eine Marquisette-Bluse. Auf der Brust eine Brosche mit einer Landschaft. Aber eine Männerfrisur. Und die Wangen genau meine.

Der Sergeant sagt: „Kommen Sie mit richtigen Fotos her. Wenn Sie mir noch mal ein Frauen- oder Kinderfoto vorlegen, werd ich Sie kaum wieder rauslassen, denn dann schöpf ich Verdacht, daß Sie sich hinter einem fremden Aussehen verstecken wollen."

Eine Woche lang war ich wie benebelt. Ich rannte mir die Hacken ab, um mich irgendwo aufnehmen zu lassen. Am achten Tag, als ich grade wieder mit einem Fotografen sprach, wurde mir schlecht. Da trugen sie mich raus in den Garten und legten mich ins Gras, damit frische Luft mich umwehte. Als ich wieder bei mir war, ging ich zur Miliz.

Ich leg das erste Foto ohne Wangen auf den Tisch und sag zu dem Sergeanten: „Das ist alles, was ich habe, Genosse Natschalnik. Weiter ist nichts in Sicht."

Der Sergeant sieht sich das Foto an, mustert mich und sagt: „Jetzt ist es gut geraten. Sehr ähnlich."

Ich will ihm sagen, daß ich mich gar nicht neu hab knipsen lassen. Doch dann fällt mein Blick in den Spiegel – tatsächlich, eine gewisse Ähnlichkeit ist vorhanden. Das Bild ist geraten.

Der Sergeant sagt: „Obwohl Sie auf dem Foto ein bißchen abgenutzter aussehen als in Wirklichkeit. Aber", sagt er, „ich denk, in einem Jahr gleichen Sie sich an."

Ich sag: „Ich gleich mich früher an, denn ich brauch noch Fotos für ein Reisedokument, für ein Mitgliedsbuch und zum Verschicken an meine Verwandten."

Der Sergeant klebt mein Foto ein und beglückwünscht mich feurig zum Empfang des Ausweises.

1943

Nachwort

„Ich wollte vor meiner entsetzlichen Schwermut davonlaufen. Ich fühlte, daß sie mich zugrunde richtete.

Ich fuhr nach Archangelsk. Dann ans Eismeer, nach Mesen. Hierauf kehrte ich nach Petrograd zurück. Ich reiste nach Nowgorod, nach Pskow. Dann ins Gouvernement Smolensk, in die Stadt Krasny. Und dann kehrte ich abermals nach Petrograd zurück...

Der Trübsinn folgte mir auf dem Fuße.

Innerhalb von drei Jahren wechselte ich zwölfmal die Stadt und zehnmal den Beruf. Ich war Polizist, Buchhalter, Schuster, Instrukteur für Geflügelzucht, Telefonist beim Grenzschutz, Agent der Kriminalpolizei, Gerichtssekretär, Schriftführer ... 1921 begann ich, Erzählungen zu schreiben.

Die Tatsache, daß ich Schriftsteller wurde, veränderte mein Leben grundlegend. Doch die Schwermut blieb die alte. Sie begann mich immer häufiger heimzusuchen..."

So beschreibt der bedeutendste sowjetische Humorist und Satiriker Michail Sostschenko (1895–1958) die schreckliche Krankheit, die ihn seit frühester Kindheit plagte und vor der es keine Rettung zu geben schien. Und doch gab es ein Mittel, das ihm wenigstens für kurze Zeit Heilung brachte, das Lachen:

„Schon die ersten Zeilen bringen mich zum Lachen. Ich lache. Lache immer lauter. Schließlich lache ich so schallend, daß mir Bleistift und Notizblock aus den Händen fallen... Nach zwanzig Minuten ist die Erzählung fertig. Ich bedaure, daß ich sie so schnell geschrieben habe.

Ich trete an den Schreibtisch und schreibe die Erzählung in gleichmäßiger schöner Schrift ins reine. Dabei lache ich weiter leise vor mich hin. Morgen aber, wenn ich diese Erzählung in der

Redaktion vorlese, werde ich nicht mehr lachen. Ich werde finster, ja verdrießlich lesen..."

Zwischen diesen beiden Polen – „finsterer Verdrossenheit" und Lachen – bewegten sich Leben und Schaffen Michail Sostschenkos. Tatsächlich bezeugen alle Zeitgenossen, die ihn kannten, und auch diejenigen, die in engem und vertrautem Verhältnis zu ihm standen, daß er einer außerordentlichen Schwermut verfallen schien, wie sie Sostschenko in seiner Autobiographie so anschaulich beschreibt. „Während unserer langjährigen Freundschaft", heißt es bei Wenjamin Kawerin, „habe ich nicht ein einziges Mal sein Lachen gehört: der kleine Mund mit den regelmäßigen weißen Zähnen formte sich selten zu einem weichen Lächeln. Wenn er seine Erzählungen las, mußte er mitunter pausieren – wegen des ohrenbetäubenden, fast pathologischen Gelächters der Zuhörer, und dann wurde der Blick seiner schönen schwarzen Augen besonders nachdenklich und traurig..."

Der sowjetischen und darüber hinaus der Weltliteratur ist aus dem zunächst ganz subjektiven Versuch der Befreiung der eigenen Persönlichkeit aus psychischen Zwängen ein wesentlicher zeitkritischer Beitrag der gesellschaftlichen Befreiung erwachsen, indem die individuellen und gesellschaftlichen Fehler und Schwächen durch das befreiende Lachen von der Ernsthaftigkeit ihrer Negativität erlöst und damit in eine neue Dimension der Betrachtung geführt wurden, die bereits selbst partiell einen Heilungsprozeß darstellt; mit anderen Worten: die im wahrsten Sinne des Wortes heilende Wirkung, die diese spezifische Form der Welt- und Wirklichkeitsbetrachtung auf den Verfasser selbst ausübte, vermittelte sich – millionenfach potenziert – auch dem immer zahlreicher anwachsenden Leserpublikum in aller Welt.

Bereits Mitte der zwanziger Jahre war Sostschenko der populärste russische Schriftsteller, der „erste in der gesamten jungen Literatur", der gleichsam über Nacht, „anscheinend ohne die geringste Anstrengung, wie im Märchen, sowohl in literarischen Kreisen als auch bei einer geradezu unübersehbaren Lesermasse Anerkennung gefunden hatte“ (Konstantin Fedin). Seine lustigen Geschichten wurden auf jeder Bühne gelesen und in allen Verlagen gedruckt; von 1921 bis 1927 waren bereits 32 Bändchen seiner Erzählungen erschienen, und die Nachfrage wuchs ständig, so daß ein findiger Passagier auf der Strecke Jaroslawl–Rybinsk gar auf die Idee kam, das letzte im Kiosk vorhandene Sostschenko-Bändchen für 20 Kopeken als Reiselektüre zu „verleihen“. In Zeitungen und Zeitschriften tauchten Nachahmer und Plagiatoren seines Werks auf, und Dutzende von Hochstaplern gaben sich für den berühmten Schriftsteller aus, der auf diese Weise fremde Hotelrechnungen, unbezahlte Quittungen aus Kommissionsgeschäften, Alimenteforderungen und sogar eine Gerichtsvorladung wegen einer angeblich begangenen Straftat zugeschickt bekam. 1928, also bereits acht Jahre nach der Drucklegung seiner ersten Erzählungen, erschien im „Academia“-Verlag in der Reihe „Meister der zeitgenössischen Literatur“ ein Band von wissenschaftlichen Aufsätzen über Sostschenko, und 1929 brachte der „Priboi“-Verlag seine Gesammelten Werke heraus.

Diese sensationelle Popularität verdankte Sostschenko vor allem jenen humoristisch-satirischen Kurzgeschichten, in denen er die Ärgernisse und Mißlichkeiten, auf die er im Alltag auf Schritt und Tritt stieß, verlachte und verspottete. Er, der die „Universitäten des Lebens“ in reichlicher Fülle studiert hatte – an ungezählten Orten und in ungezählten Berufen, als Angehöriger der zaristischen wie der Roten Armee, „6mal arretiert; 1mal zum Tode verurteilt; 3mal verwundet; 2mal Selbstmord verübt; 3mal geschlagen“ –, war wie kein anderer berufen, Sittenschilderer der nachrevolutionären sowjetischen Epoche der zwanziger und frühen dreißiger Jahre zu werden, in der sich allmählich und unter zahlreichen komplizierten Geburtswehen eine neue Gesellschaftsordnung zu formieren begann, wo alte und überlebte Traditionen und Gewohnheiten mit den neuen Bedingungen des Sowjetstaates häufig frontal zusammenstießen und dabei nicht selten auch groteske Situationen und Verhaltensweisen produzierten.

Es geht Sostschenko jedoch keineswegs nur um eine Darstellung der Widersprüche im Alltagsleben einer Epoche oder gar um billige Effekthascherei durch eine gezielte Gestaltung witziger Pointen. Wie alle wirklich bedeutenden Humoristen der Weltliteratur war Sostschenko zugleich und vor allem Moralist, der mit den Mitteln des Komischen versuchte, kritikwürdige Zustände positiv zu verändern und die Menschen mit ihren zahlreichen charakterlichen oder anerzogenen Schwächen und ihrem sozialen Fehlverhalten zu bessern. Er tat dies nicht ziellos, sondern er machte Front gegen eine ganz besondere Spezies von Zeitgenossen, die sich meist aus Kleinbürgern rekrutieren und die besondere Probleme haben, sich aus diesen kleinbürgerlichen Verhältnissen und Verhaltensweisen zu lösen. Spießer, Philister, Bürokraten – das sind vor allem die Typen und Gestalten, denen nicht nur Sostschenkos Gelächter, sondern auch seine immer schärfer und zupackender werdende Satire gilt. Der Humorist und Moralist Sostschenko wird – eben weil er Moralist ist – Satiriker, der vor allem Ichsucht, Habgier und Pharisäertum anprangert. Fedin charakterisiert dies so: „Die Zielscheibe seiner Satire sind die Freibeuter des persönlichen Glücks, jene Menschen eingleisiger Phantasie, die nur zu nehmen verstehen und alles, was sie bekommen, als etwas Selbstverständliches ansehen, aber keinen Krümel von dem zu geben bereit sind, was man von ihnen verlangt. Träumer vom persönlichen Wohlergehen, manchmal lyrisch, manchmal grob, zuweilen raffiniert, stets habsüchtig und praktisch. Gegen dieses in die Epoche einbetonierte Ziel richtet Sostschenko die ganze erstaunliche Mannigfaltigkeit seiner Waffen."

Dieses von Fedin zu Recht gerühmte differenzierte literarische Arsenal Sostschenkos erreicht seine verblüffende Wirkung gerade dadurch, daß es versteckt, verdeckt und für das Auge des Lesers fast unsichtbar zum Einsatz kommt, so daß der Eindruck erweckt wird, als würden hier keinerlei Kunstgesetze bemüht und als rede der Nachbar von nebenan gleichsam im Plauderton über ihm zugestoßene Allerweltsneuigkeiten. Doch wird dieser Eindruck des Selbstverständlichen, Ungekünstelten und fast schon schulterklopfend Normalen durch ungewöhnliche und äußerst kunstvoll eingesetzte poetische Mittel erzielt, die den Charakter von literarischen Innovationen tragen. Hierzu zählt (vor allem in seinen frühen Erzählungen) der listige Einsatz einer ganz spezifischen volkstümlich-naiven Erzähler figur, die selbst zu jenen Kleinbürgern gehört, gegen die der Autor seinen Hauptangriff führt. Unmittelbar aus diesem genialen Kunstgriff, der die scheinbare Selbst- und tatsächliche Fremdentlarvung in grotesker Weise zu pointieren und zu potenzieren vermag, folgt der zweite, der in Denkweise und Diktion einen neuen literarischen Sprachgestus in der russischen und sowjetischen Prosa begründet, indem er zum einen die zupackend volkstümliche mündliche Redeweise in einer „Syntax der Straße", wie Sostschenko selbst es formulierte, nachzubilden schien, andererseits durch gezielte Verballhornungen, falschen Fremdwortgebrauch, Verwendung des noch ungewohnten Politwortschatzes in absolut unangebrachten Alltagszusammenhängen Figuren und Situationen zu charakterisieren und gleichzeitig der Lächerlichkeit preiszugeben vermochte. Diese Sprache seiner „Helden", die er deren Prototypen auf dem Basar, in der Straßenbahn, beim Schlangestehen, auf Bahnhöfen und Ämtern abgelauscht und literaturfähig gemacht hatte, war so unverwechselbar, expressiv und voll komischer Effekte, ein „Lexikon bunter Glasperlen"(Maxim Gorki), daß zahlreiche seiner unikalen Sprachprägungen und Wendungen nicht nur von seinen engsten Schriftstellerkollegen, den „Serapionsbrüdern", übernommen wurden, sondern mit einer Art Rückkoppelungseffekt, umgeprägt, wieder in den allgemeinen Sprachgebrauch eingingen. Seine „Helden" waren so populär, daß ihre Namen zur Charakteristik negativer Handlungsmuster und lächerlicher Verhaltensweisen benutzt wurden.

Doch all seine Popularität, sein früher Ruhm und auch seine hohe Wertschätzung bei den namhaftesten Schriftstellerkollegen sowie bei der Elite der Literaturkritik bewahrten Sostschenko nicht vor Fehleinschätzungen und Mißdeutungen, die ihm ebenso wie sein Trübsinn ein Leben lang „auf dem Fuße folgten". Hielten ihn die einen für nichts anderes als einen harmlosen und literarisch leichtgewichtigen Spaßvogel, so sahen die andern in ihm einen Don Quichotte, der gegen Windmühlenflügel kämpfte, weil nicht sein konnte, was nicht sein durfte, während wieder andere seine Kritik als Pessimismus und destruktive Schwarzmalerei bezeichneten, was in den Jahren 1946 bis 1953 zu seinem Ausschluß aus dem Schriftstellerverband führte.

Doch diejenigen, die Sostschenko Destruktivität oder gar Feindseligkeit gegenüber der um ihn herum heranwachsenden neuen Gesellschaftsordnung vorwarfen, verkannten gründlich den konstruktiv befreienden Sinn seiner Kritik und die dahinterstehende politische Haltung. Obgleich er väterlicherseits selbst aus ukrainischem Adel stammte (eine der Wurzeln seiner spezifischen poetischen Gestaltungskraft ist, wie einst bei seinem Landsmann Gogol, mit Sicherheit in der Traditionsgeschichte des zupackenden ukrainischen Humors zu suchen), hatte er auch mit der Waffe auf der Seite der Revolution gekämpft, und er sagt in seiner Autobiographie: „Ich empfand keinerlei Sehnsucht nach der Vergangenheit. Im Gegenteil, ich wollte das neue Rußland sehen, nicht ein so trauriges, wie ich es kannte..." Letztlich hatte er mit der Feder nur die Waffe im Kampf gegen Rückständigkeit und Unmenschlichkeit, gegen Hartherzigkeit und Egoismus vertauscht. Wie auch in seinen ganz anders gearteten lyrisch-sentimentalen Erzählungen und in den wissenschaftliche Systematik anstrebenden Erzählungszyklen „Wiedergefundene Jugend“ (1933), „Das Himmelblaubuch“ (1935) und „Schlüssel des Glücks“ (1943) geht es ihm im Großen wie im Kleinen immer um das eine Thema der Menschenwürde, für deren Verletzlichkeit er ein besonderes Organ, eine besondere Sensibilität entwickelt hatte. Selbst ein leicht verwundbarer, ja schwermütiger Mensch, reagierte er besonders empfindlich auf alles, was seiner ganz persönlichen Vorstellung von einer neuen, besseren Zeit und einem neuen, besseren Menschen zuwiderlief, und er träumte von einer Zukunft, in der die menschlichen Beziehungen auf Ehrlichkeit, gegenseitiger Rücksichtnahme, Feinfühligkeit und Wohlwollen füreinander beruhen sollten.

Margit Bräuer

Inhalt

Nachfolgende Geschichten sind original für diesen Band übersetzt:
Die Grimasse der NÖP; Sozialer Kummer; Nüchterne Gedanken; Ärztliche Kunst und Psychologie; Gefährliche Verbindungen; Frohes neues Jahr; Ein nächtlicher Vorfall

Für freundliche Abdruckgenehmigungen danken wir dem Verlag Rütten & Loening, Berlin, und dem Aufbau-Verlag Berlin und Weimar.

Dem Band „Werthers Leiden oder die Zukunftsvisionen eines Radfahrers" sind entnommen:
Der Agitator; Die Aristokratin; Die Hundenase; Besser, man hat keine Verwandten; Der Vorfall in der Provinz; Das Spinnengewebe; Glückliche Kindheit; Wirtschaftliche Rechnungsführung; Der Schmarotzer; Der Ehemann; Das Sparsamkeitsregime; Die Galosche; Die Operation; Die Stiefel des Zaren; Puschkin; Qualitätsartikel; Pelageja; Die Sommererholung; Die Ehrenpflicht; Schlechte Verpackung; Ehekrach; Man soll nicht spekulieren; Werthers Leiden; Wasserspiele; Über die Achtung vor den Menschen; Bienen und Menschen

Dem Band „Die Reize der Kultur" sind entnommen:
Erzählung vom Popen; Das reiche Leben; Ein Opfer der Revolution; Ehe aus Berechnung; Der Freier; Das Bad; Der Schauspieler; Der Arbeitsanzug; Der Doktor; Der Elektriker; Die Reize der Kultur; Ausländer; Der Schnörkel; Das Erdbeben; Eine kleine Pfiffigkeit; Spießertum; Das Fliegen; Was ich für Berufe hatte; Schlaf schneller; Eine Krankheitsgeschichte; Die Lichter der großen Stadt; Puschkins hundertster Todestag; Das Foto